アジア太平洋地域の
政治・社会・国際関係

歴史的発展と今後の展望

杉田米行 ［編著］
Yoneyuki Sugita

明石書店

© 2015 Yoneyuki Sugita, ed., *Japan Viewed from Interdisciplinary Perspectives: History and Prospects* Lexington Books.

序　文

　2014年2月に、世界中から著名な研究者11名を招聘し、大阪大学において、「学際的視点でアジア太平洋地域を分析する」というテーマで国際シンポジウムを開催した。さらに、2014年7月から2015年3月の間に同様のテーマで一連の国際セミナーを大阪大学で開催した。これらの国際シンポジウムと国際セミナーでの発表と討論を基に、すべての参加者が発表内容を修正したものを1冊の本にまとめたのが本書である。今回の国際シンポジウム開催にあたっては「大阪大学国際シンポジウム助成」「大阪大学国際共同研究促進プログラム」から全面的に資金援助を受けた。また、序章では同志社大学グローバル・コミュニケーション学部マリー・トーステン教授にご協力いただいた。本書刊行に際しては、明石書店の佐藤和久様、実際の編集に関しましては李晋煥様にお世話になった。記して御礼申し上げたい。現在もこのような研究を続けさせていただいているのも松田武先生（京都外国語大学長）、故有賀貞先生（一橋大学名誉教授）、トーマス・J．マコーミック先生（ウィスコンシン大学名誉教授）のご指導の賜物である。謹んで感謝したい。

　尚、本書は以下の書籍を基に、加筆・修正・部分削除したものを翻訳（日本人が著者の場合は加筆・修正・部分削除による執筆）したものである。

　Yoneyuki Sugita, ed., *Japan Viewed from Interdisciplinary Perspectives: History and Prospects* (Lexington Books, 2015). 日本語版への翻訳の許可をいただけた Lexington Books に感謝申し上げる。

杉田　米行

目　次

序　文 …………………………………………………………………… *3*

序　章 …………………………………………………………………… *11*

第一部　政治と人

第 1 章　定期的蒸気船の太平洋航路開設と
　　　　　アジア-アメリカの「接触領域」の形成 ………………… *17*

1．接触領域の形成と娯楽として消費される「アジア」　*18*
2．「アメリカ市民」の境界線　*21*
結　論　よりグローバルに結ばれた世界での新しい境界線　*25*

第 2 章　日本の国際的地位と医療保険制度の変遷
　　　　　―1920年代から1940年代初頭 ……………………………… *29*

1．ワシントン体制から大東亜共栄圏へ　*30*
2．革新官僚の台頭と国防国家の概念　*33*
3．国民健康保険制度の導入　*35*
4．国民健康保険の本質　*37*
5．健康保険の本質の変化　*38*
6．準普遍的な医療保険への動き　*40*
結　論　*42*

第 3 章　占領期日本におけるアメリカ政治介入の想定外効果
　　　　　―政治パージ計画と戦後日本指導層の形成 …………… *47*

1．パージ計画の内容、時期、理由　*48*
2．戦前の全否定と不適格指導者へのパージ　*49*
3．北海道におけるパージの即時的効果　*50*

4．パージ解除とレッドパージ　52
5．長期におよんだ想定外効果　54
6．政治パージと現代日本および日米関係　56

第4章　日本人のアイデンティティ、「反日」と言説闘争 …………… 59

1．言説的問題提起である「反日」の分析　60
2．諸外国における「反日」と「親日」　61
3．「反日」日本人に関する言辞　62
4．「反日」日本人とレッテルを貼ることへの抵抗　66
結　論　67

第二部　価値観と社会

第5章　『ヤングイースト』
　　　　　―東洋仏教から見た日本の位置づけを検討する ………… 73

1．『ヤングイースト』創刊　74
2．東洋と西洋に対する大きな使命　75
3．仏教と平和―世界市民と人種的平等　76
4．人種、平等とアメリカの1924年移民法　78
5．創刊者の死　79
6．国際仏教協会による『ヤングイースト』発行　79
結　論　80

第6章　「葬式」仏教から「関与」仏教へ
　　　　　―死の儀式と戦後日本の社会アイデンティティ ………… 84

1．葬式仏教のバブル経済パラダイム　84
2．ポストバブル期における関与仏教の状況　89
3．社会学的見識　90
4．理論的考察　94
5．哲学的熟考　95

第 7 章　日米両国における学習環境と教育業績間の
　　　　　関係の比較分析………………………………………… 98

1．国際比較　*98*
2．学習環境　*99*
3．手　法　*101*
4．サンプルと変数　*103*
5．結　果　*105*
6．議　論　*120*
付　録　合成変数の構成についての記述　*121*

第 8 章　大衆文化と東アジアの地域主義………………………… *127*

1．東アジアの大衆文化は日本にとってどのような意味があるのか　*127*
2．何が東アジアの「地域」を構成するのか　*129*
3．大衆文化と地域の形成　*130*
4．嗜好の地域化　*131*
5．東アジア地域に関する考察　*132*

第三部　国際関係

第 9 章　冷戦初期におけるアメリカの対日原子力政策、
　　　　　1945〜1955年………………………………………… *139*

1．冷戦初期のアメリカ核エネルギー政策　*140*
2．兵器から平和利用へ　*141*
3．日米原子力協定（1955年）の申し入れと日本の態度　*145*
4．異議を唱える学術会議（SCJ）　*146*
結　論　*147*

第10章　ミャンマー
　　　　　――東南アジアで日本が政府開発援助（ODA）を
　　　　　供与する最後のフロンティア………………………… *151*

1．ミャンマーにおける最近の開発　*151*

2．日本—ビルマ関係の歴史的背景　*153*
3．援助関係の背景　*153*
4．ミャンマーの最近の動向　*155*
5．援助体制の変化　*156*
6．ミャンマー政府は海外援助をどのように管理しているか　*156*
7．日本からミャンマーへのODA　*157*
8．（国内および国際）政治と安全保障の視点からの
　　援助に関するインセンティブ　*157*
9．ODAに関する経済的インセンティブ　*158*
10．ODAに関する人道インセンティブ　*159*
結　論　*160*

第11章　アジア太平洋経済協力と日本
　　　　　—紛争解決と通商の安全　……………………… *163*

1．アジア太平洋経済協力（APEC）の展開　*163*
2．APECにおける紛争解決とWTOメカニズムへの移行　*164*
3．中国のWTO加盟—「仲裁・訴訟」と仲介・裁判外紛争処理の均衡を図る　*166*
4．2001年以降の通商（特に海上）の安全とAPEC　*168*
5．APECの将来—展望と代案　*169*

第12章　より良い未来に向けた日中関係の再構築
　　　　　—アデン湾における日本と中国の海賊対策
　　　　　　合同軍事行動の意義　……………………… *174*

1．中国や北朝鮮の脅威を認識する—外圧による日本外交の正常化　*174*
2．進化する日本の外交と日中関係　*176*
3．アメリカと中国に対する日本の外交関係を再考する　*177*
4．海賊との戦いを国際公共財と捉える　*179*
5．アデン湾における中国と日本　*181*

第13章　プライベート化する対外政策
　　　　　—日米経済関係における財界人の役割　……………………… *185*

はじめに　*185*

1．パブリック・ガバナンスのプライベート化：理論的検討　*187*
2．日米貿易交渉—1980〜1990年代　*193*
3．日米ビジネスコミュニティの言説　*197*
4．対外政策のプライベート化への示唆　*202*
おわりに　*203*

第14章　アメリカのヘゲモニーという文脈におけるオバマ政権の　　　　　　アジア「基軸」戦略 ················ *206*

1．どの太平洋の世紀？　*208*
2．偉大な三日月　*209*
3．北大西洋三日月　*210*
4．アメリカのヘゲモニーという文脈における中国の「台頭」　*212*
5．ガザ西部と中国の栄華　*214*
6．弱い中国　*216*
結　論　きちんとした弔い　*220*

あとがき ················ *227*

索　引　*229*
著者紹介　*234*
訳者紹介　*238*

序　章

マリー・トーステン
（杉田　米行　訳）

　アジア太平洋地域は力強い経済成長を見せ、引き続き世界経済のけん引役を果たすと言われている。しかしながら、この地域は、教育、原子力発電、地域統合、開発援助、尖閣諸島等さまざまな問題に直面している。本書の目的は、学際的視点から、日本に焦点を合わせながらアジア太平洋地域の発展と諸問題を分析することである。本書は「第一部　政治と人」「第二部　価値観と社会」「第三部　国際関係」の三部構成となっている。

　第一部　政治と人

　第一部は、政治と人に焦点をあてて議論が展開されている。第1章「定期的蒸気船の太平洋航路開設とアジア - アメリカの『接触領域』の形成」は、世界の主要都市がよりグローバルに接続されていくという形でのグローバル化により、征服者が被征服者と出会うことで人種差別・抑圧・闘争が起きる空間（接触領域）が新たに創り出され、人種に基づく新たな境界線形成につながっていった過程を明らかにしている。第2章「日本の国際的地位と医療保険制度の変遷─1920年代から1940年代初頭」は、1920年代から1940年代初頭にかけて、日本の国際的地位の変化が日本の医療保険制度に及ぼした影響について検討している。
　第3章「占領期日本におけるアメリカ政治介入の想定外効果─政治パージ計画と戦後日本指導層の形成」は、単に占領期にGHQ/SCAPが政治パージをいかに利用したかということだけでなく、政治パージが戦後の日本政治、特に指導層の形成にもたらした長期的影響を分析している。第4章「日本人のアイデンティティ、「反日」と言説闘争」は、日本人と日本人の物の見方がどのよう

に「反日」をブランド化し、そのラベル付けが日本人のアイデンティティの構築にどのような影響を与えているのかを分析している。

第二部　価値観と社会

　第二部は、価値観と社会に焦点をあてて議論が展開されている。第5章「『ヤングイースト』―東洋仏教から見た日本の位置づけを検討する」は、アジアと西洋諸国に対して日本との関係が変化していく第二次世界大戦前の時期における日本の国際関係において、『ヤングイースト』に代表されるような、仏教が果たした役割を分析している。第6章「『葬式』仏教から『関与』仏教へ―死の儀式と戦後日本の社会アイデンティティ」は、今日の日本における社会文化状況を理解するために、1950年代から1990年代半ばの経済バブル期（第1期）とそれ以降の第2期に分けて、日本人の死に関連するさまざまな行動形態を吟味している。

　第7章「日米両国における学習環境と教育業績間の関係の比較分析」の目的は、教師‐学生関係、学校風土、学校の持つ資源が学生の学習到達度に貢献する度合いを検討し、学習環境が学生に与える影響を精査することである。第8章「大衆文化と東アジアの地域主義」は、アジア市場における大衆文化の普及を詳細に検討することで、理論と実践の双方の観点から、文化的ダイナミクスと地域主義と地域化の関係を分析している。

第三部　国際関係

　第三部は国際関係に焦点をあてている。第9章「冷戦初期におけるアメリカの対日原子力政策、1945～1955年」は、戦後日本がエネルギー源の三分の一を原子力に依存するようになったのは、アメリカが冷戦のため貯蓄していた余剰核燃料と関連技術を市場化し、その販売活動を日本に絞ったことの帰結だと主張している。第10章「ミャンマー―東南アジアで日本が政府開発援助（ODA）を供与する最後のフロンティア」は、アジアにおける新たな生産拠点

を探している日本企業にとって、民主的な国となり、市場を開放しているミャンマーは日本が東南アジアに再帰する良い機会となっていると唱えている。第11章「アジア太平洋経済協力と日本―紛争解決と通商の安全」は、APECの紛争処理と2001年のテロ事件が発端となった通商の安全という問題に焦点をあて、確固たる紛争処理メカニズムを打ち立てる必要性が中心的課題であり、APECにはそのような大きな課題に対処できる能力があるということを論じている。

　第12章「より良い未来に向けた日中関係の再構築―アデン湾における日本と中国の海賊対策合同軍事行動の意義」は次の3点を強調している。第一に、日本の外交政策上の課題は、中国だけでなくアメリカとの関係にある。第二に、日本と中国の両国が特定の状況下で連携することは可能である。第三に、日中両国の政治家がより慎重に互いの利害関係を考える場合にのみ、東アジアは調和のとれた地域になる。第13章「プライベート化する対外政策―日米経済関係における財界人の役割」は、歴史的にはパブリック・ガバナンスの領野であると考えられていた日米経済関係の「プライベート化」を明らかにしている。1980年代から90年代にかけての日米貿易摩擦とその交渉過程に焦点をあて、日米両政府の経済交渉において財界人たちが果たした役割を分析している。第14章「アメリカのヘゲモニーという文脈におけるオバマ政権のアジア『基軸』戦略」は、アメリカの戦略的変化により、北太平洋の防衛に日本が「より多くの貢献」をするようにアメリカが圧力をかけ続けており、実際に効果もあらわれていると主張している。

第一部
政治と人

第 1 章

定期的蒸気船の太平洋航路開設とアジア - アメリカの
「接触領域」の形成

大井　由紀

　1848 年カリフォルニアで発見された金は、清から多くの移民を引き寄せ、かれらは外国人炭鉱夫のなかで最多となった。ゴールドラッシュが終わりを迎えると、その多くは大陸横断鉄道建設に従事した。増加した清からの移民、特に労働者と女性に対するアメリカ連邦政府の入国・滞在制限は厳格化の一途を辿った。清からの移民が減少すると、日本からの移民が西海岸で増えた。こうしたアジアからアメリカへの越境移動については、先行研究において、移動や排斥の背景が、主に政治的・経済的・社会的観点から明らかにされている。しかし、技術的側面への関心は薄い。その技術とは、定期的蒸気船の太平洋航路開設である。既存の大西洋航路に加え日本・清を含む新航路が開かれたことで、世界の主要都市はグローバルな蒸気船網で定期的に結ばれ、他地域への移動が容易・安全になった。[1]

　蒸気船網のグローバリゼーションのなかで起きたアジアから米への移動は、両者の「接触領域」[2] を形成した。「接触領域」とは、征服者が被征服者と出会うことで人種差別・抑圧・闘争が起きる空間を指す。征服者は主にヨーロッパ人であり、アフリカやラテンアメリカの被征服者の文化をヨーロッパの文脈で解釈する権力をもち、被征服者に劣性のタグをつけることで自らの優位性を確保した。在米アジア系移民は、字義通りアメリカに征服されてはいないものの、両者は対等ではなかった。アジア系の大多数は元々低賃金労働者であり、政治的・経済的権力および表象・解釈・それを発信する権力は圧倒的に米側に

あった。こうした意味で、アジアから米への移動は、新たな接触領域の誕生になったといえる。

　本章の主題はこの接触領域が①どのように形成され、結果何が起きたかを②文化および③政治の視点から明らかにすることである。蒸気船の定期運航開始と蒸気船の登場により速度・安全性・定時性が向上したことで、アジアからアメリカへの労働者の移動が増加しただけでなく、アメリカからアジアへの「観光旅行」という形での移動が増加、アジアはアメリカにとってエキゾティックな異文化を体験し、楽しむ対象となったこと、次に、航路開設でアジア系移民が増加したことが、アメリカにおける排斥につながったことを論じる。以上を通して、世界の主要都市がよりグローバルに接続されていくという形でのグローバリゼーションが、新たな接触領域を創出し、人種による新たな境界線形成につながっていった過程を明らかにする。

1．接触領域の形成と娯楽として消費される「アジア」

　19世紀後半のアジアからアメリカへの大量の越境移動を可能にした主要な要因の一つは、技術の進歩である。帆船に比して収容人数・安全性・速度・定時性が向上した蒸気船は、太平洋郵船（Pacific Mail Steamship Company：以下PM社と略記する）によって太平洋航路に導入された。[3] そもそもPM社設立当初の目的は、太平洋両岸ではなく米東西海岸を結ぶことだった。PM社は、大陸横断鉄道が完成するまで最速かつ安全な移動を提供した。1862年、大陸横断鉄道法が署名された時、PM社は自社船への需要の大幅減少を予測した。そこで主要事業を国内以外に移す必要が生じ、日本と清に注目した。1865年2月連邦議会はPM社に対し、サンフランシスコからサンドウィッチ諸島と日本を経由し、香港へ向かう月1便の定期船運航を始める許可を出した。1867年1月1日最初の蒸気船がサンフランシスコを出発、その後つぎつぎに造船された。[4] 新事業として太平洋に目を向けたPM社は、日本諸都市と上海・香港を結ぶ定期便を増強した。連邦議会からの援助に加え、他の国や地域からそれぞれの港への寄港要請を受け、補助金も提供された。また、PM社は貿易と清・日本か

らアメリカへの移民によっても栄えた。移民がいなければ PM 社とそのライバルの東西汽船会社は成功しなかっただろうとすらいわれている。[5] また、米・絹・茶・小麦・その他貴重品が蒸気船によって清・日本からサンフランシスコに運ばれた。さらなる利益を追求するために、日本国内での定期船―かつては日本郵船との契約のため認められていなかった―を増やした。

　蒸気船ビジネスの興隆は越境移動に何を意味するのか。太平洋航路研究は量的に少ないものの、[6] 大西洋航路の先行研究が示唆を与えてくれる。すなわち、船上の罹患・死のリスクの劇的な減少である。[7] また、移動の性質も変化した。第一に、リスク減少により、多くの男性が将来的な帰郷を前提とし、一時的に海外で労働するために移動するようになった。[8] 第二に、船賃下落は将来の帰郷という希望を移民に与えた。第三に、新しいタイプの越境移動が生まれた。近代的な海外旅行である。[9]「近代的旅行」とはここでは、主要な目的が植民地化・貿易・宣教・冒険・修学・レクリエーションではなく、外国の風景やエキゾティックな場所の観光を楽しむことを目的としたお膳立てされたツアーを指す。[10] つまり、旅行者が旅行中に異文化を見学し、娯楽として消費することを目的とする旅行である。

　こうした「近代的旅行」は、19 世紀にイングランドでトーマス・クックが発明・発展させた。はじめは国内旅行として広まったが、やがて仏・伊などの近隣諸国も目的地となった。1892 年に逝去するまでクックは 1000 人の顧客を世界ツアーに送った。[11] 一方米では、アメリカン・エクスプレス社が 19 世紀から 20 世紀への世紀転換期に、娯楽を目的とした類似の海外ツアーを発展させた。同社は当初、配達ビジネスに従事していたが、取り扱いを貨物、やがては両替、トラベラーズ・チェックにまで広げていった。[12] 両替とトラベラーズ・チェックへの需要を高めるために、海外ツアービジネスに参入したのだった。

　太平洋航路開設までのアメリカの「旅行」は、修学を目的としてどこか訪問すること、保養地で休暇を過ごすこと、自然の美や神秘を鑑賞することのいずれかだった。これに「観光」が目的として加わったのは南北戦争後である。戦地やよく知られている場所を訪問するツアーが組まれるようになったのがきっかけだった。[13] また同時期、万博を訪れるためのツアーも増えた。このツアー

では、展示中の外国の異文化を見て楽しむ観光に主眼が置かれていた。中でも、1893年にシカゴで開催された世界コロンビアン博覧会のミッドウェイ・プレイサンス会場は、日本・清を含むアジア・アフリカ諸国の「文化」が展示されたところとして知られている。このため、日本政府は寺院「鳳凰殿」を建設し、シカゴ在住の清出身の移民は、廟のレプリカを建設、京劇の劇場や庭園、カフェ、市場を再現した。

1867～1916年にかけてアメリカでは、フィラデルフィア・シカゴ・サンディエゴをはじめとする12都市で万博のような国際的祭典が開かれ、延べ1億人が訪れた。フィラデルフィア万博は1000万人（アメリカ全人口の1/5に相当）、シカゴ万博は2700万人を惹きつけた。こうした国際的な博覧会は、「観光」で海外旅行に行けない層にその代替を提供したといわれている。[14] さらに、金銭的事情から万博に行けないが異文化に関心がある者をターゲットとして、ニューヨークやサンフランシスコなどの大都市では、チャイナタウン、イタリア人街、ユダヤ人街のようなエスニック・エンクレイブでウォーキング・ツアーが開催されるようになった。[15] 清の寺院や茶屋、劇場、アヘン窟、賭博場、売春宿などを楽しむために、チャイニーズの居住地区を旅行者が訪れることは珍しいことではなかった。

PM社は、海外旅行先としてアジア諸国、特に日本と清を強く宣伝した。清からの移民、後には日本からの移民に対するアメリカ政府の制限が厳格化する中、PM社はアメリカン・エクスプレス社より早く海外旅行を商品化しようとしていた。PM社は様々な情報を載せたパンフレットを発行、自社船での「オリエントへの旅行」や「世界旅行」を勧め、東京・長崎・京都・奈良・神戸・鎌倉・宮ノ下・香港・上海などを、異文化を楽しめる場所として紹介・推薦している。パンフレットには、都市情報はもちろん、都市間・町間の移動方法も掲載されている。1897年刊行のものは、日本と清への旅をもっとも楽しい旅として言及している。まわり方や旅程、運賃、蒸気船の時刻表、為替レートといった情報が記載されているPM社のパンフレットは、近代的旅行ガイドブックの原型といえる。[16]

蒸気船の登場で、海外旅行の機会は時間・費用の点でより現実味を帯びるよ

うになった。かつては、サンフランシスコからニューヨーク経由でロンドンに行く（東回り）には100日を要したが、PM社の蒸気船は80日に縮め、費用も500ドルに抑えた。国内旅行を楽しむ層にとり、この500ドルは法外な値段ではなかった。高級リゾートでは、たとえばニューポートの場合、夏の間コテージを借りた場合2000-3000ドルが相場だった。サラトガ・スプリングスでは、ホテルは一泊当たり7-10ドルだった。ランクを一つ落としたホテルでは、1週間のホテル代は10-40ドルだった。東海岸からシカゴ万博に参加する1週間のツアーは100ドルだった。1890年、海外旅行を経験したアメリカ人は延べ9万人に上った。[17]

　以上のように蒸気船のネットワークがグローバル化していく中で、アメリカでは、アジア諸国やその文化はエキゾティックなものとして描かれ、消費された。このように、蒸気船を通じてのアジアとアメリカの出会いは、アメリカの旅行者がアジアの文化を娯楽として消費することを期待する「接触領域」を創り出した。

2．「アメリカ市民」の境界線

　太平洋航路開設でより多くのアジア系移民が流入してきたため、清から、のちには日本からの移民が問題視されるようになり、排斥や追放する法が制定された。移民の出身国の文化が消費される接触領域がつくられる中、アジア系移民に対する差別は深刻化した。サンフランシスコの移民審査官の中には、憲法修正第14条が謳う出生地主義に基づく市民権を、アメリカ生まれのアジア系2世に認めない者もでてきた。本節では、アジアとアメリカの接触領域において異文化の消費以外に何が起きたのか、太平洋航路発展がアジア系移民の排斥に与えた影響を考察する。

　連邦政府レベルでのアジア系の法的排斥では、ペイジ法・排華法、スコット法を経て、1892年には合法的滞在者ですら国外追放を可能にする法が制定された（ゲアリー法）。結果として清からの移民は減少し、代わって日本から移民がやってくるようになった。しかし、日本人が予想を上回るほど増え、経済的

成功を収めるようになると、また、「黄禍論」ゆえに、今度は日本人が排斥の対象となった。こうしたアジア系に対する一連の排斥法は1924年の移民法改正に結実した。

　連邦・州政府レベルでの排斥が厳格化したのに対し、在米アジア系移民は、アメリカ国内で生まれた子どもが親の出自や法的地位に無関係に市民権を取得できることを最大限活用した。カリフォルニア州が外国人土地法を定めた1913年以降、アメリカ生まれの子どもたちの名義で土地を購入することで日本人移民は所有地を守ろうとした。また、排斥法が次々と制定される中、港ではアメリカ市民権保持者であることを根拠に入国を主張するチャイニーズが増えた。「移民」が対象となっている排斥法はアメリカ市民に適用されないからだ。結果的に、自称「アメリカ生まれのチャイニーズ」は1890年代に入っても増え続け、1882年の排華諸法は巧妙に回避された。[18] 他方、ニューヨーク・シカゴ・サンフランシスコに住む清出身の移民の間では、第一世代に禁止された帰化権を求める社会運動が始まった。[19]

　排斥諸法にもかかわらず、太平洋を渡る蒸気船の定期便[20]は増えた。そのような中、米生まれのアジア系移民の子どもへの自動的な市民権付与が疑問視された。市民権を持っているということは、排斥の対象となっているエスニック集団であるにもかかわらず、アメリカに永住する可能性を示唆するように、排斥法の主旨と矛盾するからである。この頃はまだ、法的差別はあるものの、アジア系の親を持つアメリカ生まれの子どもにも生得の市民権が与えられるべきか否か、アメリカ社会では曖昧なままだった。アジア系移民の第一世代の場合であれば、1870年の帰化法以来、帰化は禁じられていた。排斥法が厳格化するにつれて、帰化権のみならず、生得の市民権付与にまで反対する声が移民審査官から上がっていった。

　生得の市民権拒否は、アジア系移民のほとんどが清からであった1880年代にすでに起きていた。自らを「アメリカ市民」と主張し、入国を試みる清からの移民が多数いたため、移民審査官は入国審査の過程で、これらの主張や身分証明書が排華法適用を回避するための偽物であることをほとんどの場合見抜き、排華法が無効化されてしまうことを危惧した。[21] アメリカ市民を自称する

者は1890年代でも増えたため、[22] 連邦検察官は連邦最高裁判所に対し、出生や帰化によりアメリカ市民権を取得する権利が清からの移民にあるのか否か決着をつける必要性を訴えた。

　この頃、このような特定のエスニック集団への生得の市民権付与のみならず、市民権のシステム自体が問題視されるようになっていた。その理由は第一に、連邦政府が制定した修正第14条は各州から、かつては州の主権を構成していた「誰がアメリカ市民になりえるか」を決定する権限を奪ったからである。いま一つは、他の多くの国に倣ってアメリカも血統主義を採用すべきという意見もあったからである。つまり、修正第14条は国際的な慣例にそぐわないという指摘である。[23]

　この論争を終わらせるため、1895年に司法省はウォン・キムアーク（黄金徳＝Wong Kim Ark）を試訴として選んだ。[24] この件は最終的に連邦最高裁で議論されることとなった。最高裁がもしエスニシティを理由にウォンのアメリカ市民権を認めないのであれば、つまり、出生地主義に基づく市民権付与を認めないのであれば、同様の市民権はく奪は他のエスニック集団にも起きうることから、幅広い関心を集めた。

　最高裁で弁護側は、生得の市民権拒否が引き起こす問題点を2点挙げた。第一に、血統主義に基づく市民権付与への転換はアメリカを分裂させる可能性がある。財産の相続と異なり市民権は、両親から子どもへ受け継がれるものではなく、国家から受け継がれるものであり、したがって、市民権は親と子どもの関係性（血統）ではなく、子どもと国家の関係（領土内での出生）に依拠している、と主張した。そして、ウォンに市民権を拒否すれば、それは広くは出生地主義の否定と血統主義の採用を意味することになる、血統主義の採用は、米で出生したが市民権を付与されない無数の「外国人」を国内に生み出すことになる、こうした状況が広がっていけば、大量の外国人たちの存在はアメリカの国としての統合を弱めるだろう、さらには市民権を拒否された外国人たちの居住地に、アメリカの領土内であるにもかかわらず外国人の政府が作られてしまう恐れがある、もしそうなれば、かれらの出身国政府がアメリカの内政に干渉するだろう、と続けた。

第二の論点は、州の主権に対立する連邦主権に関してだ。ウォンの弁護側は、アメリカ市民権の付与の仕方については連邦議会が権限を持っており、連邦政府こそが修正第 14 条の執行者である、誰がアメリカ市民になりうるか決定する権限は連邦主権の一部を構成しており、各州政府ではなく連邦政府に属すると述べた。したがって、州政府が特定の人物に生得の市民権を許可しなかったとしても、連邦政府はその決定を覆すことができるし、せねばならない、と主張した。全体の主張としては、「誰がアメリカ人か」を決定する権限をめぐる優位性を、州ではなく連邦に置く議論を展開した。かれらはさらに、万が一連邦最高裁が修正第 14 条をウォンに適用しなかった場合には、主権の執行者としての連邦政府を否定する判決として理解されうることを指摘した。

　これへの回答として、訴務長官は、「市民」とは生まれた以外にも何かしらの共通性―例えば人種―を持っているべきだと述べ、「文化的市民権」に言及、アメリカ市民とは、人種に基づく文化によって境界線が作られた共同体を構成する人々を指す、と定義した。また、清朝の意見を聞かずに勝手に移民に市民権を付与する立場にアメリカはいないと主張、市民権の究極的な執行者としての連邦政府を否定した。

　弁護側が、連邦主権という概念に基づいて修正第 14 条を論じたことは注目に値する。というのは、アジア系移民がウォン裁判以前に排斥法を疑問視し、法廷でその合憲性に挑戦した際に、連邦主権は排斥を正当化する根拠として連邦最高裁で用いられたからだ。しかしウォン裁判では逆に「連邦主権」という言説は、ウォンとアジア系移民に有利にはたらいた。1898 年連邦最高裁は、生得の市民権はあらゆるアメリカ生まれの子どもに与えられなければならないと判決を下した。判決では、アメリカの領土内で出生した子どもであれば、例外を除き市民権が認められることが確認された。さらにウォンの弁護側が警鐘を鳴らした通り、仮に連邦最高裁が修正第 14 条の適用を特定のエスニック集団に拒んだ場合、他のエスニック集団にも同様の市民権剥奪が起きうるという懸念も表明された。

　このように、異なる文化・非対称な権力関係にある人々が出会った「接触領域」は、異文化の消費が行われる空間になっただけでなく、誰が市民になりうるか

という境界線をめぐる議論がより活発化し、交渉、決定される空間ともなった。

結　論　よりグローバルに結ばれた世界での新しい境界線

　蒸気船の定期便の太平洋航路開設により主要都市がグローバルに接続されるようになった。結果として、移動に要する時間は劇的に減り、罹患・死亡率は下がり、また、出身国へ二度と戻れない可能性も激減した。そして、新しい2つのタイプの越境移動が惹起された。一つは、アメリカからアジア諸国、特に日本と清への観光旅行の機会が増えた。観光旅行という新しい形態の旅行では、日本と清はアメリカ人が異文化を娯楽として楽しむ場として眼差された。このような異文化の消費はしかし、日本や清からの移民—蒸気船が惹起したもう一つの越境移動がもたらしたもの—への差別を緩和しなかった。事実は逆で、アジア系移民が西海岸で急増したことにより、排斥法は厳格化、生得の市民権付与までもが疑問視された。生得の市民権がアジア系移民にも付与されるものであることが連邦最高裁で確認されたとはいえ、それはアジア系を歓迎する意図があったのではなく、州の主権に対する連邦主権の優位性が強化されたにすぎなかった。このように、定期的な蒸気船サービスによって可能になったアメリカとアジアの出会いは、複雑な「接触領域」を産むことになった。つまり、清や日本が文化的に消費という形で包摂されつつも、政治的かつ社会的に排除される空間である。後者からは、第一世代への帰化権は認めないものの、第二世代への市民権付与は認めるという、世代間での複雑な状況が生じた。

　人の越境移動の増加、その結果として異文化に属し、非対称的な権力関係に置かれた人々が出会ったことは、蒸気船により世界の一体化(グローバリゼーション)の進展を示唆する。「グローバリゼーション」という言葉は時に、ボーダレスであることや国と国の間の社会的・経済的・政治的壁が低くなることを示唆する場合に用いられるが、蒸気船とその結果の越境移動がもたらしたグローバリゼーションによって、「誰が市民になりうるか」という市民の境界線をめぐる議論が起こり、複雑な形で再度引かれることになった。この意味で、蒸気船によるグローバル化は、新しい境界線をもたらした。

注
1) ジュール・ヴェルヌの『80日間世界一周』が発行されたのは1872年だった。これに刺激を受け、1889年にはアメリカの女性ジャーナリストのネリー・ブライがワールド紙の企画で世界一周旅行に出発、73日間で成し遂げた。これは当時の世界旅行最短記録となった。
2) Pratt, Mary-Louise (1992). *Imperial Eyes: Travel Writing and Transculturation*. New York: Routledge, p.6.
3) PM社の説明は、断りがない限り以下の文献・史料に依拠している。Berthold, Victor Maximilian (1932). *The Pioneer Steamer California, 1848-1849*. Boston: Houghton Mifflin Co.; Bethel, A.C. W. (1998). The Golden Skein: California's Gold-Rush Transportation Network. *California History* 77(4): 250-275; Kemble, John Haskell (1934). The genesis of the Pacific Mail Steamship Company. *California Historical Society Quarterly,* 14: 386-406; Kemble, John Haskell (1950). *A Hundred Years of the Pacific Mail*. Newport News: Mariners' Museum; Meisnner, Daniel (1997). Bridging the Pacific: California and the China Flour Trade. *California History*, 64 (4): 83-93; 日本郵船歴史博物館 (2004).『航跡』日本郵船株式会社 ; 日本郵船歴史博物館 (2005).『日本郵船歴史博物館―常設展示解説書』日本郵船株式会社 ; Pacific Mail Steamship Co. (1867). *A Sketch of the New Route to China and Japan*. San Francisco: Turnbull & Smith; Otis, Fressenden Nott (1867). *Isthmus of Panama: History of the Panama Railroad and of the Pacific Mail Steamship Company*. New York: Harper& Brothers; Russell, Jesse & Ronald Cohn (2013). Pacific Mail Steamship Company. Edinburgh: Lennex Corp.
4) 蒸気船「東京号」は、日本からハワイおよび合衆国本土への労働者の越境移動で重要な役割を果たした。1885年に日米政府間で合意されたのち、ホノルルに日本人労働者の最初の集団を運んだのが東京号だった。ほかのチャイナ号や北京号も、大勢の日本人移民をアメリカへ運んだ。他方では、日本の蒸気船産業も、明治政府から援助を得た三菱汽船によって発展していた。三菱汽船は海外渡航を目的とした最初の蒸気船―横浜発・上海行―を1875年に出航させた。1896年には、日本の蒸気船が初めて太平洋を渡った。これは日中戦争中に日本政府が強く推進したことで可能になった(山田廸生 [1998].『船にみる日本人移民史―笠戸丸からクルーズ客船へ』中央公論社 ; 日本郵船歴史博物館 [2005].『日本郵船歴史博物館―常設展示解説書』日本郵船株式会社)。清からアメリカへわたる移民もPM社船の重要な顧客だった (Barde, Robert & Wesley Ueunten [2004]. Review Essay, Pacific steerage: Japanese ships and Asian mass migration. *Pacific Historical Review*, (73) 4: 653-660)。
5) Sandmeyer, Elmer Clarence (1991). *The Anti-Chinese Movement in California*. Urbana: University of Illinois Press, p.15.
6) Barde, Robert & Wesley Ueunten (2004). Review Essay, Pacific steerage: Japanese ships and Asian mass migration. *Pacific Historical Review*, (73) 4: 653-660.
7) Keeling, Drew (1999). The transportation revolution and transatlantic migration, 1850-1914.

Research in Economic History, 19: 39-74.
8) Cohn, Raymond L. (2005). The transition from sail to steam in immigration to the United States. *Journal of the Economic History*, 65 (2): 469-495.
9) Keeling, Drew (1999). The transportation revolution and transatlantic migration, 1850-1914. *Research in Economic History*, 19: 39-74.
10) Rothman, Hal K. (1998). *Devil's Bargain: Tourism in the Twentieth-Century American West*. St. Laurence: University Press of Kansas, Chapter 2.
11) 蛭川久康 (1998). 『トマス・クックの肖像：社会改良とツーリズムの父』丸善。
12) Chandler, Robert J. & James P. Delgado (2007). *Gold, Silk, Pioneers & Mail: The Story of Pacific Mail Steamship Company*. Palo Alto: Glencannon Press; Grossman, Peter Z. (1987). *American Express*. New York: Random House Value Publishing.
13) Aron, Cindy S. (1999). *Working at Play: A History of Vacations in the United States*. Oxford: Oxford University Press.
14) Aron.*ibid*.
15) Bramen, Carrie Tirado (2000). The urban picturesque and the spectacle of Americanization. *American Quarterly* 52(3): 444-477.
16) 以上述べた PM 社のパンフレットは 19 世紀末に発行されたものである。世界的には、最初の近代的観光ガイドブックはマレー社 (Murray) によって刊行され (1836 年)、その目的は、旅行者に信頼できる実践的・役に立つ情報を提供することにあった。もっともよく知られているガイドブックには、ジョン・マレーの『大陸旅行者のためのハンドブック』やベデカー社 (Verlag Karl Baedeker) の『ライン河』が挙げられる (蛭川久康 [1998].『トマス・クックの肖像：社会改良とツーリズムの父』丸善 ; 中川浩一 [1979].『旅の文化誌―ガイドブックと時刻表と旅行者たち』伝統と現代社)。
17) Weiss, Thomas (2006). "American traveling overseas and foreign visitors to the United States: 1820- 2000." *In Historical Statistics of the United States*. Cambridge: Cambridge University; Depont, Brandon, Alka Gandhi & Thomas Weiss (2012). The long-term rise in overseas travel by Americas, 1820-2000. *Economic History Review*, 65(1), 144-167.
18) John T. Carey to Attorney General, October 27, 1888, File 980-84, Letters Received, Year File, Central File, Records of the Department of Justice, RG 60, National Archives and Records Administration; *San Francisco Call*, 16 November 1894, 8 February 1896.
19) 詳細は Ooi (2008) を参照されたい ("Becoming Transnational through Assimilation: Emergence of National/ Ethnic Identity among Chinese Migrants in the Late Nineteenth-century Chicago" *International Journal of Japanese Sociology* 17, Japan Sociological Society: 77-90)。
20) たとえばその中の一つジャパン号の収容人数は、一等船室 122 人・一般船室が 908 人だった (Chandler, Robert J. & James P. Delgado [2007]. *Gold, Silk, Pioneers & Mail: The Story of Pacific Mail Steamship Company*. Palo Alto: Glencannon Press, p.33)。PM 社は、「清からのかなりの数の旅客が我が社の安い運賃・速さを活用することが見込まれる」ので、「大部分の空間を一般船室と二等船室にする」と期待を寄せた (Pacific Mail Steamship Co.

[1867]. *A Sketch of the New Route to China and Japan*. San Francisco: Turnbull & Smith, p.91)。
21）John T. Carey to Attorney General, October 27, 1888, File 980-84, Letters Received, Year File, Central File, Records of the Department of Justice, RG 60, National Archives and Records Administration.
22）*San Francisco Chronicle*, 16 November 1894, 8 February 1896.
23）Meyler, Bernedette (2001). The gestation of birthright citizenship, 1868-1896 states' rights, the law of nations, and mutual consent. Georgetown Immigration Law Journal 15: 519- 562.
24）*United States v. Wong Kim Ark, 169 U.S. 649*. 以下断りのない限り次の史料に依拠する。In the Matter of Wong Kim Ark, On Habeas Corpus, Opinion, National Archives Records and Administration, San Bruno.

第2章

日本の国際的地位と医療保険制度の変遷
―1920年代から1940年代初頭

杉田　米行

　本章では、「これは本当にグローバリゼーションなのか？」という各章共通のテーマを踏まえ、1920年代から1940年代初頭にかけて、グローバリゼーションと反グローバリゼーションが日本の医療保険制度に及ぼした影響について検討する。1922年の健康保険法により成立した健康保険制度の主な目的は、労働者の健康および身体的労働能力の維持・回復と、疾病・傷害時の経済的援助の提供であった。ただし、この保険の対象は、工場・鉱山労働者に限定されていた。そのため日本政府は、1937年にこの健康保険よりも広範囲の国民を対象とする社会保険制度として、国民健康保険を創設した。両者はいずれも医療保険制度ではあるが、国民健康保険は健康保険を単に拡張したものではなかった。1930年代後半から1940年代初頭の日本における国民健康保険の誕生と発展は、1920年代の「ワシントン体制」から離脱して自らの独立した地域システムを確立したいという日本の願望と切り離して考えることはできない。両制度には本質的な差異が存在している。本章の主な研究課題を以下に示す。

（1）健康保険と国民健康保険は本質的に何が異なるのか？
（2）その違いを生んだ要因は何か？

　日本の医療制度や社会福祉の歴史を専門とする研究者の多くは、健康保険が限られた数の労働者を対象とした、いわゆる労働政策の所産であったのに対し

て、国民健康保険は農業政策の所産であり、農村に医療サービスを提供することで経済的困窮を緩和し、日本の軍隊に健康な兵隊を供給するために創設されたという見方をしている。[1] この見方に沿った研究では、国民健康保険における政府補助金の役割[2]や保険業者のライセンス制度、[3]国民健康保険の制度設計における日本医師会の役割、[4] その他の制度創設に関する特徴の分析が行われてきた。これらの研究は、国民健康保険の形成を単なる国内問題と捉えており、国際情勢の構造的な変化と国民健康保険制度成立との象徴ともいえる密接な関係には、ほとんど着目していない。後述するように、国際社会における日本の台頭は、日本国内で医療保険制度を形作っていく過程に大きな影響を与えた。

　筆者は、1920年代から1940年代前半にかけて日本の国際的地位が変化したことに伴い、国家の概念が修正を強いられ、国民健康保険の誕生と発展につながったと仮説を立てている。日本が、1920年代のワシントン体制下の1メンバーから、1930年代後半のアジアにおける地域システムの中核的リーダーに移行しようと努めた際、国家の概念も、自由主義国家から国防国家へと移行していった。日本は、民主主義や自由主義的資本主義といった1920年代の自由主義国家の特徴を徐々に捨て去っていき、1930年代後半までに、国防国家の主な特徴である全体主義、国家統制、公益優先のイデオロギーへと向かった。自由主義国家と国防国家の公共政策および政治的展望の本質的な違いは、日本の二つの主要な医療保険制度の性質の相違に繋がっている。すなわち、労働者の健康と身体的労働能力の維持・回復に焦点をあてた健康保険と、経済的な安定を実現する手段として、国民の経済的苦境の緩和に重点を置いた国民健康保険である。本章の目的は、1920年代から1940年代初頭における日本の国際的地位と医療保険制度の変遷の象徴的な関係を分析することで、上述の仮説を検証することである。

1．ワシントン体制から大東亜共栄圏へ

1920年代、ワシントン体制に組み込まれた日本の貿易は、アメリカに大き

く依存していたため、アメリカの経済の浮き沈みは、増幅された形で日本の経済に深刻な影響を及ぼした。[5] 一方、軍事関連では、日本海軍の強硬論者達がワシントン体制による日本海軍の規模の規制に対する不満を表明していた。しかし、日本がこの体制下で経済的利益を得られている間は、日本の文民の指導者達が彼らの不満を抑え込むことができた。[6]

1920年代後半、日本は経済不況にみまわれたが、その後、1932年から1936年にかけて、軍事と公共事業に対する政府の支出が増加したため、経済状況はよくなり、輸出も増加した。ただし、輸出先は、アメリカと中国から満州国へと変化した。[7] 日本の指導者は、次第にワシントン体制の有用性に疑問を抱き始め、徐々にワシントン体制から離脱し、独自の地域システムの確立に努めていった。[8]

1931年9月、満州事変が起き、1933年3月に日本は国際連盟から脱退を決めた。当時の斎藤実内閣は、中国における日本の植民・軍事事業の急速な拡大と並行して新しい法律を採択した。日本の外交政策の新方針として、日本・満州国・中国が連携して東洋における恒久平和を確立し、世界平和に貢献することとしたのである。[9] 1934年12月、日本政府は1922年に締結したワシントン海軍軍縮条約から、1936年1月には潜水艦戦の規制と主力艦建設の5年間禁止について合意した1930年の第二次ロンドン海軍軍縮会議からも離脱し、米英両国に太平洋地域における建艦競争への門戸を開いた。さらに、1936年8月7日には、広田弘毅内閣の下で「国策の基準」が策定され、「東亜ニ於ケル列強ノ覇道政策ヲ排除シ…英米ニ備ヘ日満支三国ノ緊密ナル提携ヲ具現」[10]することを奨励した。

しかし、日本は、満州事変以降も国際協調を放棄したわけではなかった。[11] 1932年1月の演説で芳澤謙吉外相は、政府として、アメリカが推奨している中国におけるリベラルな門戸開放主義を日本も遵守していると主張した。[12] 1934年10月には、第二次ロンドン海軍軍縮会議の予備交渉に先立ち、『東京朝日新聞』は、広田弘毅外相が会議で合意しないことを見越して、日、英、米の間で不戦原則を確立する意図があるようだと報じた。[13] また、翌年1月、広田は帝国議会において、「私の在任中に戦争は断じてないと云うことを確信い

たして居ります」[14]と発言し、改めて国際協調と平和の重要性を強調した。

　日本は、1937年半ばまでは、国際協調路線維持のために尽力した。[15] しかし、同年7月の日中戦争を転機に、これ以降、世界が複数の政治的・軍事的なパワーブロックに分割されることを前提として、日本の外交政策をたてた。近衛文麿内閣は、1938年11月3日、日中戦争の目的は日本、満州国、中国の連携により、東アジアに新秩序を築くことだと宣言した。[16]

　ヨーロッパで第二次世界大戦が始まると、日本の実業界は、大戦が日本経済に及ぼす深刻な影響を懸念し、国際社会で日本が取るべき道を明確にするよう政府に要求した。[17] 日本の指導者の多くは、ドイツが大戦初期に収めた軍事的成果に感銘を受けていた。そのため、1939年12月28日、日本の陸海軍と外務大臣は、ドイツ・イタリアとの間で新しい世界秩序を確立するために必要な共通認識が得られたと宣言すると同時に、日本政府は、東南アジアを含む東アジアに新しい秩序を樹立する計画を世界に向けて発表した。[18]

　1940年7月25日、ナチスドイツの経済相ヴァルター・フンクはパリで「ヨーロッパの経済再編」と題した演説を行い、大戦後の世界の新しい経済秩序に関するドイツの見解を発表した。[19] その内容は、戦後の世界経済が四つの自給自足の経済ブロック——独伊を中心とする欧州ブロック、日本中心の東アジアブロック、アメリカ中心の汎米ブロック、ソビエト連邦ブロック——に分割されるというものであり、日本の実業界はその予測に関心を示した。[20] 翌日、第二次近衛内閣は当時の国際情勢に関して、「世界ハ今ヤ歴史的一大転機ニ際会シ数個ノ国家群ノ生成発展ヲ基調トスル新ナル政治経済文化ノ創成ヲ見ントシ」と述べ、ドイツ勝利の新しい世界を思い描いていた。[21] さらに、そのビジョンに沿って速やかに行動するため、近衛内閣は翌日、『基本国策要綱』を承認し、日本の基本政策は「日満支ノ強固ナル結合ヲ根幹トスル大東亜ノ新秩序ヲ建設スルニ在リ」[22]と主張した。

　そして、1940年8月1日、外務大臣松岡洋右は「大東亜共栄圏」という言葉を初めて公の場で使用している。[23] 同年9月、日本政府は重大な決断を下した。第二次世界大戦後の世界は4ブロックに分割されるというドイツの見解に賛同した政府は、南洋を含む東アジアは日本の生活圏（Lebensraum）、ヨーロッ

パとアフリカはドイツ・イタリアの生活圏と互いに尊重するという考えに基づき、日本はドイツ・イタリアと三国同盟を結成したのである。[24] ワシントン体制下でのジュニア・パートナーとしての立場に満足できなくなった日本は、独占的な権限を行使できる新しい地域的秩序の樹立を決意した。

　ドイツ国防軍の電撃作戦が大戦初期に収めた戦果は、ヨーロッパにおけるドイツの勝利を裏付けるものと思われていた。だから、1941年7月2日に、日本の御前会議が『情勢ノ推移ニ伴フ帝国国策要綱』を策定し、大東亜共栄圏の設立を「主要な国策」と位置付けた。[25] これは日本が、既に崩壊したワシントン体制に置き換わる、独立した地域的な主従制度を構想し始めていたことになる。[26] 日本政府は、日本を中心とした東アジアの新秩序を正当化するため、英米の資本主義からの中国の開放を標榜した。そして、日本とその他のアジア諸国は英米の権力に従う代わりに、市場中心の資本主義と自由主義を排し、世界経済の動向に左右されない新たな独立性の高い地域経済システムを追求することとなった。[27]

　日本がアジアの中心的存在になるという野心を実現するためには、国民の挙国一致体制を推進する必要があった。それには、平等主義と経済安定化政策に力を入れねばならない。そこで文部省は、ワシントン体制の終焉と大東亜共栄圏の形成という国の新しい目標によって日本を取り巻く国際情勢が変化したことをうけて、安定した国家体制の確立が重要だと主張した。[28] その一つの方法として、それまで一部の賃金労働者に限定されていた健康保険の適用範囲を、国民の大多数に拡大させることが検討された。政府がこれを実現可能と考えたのは、医療保険の大幅な改革が政治的な争点ではなく、また、健康保険事業を10年間管理運営してきた経験もあったからと言える。

2．革新官僚の台頭と国防国家の概念

　政府のあるべき姿に関する概念も自由主義国家から国防国家へと変化した。日本の国防国家への移行に積極的に貢献したのは、いわゆる革新主義の官僚達であった。彼らは、自由資本主義が引き起こした経済の衰退や多数の事業の倒

産、失業問題、商取引における公益を顧みない極端な私利私欲の追求、貧富の差等の問題を国家が先導する改革で克服しようと考えた。解決策として提案されたのが、公共志向の企業管理制度、産業再編成、戦時中の経済統制、そして社会保険制度であった。[29]

革新官僚の代表格ともいえる奥村喜和男は、自由主義国家の限界について、「自由主義の飽くなき跳梁は、却って人類の不幸を齎し、その発展を妨害する鉄鎖と変じた。…［自由主義は］偉大な功績を残しながらも、人類生成発展の法則の前に漸次、退陣せざるを得なくなった」[30]と述べた。さらに、1929年に大恐慌が世界経済を直撃すると、世界が大きな変革期に差し掛かっているとして、次のように主張した。

> 今、世界が当面している大動乱は、即ち斯様な世代の移り替りのための動乱であり新しき世界観誕生のための陣痛なのである。今や人類は、自由主義的世界観から蝉脱して、新時代に相應はしき、新しき全体主義的世界観の確立に邁進せんとしている。即ち民主主義、営利主義、功利主義並に此等と同根なる共産主義を捨て去って、全体主義、国家主義、公益優先主義を人類の指導原理として採り入れんとしているのである。[31]

奥村が述べたような「公益」の概念は、1930年代から日本の経済的思考のなかにしばしば登場するようになる。この新しい思考から誕生したのが、1931年に制定された戦略的な重要産業統制法であり、それが日本の統制経済時代の始まりと考えられている。この頃から、政府が次第に国民経済を管理し、民間企業による利益追求を規制した。これ以降、統制経済が日本の経済的思考の主流となった。

日中戦争が始まると、日本政府は計画経済を進めた。1937年10月には、革新官僚の指揮下で包括的な戦時経済統制を案出するために、内閣資源局と企画庁が合併して企画院を設立した。革新官僚の主な目的は、日本の総力戦体制を支えうる社会を確立することであったため、日本の自由主義的な制度や政策を

攻撃する必要があった。ソビエト連邦の社会主義とドイツのナチズムのもとで編み出された経済政策に価値を見出した革新官僚は、日本における計画経済や経済統制の必要性を訴えた。革新官僚による統制経済計画の頂点とも言うべきは、1940 年 9 月 28 日に近衛内閣が発表した『経済新体制確立要綱』の草案である。同草案は、個人の経済活動とは公益に対する責任であることを前提に、私的利益の追求を排除すべきものであり、国家による総合的計画を達成するために必要なものだと記していた。[32] そして、1940 年 12 月、「経済新体制確立要項」[33] が閣議決定され、自由資本主義に終止符が打たれた。

3．国民健康保険制度の導入

　日中戦争のさなか、日本は社会保険制度の改良を実施した。国家統制が厳しさを増すなかで、新たに誕生した最も重要な社会保険事業が国民健康保険である。[34] 健康保険と国民健康保険の間に、本質的な相違が生まれたのは、自由主義国家と国防国家の違いが大きい。健康保険が自由主義国家の産物であったのに対し、国民健康保険は国防国家の特徴を備えている。最も重要な相違点の一つは、各制度の国家的な目標である。健康保険の主な目的は、労働者の健康と身体的労働能力の維持・回復であった。そのため、もともと同保険に加入できたのは、政府の補助金をほとんど必要とせずに保険料を支払うことができる一部の限られた労働者だった。対照的に、国民健康保険の主な目的は、安定した経済生活を実現する手段として、一般の人々の経済的苦境を緩和することだった。したがって、同保険では、保険料を負担できない、政府の補助金に大きく依存した貧困層の人々にまで被保険者の範囲を拡大した。[35] 要するに、日本政府は、被保険者の範囲を最大限に広げ、最終的には皆保険を目指したのである。

　日本のさまざまな組織も、国民健康保険を支持した。まず、軍部が国民健康保険に賛同の意を表した。満州事変後、陸軍は兵士の主な供給源となっていた農村部の住民の健康状態に関心を持ち始めた。そして、満州における日本軍の戦いが激しさを増した 1933 年までには、農村部の健康問題は軍民の指導者にとって大きな課題となっていた。[36]

1936年6月19日の閣議では、陸軍大臣寺内寿一が成人男性のひどい身体状態に関する懸念を表明している。特に、兵士の供給源となっていた農村部の住民の健康維持のため、国家政策が必要であると訴えた。こうした健康な兵士に対する差し迫ったニーズが、軍部による国民健康保険創設に対する強い要望を生んだといえる。[37]

　そして、医師も国民健康保険構想を支持した。日本医師会に代表される日本の医療専門家達は、1930年代半ばから、日本人の健康水準向上のために国民健康保険制度の創設を呼びかけ始めた。日本政府の統計によると、1935年時点での日本の普通死亡率および乳児死亡率は、アメリカやヨーロッパ諸国と比べてはるかに高かったのだ。[38] そこで日本医師会の船木康行は、「日本は大東亜のリーダーとして行動しているのであるから、このような惨めな状況をすみやかになくすべきだ」と訴えた。[39]

　さらに、医療保険を含む社会政策を担当していた内務省は、日本の最も辺鄙な農村地帯における不安定な暮らしぶりに関し、同省の社会政策を進める機会と捉えた。この内務省の官僚による働きかけに応えた衆議院は、1933年、経済的・社会的救済を与える具体的な手段を講ずるよう政府に呼びかける決議を採択した。同年4月、閣議は同決議に基づいて、思想対策協議委員会の設立を決定した。そして、内務省社会局長官で同委員会のメンバーでもあった丹羽七郎は、国民健康保険の検討を開始した。[40] 同年6月には、社会局保険部が国民健康保険の草案を承認し、[41] その後政府内で草案の検討が行われた。

　1936年2月26日、帝国陸軍の青年将校らによるクーデター未遂事件が起こっている（二・二六事件）。社会局長官の広瀬久忠は、この事件を少数の軍人と政治関係者のみに関係する行為というより、日本国民の間に広まる不満と不安を反映したものと捉えた。さらに広瀬は、このクーデターを社会局が独自の公共政策を進める機会であり、積極的に努力すべきだと唱えてもいる。[42] 社会政策の草案のなかには、国民健康保険の法案も含まれていたため、アジア太平洋戦争の終戦後、二・二六事件によって、社会不安を取り除くための包括的な社会政策の必要性を痛感したと回想している。[43]

　1938年1月、日本政府は厚生省を創設し、国の医療保険制度を管理する権

限を与えた。これにより、同省は国民健康保険の創設と発展を促す中心的な政府機関となった。実は同省は、国民健康保険は国力増強の機会であり、戦争のために国民の健康を管理する手段だと考えていた。たとえば、同省の立野信実は、個人の身体はその人自身のものだが、同時に、国家に帰属していると述べている。[44]

4．国民健康保険の本質

　健康保険は、労働者の健康と身体的労働能力の維持・回復を目的とした社会政策である。そのため、健康保険の対象は、全人口の約3％にあたる200万人弱の工場・鉱山労働者で、[45]保険料は自己負担となっていた。対照的に、国民健康保険は、地方に住む人々だけでなく、健康保険の対象外だった都市部の住民も含め、日本の人口の約60％を対象とすることを意図した制度で、対象者の中には保険料を負担できない人々も多かった。[46]つまり、国民健康保険を通じて、これまで医療サービスを利用できない人々に医療保険の適用範囲を広げることは、戦争遂行のための公的支援強化政策の一環ともいえる。

　1937年3月、第70回帝国議会に国民健康保険法案が提出されたとき、河原田稼吉内相は、医療費の負担軽減のためにはこの法案が必要だと説明した。[47]国民健康保険の主な目的は、一般市民が手頃な値段で医療サービスを受けられるようにすることだったからだ。要するに、国民健康保険は「保険」という言葉を使っていても、制度自体は公共福祉事業とよく似た面を持っていたのである。[48]

　1937年8月、社会局の官僚で国民健康保険の責任者でもある川村秀文は、国民健康保険とは経済負担軽減を意図した国家による国民保護政策であり、当面は中産階級と貧困層を主な対象とするが、将来的には日本国民全員を対象としたいと記した。[49]つまり、低収入層を多数含む大規模な国民健康保険事業は、必然的に公的扶助としての機能を担うことになるのである。

　そもそも社会局の計画は、1922年の健康保険制度の特徴とは根本的に異なるものだった。既存の健康保険に適用された狭義の「社会保険」によって、皆

保険を実現することは財政的に不可能だった。そのため、健康保険の費用は、主に労働者とその雇用主が負担し、政府の補助金は事務費のみをカバーしていた。一方、国民健康保険では、貧困層に対する医療サービスの費用は政府のみが負担する立場にあった。つまり、健康保険とは対照的に、国民健康保険はその発端から公的扶助の様相が強かったのである。[50]

1938年3月、国民健康保険法案が議会で可決され、同年7月に施行された。本章のテーマに即して最も重要な条項は、第14条である。国民健康保険では、任意の国民健康保険組合が各地に創設され、国民健康保険事業の各地域における保険者としての役目を果たしていたが、さらに「組合ハ組合員及<u>組合員ノ世帯ニ属スル者</u>ヲ以テ其ノ被保険者トス（強調は筆者）」[51]と定めた。政府は、この画期的な文言を持って国民健康保険による組合員の家族に対する給付を指示し、多くの日本国民の福祉に対する責任を引き受けた。これは、工場労働者にもたらした限定的な医療サービスの健康保険とは根本的に異なるものと言える。国民健康保険の家族給付の目的は、家族の高額な医療費による財政難から被保険者の世帯を守ることであった。[52]

このように国民健康保険は医療保険の適用範囲を低収入・無収入層にまで拡大したが、実は、それは公的扶助という形ではなく、原則として、被保険者が保険料を払うことを明示していた。しかし、第22条に、「特別ノ事由アル者ニ対シ保険料ヲ減免シ又ハ其ノ徴収ヲ猶予スル」[53]という例外規定を設けていた。この「特別ノ事由」は、保険料を負担できない者に適用される。したがって、国民健康保険は、健康保険の単なる拡張版ではない。国民健康保険を、民間の医療サービスを受ける金銭的余裕のない者に対する実質的な公的扶助事業とする例外規定が、日本の医療保険の本質の変化を先導したのである。[54]

5．健康保険の本質の変化

国民健康保険が1938年に法制化される数年前、日本政府は健康保険法の改正を検討していた。そして、1934年2月には制度の対象者を（既述の工場、造船所、事務所の従業員の枠を超えた）広範囲の労働者に拡張する健康保険法修正法案を帝

国議会に提出した。これにより同年3月、同法案が成立し、1922年の健康保険法の恩恵を受けられなかったさまざまな職種の労働者が加入資格を得た。その結果、1934年の法改正で、被保険者の数はおよそ29万人増加した。[55] これは当時の二次産業の被雇用者数の約4.3%にあたる。[56]

さらに、日本政府は、被保険者の範囲を拡大するために、別の医療保険事業にも取り組み始めた。1935年、内務省社会局は、販売、金融、広告分野の事務所で働くホワイトカラーのサラリーマンや、既存の健康保険の対象外であったその他の都市の労働者を対象とした医療保険の検討を開始した。この新保険は、健康保険への付け足しという形であり、社会局は、新たに38万人に保険サービスを提供できると見込んでいた。[57] また、この新事業は、都市部の世帯の家計費に占める医療費負担の重さに応えるものと見積もられた。しかし、統計局が1935年9月から1936年8月にかけて行った事務所職員世帯の家計調査によると、当時、家計全体に占める医療費の割合は6.57%で、社会局はこれを高すぎると考えていた。[58]

そして、1939年4月、職員健康保険法が制定された。社会局は、この新保険を実験的なものと考えていた。その実験的な要素の一つは、家族給付制度の導入である。同制度がなかった健康保険と異なり、新法では、「<u>被保険者ニ依リ生計ヲ維持スル者</u>」[59]（強調は筆者）に対する<u>任意給付</u>が可能となっている。このように、国民健康保険と同様、制度の焦点が、特定の一部の労働者の健康を守ることから、各世帯の医療費負担を減らすことにより家族全体の経済的な生活水準の引き上げへと移行していることが分かる。

日本が中国との全面戦争に突入すると、政府は再度、健康保険自体もその対象者の拡張を検討した。1939年4月には、健康保険法が改正され、「保険者ハ…被保険者ニ依リ生計ヲ維持スル者ノ疾病又ハ負傷ノ療養ニ要シタル費用ニ付補助金ヲ支給スルコトヲ得」という規定が追加されている。[60] 家族給付はこの法改正の核心ともいえ、最重要点だと保険院の官僚鈴木武男は述べている。[61] この法改正で扶養家族を含めることにより、健康保険の対象者は49万人増え、428万人から477万となった。

日中戦争勃発後、日本政府は被保険者だけでなくその扶養家族の救済にも力

を入れるようになった。政府による国民の保護がここまで急速に発展・強化した主な理由は、総力戦によって、海外で戦う兵士達の家族の生活の安定を国が保証する必要に迫られたためである。[62] したがって、中国での戦争に総力を挙げる中で 1940 年 7 月に策定された『基本国策要綱』が、東アジアにおける新システムの確立だけでなく、社会的・経済的不平等の是正と日本国民の生活水準の維持・向上による経済的苦境の緩和の必要性を唱道したのも、驚くべきことではない。[63]

6．準普遍的な医療保険への動き

　1938 年の国民健康保険の創設時に、日本政府は被保険者の数を 1947 年までに 2500 万人に増やすという 10 年計画を発表した。1938 年から 1940 年の間、国民健康保険の被保険者の数は計画通りに増加した。[64] しかし、日本政府は、その増加ペースに拍車をかけたいと考えた。

　1940 年 9 月、内務省社会保険局の国民健康保険課長であった石原武二は、新医療制度の根幹として、全国民が医療サービスを受けられるようにすべきだと唱えた。[65] また、1941 年 1 月、人口を増やすために政府が新たに採択した人口政策で、「健康保険制度ヲ拡充強化シテ之ヲ全国民ニ及ボスト共ニ医療給付ノ外予防ニ必要ナル諸般ノ給付ヲナサシムルコト」[66] が提案された。さらに 1941 年 6 月、内務省保険院は『社会保険（短期給付）構成基本要綱』を発表し、医療保険再編の方向性を示した。そこでは、低収入層の人々を全て医療保険の対象とし、家族給付を最低でも被保険者と同程度に引き上げるために、健康保険と国民健康保険の量的拡大が提案されている。[67]

　1941 年 7 月、陸軍軍医中将小泉親彦が厚生大臣に任命された。国民健康保険の大規模かつ急速な拡大を目指す小泉は、同年 12 月、3 年以内に国民健康保険組合の設立を加速させると正式に発表した。この構想に応え、内務省保険課は「社会保険制度拡張要綱」の草案を策定し、健康保険制度と国民全員を対象とした国民健康保険の改革、拡大を早急に実施していくとした。さらに、政府は、毎年、被保険者 1 人につき 1 年に 2 円、合計 1 億 3000 万円の補助金を

提供すると計画した。しかし当時、国民健康保険組合への加入は任意だったので、この制度が急速に普及することはなかった。そこで要綱では、制度拡大のため完全義務方式への変更を示唆し、国民健康保険を都市部にも普及すべきだと明言した。これを、1943年度から1944年度に完了する計画をたてた。[68]

ここから日本政府は本格的な取り組みを開始した。1942年1月には、既存の健康保険法・国民健康保険法に対する一連の改正が帝国議会を通過し、速やかに公布された。結果、職員健康保険は廃止されて健康保険に組み込まれ、家族給付は任意給付から医療費の半額を補助する法定給付へと変更された。[69]

さらに、この新しい健康保険は、10人以上の従業員のいる事業のみを対象としていた職員健康保険と違い、常時5人以上の従業員のいる事業に適用されることになった。また、改正後の健康保険法では、健康保険の対象となる事務員の年俸の上限が1200円から1800円に引き上げられたことにより、これまで対象外だった年棒1200円から1800円の労働者も新たに健康保険の適用対象となった。その結果、健康保険の被保険者（労働者とその扶養家族）の総数は、1938年の427万人から1943年の803万人へと、ほぼ倍増した。[70] これらのように健康保険制度の拡大する主な理由は、日本の各家族の医療サービスによる財政的負担を軽減することだった。

一方、国民健康保険法についても、1942年の改正で、住民が国民健康保険組合を設立して加入するという民主的かつ任意の制度から、半強制的な制度へと転換した。改正では、地方長官に国民健康保険組合を設立する権限を付与している。[71] 組合が設立されて、対象地域の加入資格のある住民の半分以上（改正前の規定では、3分の2以上）が組合員となった場合、それ以外の住民も組合に強制加入させられることになった。[72]

1942年4月に社会局事務官に任命された平井章は、9月末、1943年度の予算案に関連して内務省の健康保険政策を次のように説明した。

「次の会計年度末までに、全ての農山漁村に国民健康保険組合を設立させます。我々の目標は、国民健康保険または健康保険組合を通じた国民皆保険であります。」[73]

それに伴い、医療保険の主な目的も、できるだけ多くの日本人労働者とその家族の医療費を削減することへと変化した。こうした努力の甲斐もあり、国民健康保険の被保険者数は、1942年度の670万人から43年度には2266万人、44年度には4116万人と飛躍的に増加した。[74] 一方、健康保険の被保険者数は1944年の時点で950万人であった。[75] つまり、1944年2月までに、人口7700万人強のうち、66%が医療保険事業の被保険者になったことが分かる。それでも、日本人の34%は、医療保険の適用外のままであった。こうした人々の中には、国民健康保険組合がない地域（全地域の約5%）の住民や、健康保険の加入資格のない産業分野・会社の労働者等が含まれている。しかし、健康保険が創設された1926年度には、人口の約3%にあたる200万人弱しか被保険者がいなかったという事実を考えると、[76] 被保険者数は約18年間で25倍以上に急増したことになる。日本は、太平洋戦争終結前にはすでに国民皆保険実現の道を歩み始めていた。

　　結　論

　本章では、次の研究課題を検討してきた。

（1）健康保険と国民健康保険は本質的に異なるのか？
（2）その違いを生んだ要因は何か？

　まず、両者には、健康保険が主に労働者の労働能力を維持・回復し、疾病や負傷に苦しんでいる間の経済支援を提供するために創設されたのに対し、国民健康保険の主目的は、一般の人々を高額な医療費による経済的困難から守るためという目的の相違がある。その違いを生んだ要因としては、第一に、政府が健康保険を創設した時、日本はワシントン体制の1メンバーに過ぎず、経済競争力の増強が生き残りと日本の国際的地位の維持のための主な手段だったことにある。したがって、日本政府は、主要産業の限られた数の労働者のみを対象とする保険制度に疑問を抱かなかった。一方、ワシントン体制から離脱して

日本を中心とする新しい大東亜共栄圏へと移行する過程で、日本政府は国民の結束を強化する手段としての国民健康保険を創設し、日本における平等主義と生活安定化政策の採用に重点を置くようになった。その結果、国民健康保険は制度の適用範囲という点で包括的なものとなり、最終的には国民皆保険へと繋がったのである。つまり、1920年代から1940年代前半にかけて、日本の国際的地位の大きな変化に伴い、医療保険の本質も変化を遂げたのである。

注
1) 佐口卓『日本社会保険史』（日本評論新社、1957年）；佐口卓『国民健康保険』（光生館、1995年）；池上直己・J.C. キャンベル『日本の医療』（中央公論社、1996年）；鍾家新『日本型福祉国家の形成と「十五年戦争」』（ミネルヴァ書房、1998年）。
2) 永廣顕「国民健康保険と国庫負担」『甲南経済学論集』46（2）（2005）。
3) 高嶋裕子「国民健康保険制度形成過程における医療利用組合運動の歴史的位置」『大原社会問題研究所雑誌』（2005年）。
4) 中静未知『医療保険の行政と政治 1895-1954』（吉川弘文館、1998年）338-40頁。
5) 中村隆英「世界経済の中の日米経済関係」細谷千博・斎藤真編『ワシントン体制と日米関係』（東京大学出版会、1978）472-81頁。
6) 三谷太一郎『ウォール・ストリートと極東』（東京大学出版会、2009年）。
7) 富永憲生「一九三二―三六年の日本経済」原朗編『近代日本の経済と政治』（山川出版社、1986年）。
8) 和田朋幸「ワシントン体制と日本の新秩序構想」『陸戦研究』45（525）、1997年6月、31頁。
9) 外務省編『日本外交年表並主要文書』下巻（原書房、1966年）275-77頁。
10)「国策の基準」（7 August 1936）http://binder.gozaru.jp/19360603.htm（2018年6月25日アクセス）。
11) 井上寿一『危機のなかの協調外交：日中戦争に至る対外政策の形成と展開』（東京：山川出版社 , 1994）。
12)『大阪毎日新聞』1932年1月22日。
13)『東京朝日新聞』1934年10月19日。
14) 城山三郎『落日燃ゆ』（新潮社、1974）149頁から引用。
15) 岩本聖光「日本国際連盟協会――30年代における国際協調主義の展開」『立命館大学人文科学研究所紀要』No. 85（2005）116頁。
16) 近衛文麿「東亜新秩序建設の声明」（昭和13年11月3日）アジア歴史資料センター http://www.jacar.go.jp/topicsfromjacar/pdf/02_006_01_01_0008.pdf（2018年6月25日アクセス）。
17)『東京朝日新聞』1939年9月2日。
18) 前掲、和田「ワシントン体制」34頁。

19）http://www.eu-facts.org/en/roots/06_economic_reorganization_europe.html（2018 年 6 月 25 日アクセス）。
20）『朝日新聞』1940 年 7 月 27 日。
21）河西晃祐「外務省『大東亜共栄国』構想の形成過程」『歴史学研究』798 号（2005 年）11 頁；「基本国策要綱」昭和 15 年 7 月 26 日、リサーチ・ナビ　http://rnavi.ndl.go.jp/politics/entry/bib00254.php（2018 年 6 月 25 日アクセス）。
22）前掲「基本国策要綱」https://rnavi.ndl.go.jp/politics/entry/bib00254.php（2018 年 6 月 25 日アクセス）。
23）安部博純「＜大東亜共栄圏＞構想の形成」『北九州大学法政論集』Vol. 16, No. 2（1989 年 1 月）。
24）前掲、和田「ワシントン体制」37-38 頁。
25）安部博純「＜大東亜共栄圏＞構想の展開」『北九州大学法政論集』Vol. 16, No. 3・4（1989 年 3 月）106 頁。
26）末広昭「書評：小林英夫著『「大東亜共栄圏」の形成と崩壊』」『史学雑誌』Vol. 85, No. 10（1976 年 10 月）71 頁。
27）鎌倉一郎「東亜共生体建設の諸条件―長期建設の目標―」『解剖時代』昭和 15 年 10 月号（1938 年 10 月）28-30 頁。
28）文部省教育調査部編『大東亜新秩序建設の意義』（目黒書店、1942）2 頁。
29）島本実「革新官僚の台頭――構想の合流による相互補完的集団の成立」『Business review』Vol. 45, No. 4（1998）75 頁。革新官僚に関しては以下を参照。古川隆久「革新官僚の思想と行動」『史学雑誌』Vol. 99, No. 4（1990 年 4 月）；秦郁彦「戦前期官僚制余話―4―革新官僚の時代」『ファイナンス』Vol. 18, No. 2（1982 年 5 月）53 頁。
30）奥村喜和男『国民に叫ぶ』（大日本雄弁会講談社、1942 年）87 頁。
31）前掲、奥村『国民に叫ぶ』87-88 頁。
32）中村隆英・原朗「『経済新体制』」『年報政治学』1972 年度版（1973 年 3 月）91 頁。
33）前掲、島本「革新官僚の台頭」75 頁。
34）副田義也『厚生省史の研究』平成 3・4 年度科学研究費補助金（総合 A）研究成果報告書、筑波大学（1993 年 10 月）44 頁。
35）国庫負担に関しては、以下参照。Yoneyuki Sugita, "'Fairness' and Japanese Government Subsidies for Sickness Insurances," *Japan Studies Review* XIX (2015).
36）西村万里子「国保制度成立過程における地方の役割と社会保障の萌芽――国保・社会福祉構造の地域的基盤と社会保険機能」『季刊社会保障研究』Vol. 30, No. 4（1995 年 3 月）417 頁。
37）前掲、鍾家新『日本型福祉国家の形成』16 頁；前田信雄「国民健康保険制度成立前史―農民の窮乏化とその医療事情に関する史的分析」『研究年報経済学』Vol. 24, No. 3・4（1963 年 3 月）。
38）船木康行『国民医療法概説』（健康保険医報社出版部、1942 年）6 頁。
39）前掲、船木『国民医療法概説』6 頁。

40) 前掲、中静『医療保険の行政と政治 1895-1954』202 頁。
41) 永廣顕「国民健康保険と国庫負担：戦前日本の国保制度成立過程において」『甲南経済学論集』46（2）（2005 年 9 月）66 頁。
42) 『東京朝日新聞』1936 年 3 月 15 日。．
43) 厚生省 20 年史編集委員会編『厚生省 20 年史』（厚生問題研究会、1960 年）3-4 頁。
44) 立野信実『国民医療法解説』（教学館、1942）2 頁。
45) 厚生省保険局編『健康保険三十年史 下巻』（東京：全国社会保険協会連合会 1958 年）31 頁。
46) 吉原健二・和田勝『日本医療保険制度史』（東洋経済新報社 1999 年）79 頁；佐口卓『医療の社会化』（勁草書房 1982）125 頁。
47) 帝国議会会議録、官報号外　第 70 回帝国議会衆議院議員速記録第 19 号（1937 年 3 月 10 日）。
48) 前掲、中静『医療保険の行政と政治 1895-1954』265-66 頁。
49) 川村秀文『国民健康保険の話：農村医療問題解決の鍵』（健康保健医報社出版部、1937）5-6 頁。
50) 近藤文二『社会保険』（東洋書館、1948 年）373-76 頁。
51) 清水玄『国民健康保険法』（羽田書店、1938 年）137 頁。
52) 前掲、佐口『医療の社会化』110-11 頁。
53) 前掲、清水『国民健康保険法』151 頁。
54) 玉井金五・大森真紀編『社会政策を学ぶ人のために』（世界思想社、1997 年）124 頁。
55) 厚生省保険局編『健康保険三十年史 上巻』（全国社会保険協会連合会 1958 年）16 頁。
56) Peter Duus ed., The Cambridge History of Japan Vol. 6 : The Twentieth Century (Cambridge: Cambridge University Press, 1989).
57) 長瀬恒蔵『社会保険と五十年』（社会保険新報社、1963）203 頁。
58) 前掲、厚生省 20 年史編集委員会編『厚生省 20 年史』282 頁。
59) 前掲、厚生省保険局編『健康保険三十年史 上巻』645 頁。
60) 前掲、厚生省保険局編『健康保険三十年史 上巻』769 頁。
61) 鈴木武男「健康保険法改正要綱」健康保険協会編『健康保険実務要論』（健康保険協会、1940 年）101-02 頁。
62) 増山道康「戦争計画による社会保障制度形成──人口政策確立要綱」『岐阜経済大学論集』Vol. 37, No. 2（2004）109-10 頁。
63) 前掲、「基本国策要綱」https://rnavi.ndl.go.jp/politics/entry/bib00254.php（2018 年 6 月 25 日アクセス）。
64) 国民健康保険中央会編『国民健康保険五十年史』（ぎょうせい、1989 年）9 頁。
65) 前掲、中静『医療保険の行政と政治 1895-1954』290 頁。
66) 「人口政策確立要綱」（1941 年 1 月 22 日）https://rnavi.ndl.go.jp/politics/entry/bib00302.php（2018 年 6 月 25 日アクセス）。
67) 佐口卓『日本社会保険制度史』（勁草書房、1977 年）281-82 頁；厚生省五十年史編集委員会編『厚生省五十年史　記述篇』（厚生問題研究会、1988 年）540-41 頁。

68）全国国民健康保険団体中央会『国民健康保険二十年史』（全国国民健康保険団体中央会、1958）242-44 頁。
69）前掲、厚生省保険局編『健康保険三十年史 上巻』821 頁。
70）前掲、厚生省 20 年史編集委員会編『厚生省 20 年史』291 頁。
71）前掲、厚生省五十年史編集委員会編『厚生省五十年史　記述篇』546 頁。
72）前掲、厚生省五十年史編集委員会編『厚生省五十年史　記述篇』546 頁。
73）前掲、中静『医療保険の行政と政治 1895-1954』283 頁。
74）小島徳雄「国民健康保険制度の現状」成田武二編『社会保険の発達』（社会保険新聞社、1961）250-51 頁。
75）高岡裕之「戦時動員と福祉国家」倉沢愛子他編『岩波講座 アジア・太平洋戦争〈3〉動員・抵抗・翼賛』（岩波書店、2006 年）134 頁；土穴文人「健康保険法制定について―下―」『経営経理研究』（1982 年）61-62 頁。
76）前掲、厚生省保険局編『健康保険三十年史 下巻』31 頁。

第3章

占領期日本におけるアメリカ政治介入の想定外効果
―政治パージ計画と戦後日本指導層の形成

ユハ・サウナワーラ
(門田　有示　訳)

　日本では、首相が頻繁に変わり政治的に不安定な時期があるにもかかわらず、日本政治指導層の歴史において「継続性」という言葉がよく使われる。この「継続性」というのは、多くの大臣や首相が二世議員であったり元首相の親戚であったりする事実を示唆する言葉である。したがって、日本と近隣諸国の領土問題を分析するような場合だけでなく、日本の政治指導層の構成や性質を理解する場合においても現代史の理解が必要となる。

　日本政治史において、1945年から1952年は大きな分岐点だった。この時期、連合国軍最高司令部 (GHQ) は多くの改革を行ったが、それらは政治機関や政治家にさまざまな影響を与えた。このような改革の中には、憲法のように戦後数十年を経てもなお注目されているものもあるが、すでに忘却されたものもある。パージ計画は後者の例であり、増田弘はこれを戦後日本のタブーと呼ぶ。[1] しかしパージは戦後の政党を大きく変容させており、言及しないわけにはいかない。

　本章では、政治パージがもたらした長期的影響を分析する。占領期にGHQ/SCAPが政治パージをいかに利用したかということだけでなく、自由民主党がパージの影響をいかに自身の構造に取り込んでいったかということについても検討する。さらにパージの驚異的かつ矛盾的な影響を理解するために、戦後北海道におけるパージの状況も分析する。また、パージ実施とその終了後数十年におよぶ影響を研究することで、現代日本と日米関係に関する新たな知見を提

示する。

1．パージ計画の内容、時期、理由

　一般に公職追放令として知られる総司令部指令「政党、政治結社、協会及びその他の団体の廃止」（SCAPIN548）と「公務従事に適せざる者の公職からの除去」（SCAPIN550）は 1946 年 1 月 4 日に始まった。パージの起源は「戦争責任者を永久追放するべき」とするポツダム宣言まで遡り、ワシントン発の重要指令（SWNCC-150/4、JCS-1380/15）においても、日本社会の上層部から超国家主義者や軍国主義者を排除するよう要求している。

　SCAPIN548 と SCAPIN550 はそれぞれ、「占領軍に対し抵抗あるいは反対する団体の設立や活動の禁止」「軍国主義的国粋主義者や侵略擁護者、超国家主義的・暴力的・愛国的結社およびその関連機関の重要構成員の公職からの追放」を日本政府に命じた。原則としてパージは GHQ/SCAP 宛文書で明確に規定された諸項目に基づいており、特定の地位や職についていれば自動的にパージの対象となった。ただし、占領軍創作の G 項はあいまいな規定で、解釈次第でパージするか否かが決まる、例外的な項目だった。

　1945 年 10 月、民政局がパージ指令の起草を始めた。陸軍少将チャールズ・ウィロビー率いる参謀第 2 部（G2）を中心とする「抜本的で懲罰的な再編成」を要求する勢力と、「限定的な再編成」を支持する勢力との調整は難航し、2 月下旬にはそれを反映するように日本政府が二重指令を履行する結果となった。GHQ/SCAP は日本に対して強硬姿勢を崩さず、1942 年総選挙で推薦候補だった 22 人の政治家の多くがパージされた。さらに戦後初の総選挙が延期され、政府適性審査委員会がすべての候補者の資格審査を行ったうえで、GHQ/SCAP がそれを徹底的にチェックした。

　1946 年秋、パージ対象が地方自治体職員や経済界・マスコミの重鎮にまで拡大され、民政局は日本政府に、自主的にパージを拡大するよう圧力をかけた。それに基づき、1947 年 1 月 4 日、日本政府はパージ指令に関する勅令と政令を改訂した。[2]

パージはもともと非軍事化計画の一環であり、未来の世界平和のために行われるはずだったが、開始後わずか数日後には「政治的粛清指令」と呼ばれるようになった。パージは「反民主主義者を取り締まる仕組み」へと変容したのである。

2．戦前の全否定と不適格指導者へのパージ

　「票を投ずるものが決定するのではなく、票を数えるものが決定する」という古い言い回しがある。戦後日本の第一回総選挙はまさに、候補者を公認し、投票結果を承認・拒絶・判断する権力に注目が移った。1946年4月10日に総選挙が行われると、日本の民主化が進展している証拠としてGHQ/SCAPはこれを高く評価した。投票率は高く、女性議員も誕生し活躍したが、この選挙にはGHQ/SCAPが深く干渉していた。GHQ/SCAPは事前に候補者を選別したうえに、日本人の民意に基づいた政権誕生を拒否したのである。
　このとき、自由党の議席は過半数に届いていなかったが、社会党の協力をとりつけたことで、自由党党首の鳩山一郎が首相に指名される公算が高かった。しかし戦前政治家を嫌悪するGHQ/SCAPは、これを阻止すべく、G項特別指令により鳩山をパージしたのである。[3]
　鳩山は1942年選挙の推薦候補ではなかったが、GHQ/SCAPは「鳩山が侵略擁護者である」ことをパージの理由とした。1946年5月に鳩山と側近2名がパージされると、首相と自由党党首の座は、選挙に立候補すらしていなかった吉田茂に委ねられた。吉田はもと外交官で牧野伸顕伯爵の義理の息子だったが、新内閣に加わった前首相の幣原喜重郎と同じく親英米派の政治家であり、GHQ/SCAPは彼の派閥から適切な政治指導者が新たに現れることを期待していた。
　当初GHQ/SCAPは、吉田ー幣原ラインは長く続かないと想定していたが、意外にも彼らは占領初期に適切なリーダーシップを発揮した。吉田政権は複数のGHQ/SCAP改革を円滑に進め、新憲法も成立させた。
　1947年春になると複数の大物保守政治家がパージされ、片山内閣が組閣された。この時GHQ/SCAPが社会党・日本民主党・国民協同党による新内閣を

評価していたのは確かだが、新民主党の指導者をパージする際にGHQ/SCAPが果たした役割については議論の余地がある。増田は吉田首相が果たした役割を強調し、楢橋渡、犬養健、地崎宇三郎、保利茂らがYパージされたと記している。すなわち吉田の政敵である彼らをパージしたのは、吉田の意向だったというのである。それに対して本章では、中道（middle-of-the-road）内閣を組閣するというGHQ/SCAPの目的を重視し、社会主義者と協力するきらいのあった民主党指導層の出現とパージには関連があったと主張する。[4] GHQ/SCAPは中道内閣誕生への一連の布石を打ち始めたか、少なくともそれを承認していたと結論づけることができる。

　石橋湛山財務大臣のパージは新内閣組閣とほぼ同時期だったが、GHQ/SCAPは中道勢力が日本政府の大部分を占めたのちも、パージという政治操作の手段を放棄しなかった。石橋だけでなく、社会党右派の重鎮だった平野力三農林水産大臣もまた、民政局の強い意向でパージされた。平野の追放は社会主義者の間に不安を呼び、1948年2月に片山内閣が解散する一因となった。[5]

3．北海道におけるパージの即時的効果

　当時の北海道は日本のエリート政治家を輩出する土地柄ではなく、その政治情勢はパージに影響を与えるものではなかった。しかし、戦前は主に政友会と民政党の地盤だった北海道は、パージの地域的影響の分析対象としては適切である。というのも、戦後改革によって中央政府は保守勢力が支配的となったが、北海道は社会党の強力な地盤となっていたからである。[6] 農村部は中央政府からの補助金に対する依存度が相対的に高いため与党支持者が多く、都市部では逆に野党支持者が多いというのが一般的な傾向だが、北海道では戦後数十年にわたり逆の傾向がみられた。確かに関西では中央集権主義を否定することで蜷川虎三京都府知事が功を奏し、都市部の野党候補者らの成功モデルとなったが、同じ要因で北海道の事情を説明しようとするのは無理がある。北海道の独自性を説明するには、やはりパージの影響を理解する必要がある。

　パージされた人数を見てみると、北海道では総計3892人で、そのほとんど

がB項によるものだった。[7] 1942年選挙で選出された衆議院議員に注目してみると、現職議員19人（1議席は空席）のうちわずか3名しか1946年4月の予備選挙審査を通過できず、再選された北勝太郎ものちにパージされている。

　先行研究によると、パージの初期段階において神奈川県や岩手県と北海道の間には多くの類似点が見られる。パージが実行されたことですべての都道府県知事が交代しただけでなく、地方の政党支部にも影響が及んだ。1942年選挙の推薦候補者がパージ指定されたことで、すべての都道府県で候補者指名に混乱が生じ、特に進歩党地方支部では混乱を極めた。保守は新たな候補者探しに奔走し、元議員の側近や親戚らが代替候補者として出馬する例も多かった。選挙結果を見ると、全国的には自由党が最大議席を獲得したが、北海道では日本協同党が最大議席を獲得した。

　1945年12月18日に設立された日本協同党の設立議員の多くは北海道出身だったが、彼らのほとんどが1946年春までにパージされていた。にもかかわらず、戦後初の総選挙では14議席を獲得し、直後の5月にはイデオロギーを異にする中道勢力らと合流して、党名を民主協同党に変更した。ところが9月になると、協同組合主義を主張する北勝太郎や他の北海道指導層が民主協同党から除籍され、民主協同党と北海道のつながりは消滅した。除籍された北勝太郎らは日本協同党の再建を目指して集まり、翌年2月には日本農民党を結成した。その後、彼らは1950年代初頭まで、自由党などの大政党に挑み続けた。注目すべきは、1947年総選挙までに党幹部のほとんどがパージされていた事実である。[8]

　しかし、重要人物のレベルにまで分析を拡大しなければ、北海道におけるパージの影響は理解できない。たとえば、平塚常次郎と地崎宇三郎が1946年の選挙に初出馬する決心をしたのは、ベテラン候補者たちがパージされたのちのことだった。平塚は日魯漁業株式会社の社長だったが、政友会と関わりがあり自由党結党にも参加していた。平塚はまた、自由党北海道支部長でもあった。当選した平塚は、パージされた鳩山と河野に支援される形で、第一次吉田内閣の運輸大臣を務めた。地崎はビジネスマンだったが、彼の影響力は北海道の政界や新聞各社にまでおよんでいた。占領初期に地崎は、地方の保守勢力だった北

海道政治同盟の指導者として活動した。しかし当選後、地崎らは進歩党と合流して活動の場を国会に移した。1947年春には、地崎は民主党結党に大きく関わった。[9]

北海道政治勢力の国政・地方政治での活躍は、1947年春のパージにより水を差されたが、こうした国会議員のパージを分析するだけでは政治パージの影響を十分に理解したとは言えない。国会議員以外の政治家に対するパージについても認識されなくてはならず、社会党北海道支部創設の中心人物だった渡辺惣蔵がパージされたことが、同党にとって大きな打撃となったことはその一例である。[10] パージの影響はまた、北海道の知事・市長選だけでなく、政治的影響力の大きい経済・農業組織にも及んだ。

4．パージ解除とレッドパージ

占領は「孤立」の中で行われたのではなかった。国際情勢の変化や、マッカーサーとアメリカ政府との関係の変化が、パージ計画等の占領政策に大きく影響した。特に1948年に始まった「逆コース」は、占領政策の大転換であった。冷戦の開始と非軍事化および民主化改革から復興へ、そして最終的には再軍備へと進む必要から、新方針の中核が作られた。1948年春のパージ終了もまた、新政策の一環だった。[11]

ワシントン発の新方針はパージ終了を要求したが、民政局は当初これを受け入れようとせず、独自の方針をとって日本側を混乱させた。その後GHQ/SCAPは新たなパージの停止には同意したものの、パージ解除を要求するワシントンの計画には強く反対した。

アメリカ政府は主に経済界・軍関係者のパージ解除に関心を寄せていたが、政治家もまたパージ解除の対象だった。パージ期間はさまざまで、鳩山の場合は1951年8月まで復帰を許されなかった。朝鮮戦争によりパージ解除は加速し、1951年4月にマッカーサーが解任されるとパージ解除は一気に進んだ。後任のマシュー・B・リッジウェイ指揮下で、日本政府は自由にパージ解除ができるようになり、平和条約が発効した時、すべてのパージ解除が完了し

ていた。それに伴い、パージ関連法および条例はすべて破棄された。独立後初となる 1952 年衆議院議員選挙では、当選した議員のうち実に 4 割以上がパージ経験者であった。この事態に保守政党は困惑しながらも離散集合を繰り返し、1955 年になると自由民主党が設立された。

　マッカーサーが日本政府に「レッドパージ」開始の指令を出した時、国際情勢変化とアメリカの対日政策変更により、パージ計画には別の歪みが生じた。1945 年秋に公民権指令に基づき釈放されていた共産主義者が反民主主義者としてパージされ、共産党の取り締まりも検討された。1950 年 6 月 6 日、GHQ/SCAP は吉田政権に対し、共産党中央委員会委員 24 名のパージを指令した。続いて、共産党新聞「赤旗」の編集者 17 名がパージされた。共産主義者の取り締まりは、まもなく出版界、主要産業、政府機関で激しさを増し、日本教職員組合は共産主義の巣窟として主要監視対象となった。

　北海道の大物政治家たちが政界復帰を許された 1950 年 10 月中旬以降、北海道の政治情勢は劇的に変化し、1951 年の知事選は各党の試金石となった。選挙は現職知事の田中敏文と、保守代表の黒澤酉蔵との一騎打ちとなった。田中は 1947 年知事選で、大方の予想を裏切り当選していた。黒澤は北海道酪農産業創始者で、日本協同党創設者でもあったが、1946 年にパージされていた。黒澤ならすべての保守から支持を得られるだけでなく、当落の鍵を握る農民票も獲得できると考えた日本政府によって、黒澤の擁立は実現した。しかし、こうした保守結束もむなしく、結局田中知事が再選を果たした。[12]

　黒澤は落選後に政界から引退したが、その後 1954 年から 1970 年まで北海道開発審議会会長を務めた。一方、平塚常次郎、渡辺惣蔵らパージ経験者 6 名は、1952 年の総選挙で北海道選挙区から当選を果たした。地崎宇三郎はパージ解除後すぐに政治活動を始めたが、1951 年 6 月に死去した。その後、彼の息子と北勝太郎の息子が自民党から出馬し、当選している。[13] 北海道では、レッドパージされる共産党員や共産主義教員の数は相対的に少なかったが、パージが一因となって共産主義運動は瓦解し、一時的に北海道労働組合は分裂した。[14]

5．長期におよんだ想定外効果

　パージの長期的影響を分析した研究は少なく、管見の限り、都道府県レベルでパージの長期的影響を分析した論文はない。しかしパージ終了と同時に、その影響が消えてなくなったわけではない。

　いわゆるYパージにおいて吉田が果たした役割については議論の余地があるが、吉田および彼の後継者の勢力拡大に政治パージが貢献したことは間違いない。鳩山のパージという「戦前の政党政治家の犠牲」のもとに、吉田時代と官僚政治家の台頭がもたらされたのである。[15] いわゆる吉田学校と保守本流は、政治パージがもたらした長期的副産物である。

　1949年総選挙で吉田率いる民主自由党が大勝したことは、パージで説明することはできない。しかし、パージは264人の国会議員（121人は初当選）を擁する同党の構成に大きな影響を与えた。パージによって、政党政治にバックグランドを持たない新たな保守が当選できる余地が生まれ、1949年選挙により政界に地盤を築く機会を得た。のちにこれらの新人たちが、保守政党を支える要となる。

　パージ解除された鳩山一郎、石橋湛山、および岸信介らは1950年代になって首相になったものの、保守政党における彼らの地位や政府首脳としての政策決定機会はすでに著しく変容していた。パージによる空白を埋めた新たな保守勢力は、その地位を手放そうとせず、吉田政権下では保守と革新の関係にも変化がみられた。たとえばサンフランシスコ平和条約と日米安全保障条約によって、世界を東西に二分した冷戦構造に日本はすでに取り込まれていた。このとき高齢でもあった鳩山らには、パージ開始時の状況からやり直すことは不可能だったのである。

　1950年代以降も、パージの遺産は存在しつづけた。パージのおかげで政治権力を得た指導者たちが、1950年代以降、数十年にわたり次々と首相になったのである。たとえば池田勇人と佐藤栄作は自民党内に二つの主流派閥を作りあげ、1960年から1972年には首相にまで登りつめた。彼らの派閥は1990年

代になっても主流派として存在しつづけ、彼らは自らを「吉田の後継者」と称した。

パージは予想外に長期的な影響を国政に与えたが、「社会党王国」と揶揄された戦後北海道における保守と社会党の力関係にも影響していた。北海道で社会党が強かったのは、三つの要因がある。第一の要因は、有力者の影響力が弱かったことである。第二の要因は、北海道農家独特の政治行動様式である。日本の農家は保守政党とつながりを持つのが普通だが、北海道の農家は戦後7年間にわたり農民党系の政党を支持していた。北海道に地盤を持つ農民党系の政党は名称を変えながら改編され、最後の農民党系政党が消滅すると、かなりの票が社会党に流れた。また農民党系の母体である北海道農民同盟[16]は、農民の投票行動に強い影響力を持っていた。第三の要因は、12年間にわたる田中敏文知事体制下で築かれた基盤である。この期間に社会党は与党として政策を実施し、北海道の有権者に広がるイデオロギー的恐怖や偏見を取り除くことができた。[17]

占領初期の北海道政治について、民政局の報告書にその記載がある。そこには1946年9月、占領軍が北海道におけるソ連の活動と反米傾向について調査した際に分かった、北海道政治の特徴が以下のように記述されている。北海道では労働組合幹部の力が強く、知事は政権運営を円滑に進めるため、彼らと良い関係を築く必要があった。また、北海道農業協同組合はさまざまな協同体とつながっており、肥料・施設・農具などの管理統制を行っていたため、農協承認の候補者に投票するよう人々に働きかけることができた。

しかし、戦後北海道の社会党躍進には、やはりパージが関わっていた。「もし」地崎が死去していなければ、田中が1955年の選挙で勝つことはなかっただろうと奥田次郎は考えているが、[18]田中に関してはそれより以前の選挙にも注目できる。「もし」パージがなければ、1947年の選挙で田中は地元の有力者と戦うことになっていた。当時、無名の田中には、地元の有力者との選挙戦で勝機はなかったはずである。しかし実際の対抗馬は、当選一回の国会議員にすぎない苫米地英俊と有馬英二だった。彼らは保守として地元の信頼を得られていなかったため、田中にも勝機が生まれた。しかし、「もし」北海道の有権者が岩

手県のように農民運動指導者を知事に選んでいたら、[19]北海道における社会主義者の未来はまったく変わっていたはずである。

　北海道の農業運動の発展においても、パージは重要な役割を果たした。ベテラン政治家のパージによって北海道と協同党系政党に距離が生じ、北海道農民同盟が支持する地元政党指導層が再編された。これらのベテラン政治家が追放されていた1940年代後半から1950年代前半にかけて、農民同盟は北海道に地盤を持つ農民党系政党を支持し続けた。農民党系政党は全国的な地盤作りには失敗したが、道議会与党の社会党と協力体制を築いた。[20] こうして北海道有権者の間に左翼志向が生まれ、農民同盟の若手グループの中には、黒澤が保守と緊密な連携をとっていることに不満を抱く者も現れた。黒澤の強力な地盤だった地域からも田中支持に回る者が出始め、これが1951年の選挙で田中が勝つ一因となった。

　このように北海道で社会主義者が急速に台頭し、社会党が躍進したのはパージが主な原因だったと言ってよい。パージにより政治生命を奪われた者もいれば、政界に広がる空白を埋める機会を得た者もいた。それがまさに、社会党躍進の一因となった。北海道で社会党に投票しながら社会主義のイデオロギーには共感しない有権者が多かった事実からも、[21] 人材刷新の重要性を強調する筆者の結論は妥当であろう。

6．政治パージと現代日本および日米関係

　増田弘によれば、パージには悪いイメージがつきまとい、独立後の数年間、それは触れてはならない問題だった。それは、パージが司法というより、行政の事情により執行されたからである。パージ指定を受けた者に公聴会出席の権利はなく、彼らのほとんどがパージ指令項目に基づいて追放された。平野力三の場合は例外的にこの限りではなかったが、結局GHQ/SCAPが司法に介入したため、この件でパージが再評価されることもなかった。[22]

　パージの影響という視点からは、「無関心」という要素も見えてくる。アメリカとの強い同盟関係の中で活躍した戦後政治指導者は、敢えてパージの役割

を再考したり強調したりすることはなかった。多くのベテラン政党政治家がパージされたからこそ、彼らが台頭できたことに鑑みれば、戦後政治指導者がパージに「無関心」を決め込んだのも当然と言える。

　増田によると、パージの話題を避けるもう一つの理由は、日本側の被害者意識とアメリカ側の加害者意識である。この説明は太平洋を挟む両国の「沈黙」に注目したもので、占領軍幹部が占領の過程を回想録に記述する際にパージに触れようとしない事実からも妥当性がある。

　しかし、自らの過去と向き合う能力を有してこそ、社会は誠実で開かれたものとなる。それは戦争に関してだけでなく、平和と民主主義の構築に関しても同様である。民主主義の名のもとに行われ、民主主義のために行われたパージ等諸改革について、たとえそこに非民主的な要素が含まれていたとしても、その事実は忘却されてはならないのである。

注
1) 増田弘『政治家追放』（中央公論新社、2001 年）17 頁。
2) 増田弘『公職追放論』（岩波書店、1998 年）166 頁。
3) 鳩山のパージの裏事情と理由に関しては別の見解もある。
4) 前掲、増田『政治家追放』112-48, 158 頁。
5) 増田『公職追放』（東京大学出版会、1996 年）、67-69, 163-64 頁。
6) 北海道では社会主義者らの投票率が例外的に高く、社会主義者が北海道知事に就任した。
7) 北海道編『新北海道史』第 6 巻（札幌、1977 年）、92 頁。
8) 奥田二郎編『道政風雲録：戦後十年』（双樹社、1956）100-01, 291-94, 303-05 頁；北海道農民同盟『北海道農民同盟十年史』（北海道農民同盟、1957）44-49, 53, 105-08, 113, 139-40, 152, 157-59 頁。
9) 前掲、北海道農民同盟『北海道農民同盟十年史』49-50 頁。
10) 高橋昭夫『証言・北海道戦後史：田中道政とその時代 1』（北海道新聞社、1982 年）41-42, 47 頁。
11) 前掲、増田『公職追放論』9-12 頁。
12) 前掲、奥田編『道政風雲録』179-80 頁。
13) 小磯修二・山崎幹根編著『戦後北海道開発の軌跡：対談と年表でふりかえる開発政策：1945-2006』（北海道開発協会、2007 年）13 頁；高木正雄編『北海道建設人物事典』（北海道建設新聞社、2008 年）114, 200-01 頁。
14) 前掲、奥田編『道政風雲録』150, 247 頁；明神勲「教員レッドパージ─北海道を中心として」天川晃・増田弘編『地域から見直す占領改革：戦後地方政治の連続と非連続』（山

川出版社、2001 年）140, 164-66 頁。
15）前掲、増田『政治家追放』61 頁 ; 冨森叡児『戦後保守党史』（岩波書店、2006 年）20 頁。
16）1947 年 6 月 30 日以前は北海道農民団体協議会。
17）永井陽之助・岡路市郎編『北海道』（中央公論社、1962 年）218-20 頁 ; 蓮池穣「北海道民の政治意識と投票行動――戦後 50 年」『現代社会学研究』10（1997）89-90 頁。
18）前掲、奥田編『道政風雲録』68 頁。
19）前掲、増田弘「パージの衝撃」天川・増田編『地域から見直す占領改革』116-18 頁
20）前掲、奥田編『道政風雲録』266 頁。
21）前掲、永井・岡路編『北海道』221 頁。
22）前掲、増田『公職追放』303 頁。

第4章

日本人のアイデンティティ、「反日」と言説闘争

カール・グスタフソン
（佐藤　晶子　訳）

　日本人のアイデンティティと日本の国際関係に関するこれまでの研究は、日本以外の国民と日本人との相違で構築されてきた。他の国の人々は、「西洋」、アメリカ、中国、南北朝鮮、ロシアなどから来た外国人グループだけではなく、たとえば国内のアイヌ民族、沖縄出身者、在日韓国人といった少数者なども指している。さらに、最近の多くの研究によると、日本人のアイデンティティは日本社会のさまざまなグループが、主に日本人以外の人間との関係において構築することで、日本への反感を促進する状態になっている。[1] 本章の目的は、相違によって構築されるアイデンティティに関する言説的な闘争を通して、日本人のアイデンティティがどのように構築されるかを分析することである。本章では、日本人と日本人の物の見方がどのように「反日」をブランド化し、そのラベル付けが日本人のアイデンティティの構築にどのように暗黙的、明示的に関係しているかを分析する。

　従来の「反日」に関する研究によると「『日本叩き』は1990年代半ばまでに相対的に鎮静化した。」これは日本の景気低迷に従い、日本に関するマイナスイメージの言説がプラスイメージになったと言われている。[2] しかし、1990年から2012年の期間のデータベース検索によると、「反日」の言説は21世紀に入ってから増えている。日本で最大発行部数を誇る読売新聞紙上では、同期間に「反日」の語彙を含む社説92件中62件が2003年以降に掲載されている。発行部数第二位の朝日新聞紙上では120件中84件が掲載されている。産

経新聞の社説では237件中149件が2003年以降に掲載されている。2013年3月18日に行った国立国会図書館のカタログに掲載された書籍の検索では、タイトルに「反日」の言辞が含まれているものは129冊あった。上記の書籍中102冊は2000年以降に出版されている。検索された書籍のうち14冊しか1990年代に出版されていない。日本人の「反日」に関する議論は衰えておらず、逆に著しく増えている。「反日」問題は何を提起しているのであろうか。本章では、議会での討論において代表される「反日」問題の内容、社説や書籍、雑誌記事で取り上げられた「反日」に関する記事の問題を分析することで、この疑問に取り組む。

　本章では、「反日」に関する日本人の議論には客観的な記述はなく、日本の国家アイデンティティに関するさまざまな見解が高度に政治的な密接に言説闘争に関連していることを明らかにする。日本人に対しても「反日」という語彙を使ってレッテル貼りをする人々と、日本国民を「反日」の語彙でブランド化する行為を厳しく批判する人々の間に亀裂が生じている。

　こうした闘争が行われるのは日本だけではなく、アメリカや中国でも行われる。「愛国心」に関する言説にはそれぞれ違いはあるにもかかわらず、基本的な特徴を共有している。すなわち、言説は基本的にアイデンティティと関連しており、そのアイデンティティを通じて、アクターは所属する集団の特定の成員と行動を、その集団に反対し外国に寄与するものとブランド化することにより、集団の意味を定義するという共通点を持つ。特定の人々を集団から除外し、成員に対して特定の行動を規定する。要するに、言説は単なる話ではなく、行動や政府の政策に密接に関連したイデオロギーの構築物なのである。

1．言説的問題提起である「反日」の分析

　本章で採用した分析は、言説的な問題提示に焦点をあてている。「反日」の問題が日本の三大新聞社の記事、つまり保守的な読売新聞、左派の朝日新聞、右派の産経新聞の記事でどう提起されているのかを検討する。この三紙を選んだのは、政治イデオロギー上の立場が異なるからだ。資料には、新聞社の政治

的見解を表している社説を選んだ。

　「反日」と表現される特定の団体のアイデンティティは、問題の本質として提起されることもある。アイデンティティは相違に関連して構築され、[3] ある団体は他の団体との関連で定義され、二元的に分けられることもある。たとえば日本国外では「反日」と「親日」、日本国内では「反日」と、「適切で」「通常の」「真の」日本人に分けられる。[4] このような「分類の習慣」は、特定のグループを非難し、「希望する行動を示し、奨励すること」ができる。[5] つまり、特定の日本人の行動に「反日」のレッテルが貼られる場合は、レッテルを貼った者から日本国民に対して、日本にとって何が「望ましくない行動」で、何が「望ましい行動」であるのかというメッセージが送られるのである。雑誌、書籍、新聞や議会は、異なる領域であり、雑誌で許容された記事が、議会や新聞の社説では問題があるとみなされることもあり、その逆もある。[6]

2．諸外国における「反日」と「親日」

　日本以外の「反日」「親日」の議論の概要を述べる必要がある。「反日」とレッテルを貼られている日本人は、「反日」の国や団体と共謀していると描かれる事が多いからだ。読売新聞と朝日新聞は2000年半ばよりは1990年代に、日本人の行動の結果として、外国で「反日」問題が起きているという記事を掲載している。たとえば、日本で学ぶ交換留学生は日本での待遇が理由で、帰国する際には「反日」の感情を持ち帰ることが多いという議論が繰り返し掲載された。複数の社説は、日本はもっと好条件の奨学金プログラムと、住宅環境を含めた交換留学生の身分を改善する政策を行う必要があると論じた。国会では、日本企業の海外での行動により「反日」感情が生じていることが話題になった。国際関係では、1930年代から1940年代に、日本がアジアで起こした戦争に関する日本人の鈍感な態度が、海外での「反日」の原因となったと問題提起されることもあった。

　1990年代初頭、特に1990年と1991年は、新聞の社説や国会は貿易摩擦に起因する「日本バッシング」から、アメリカを「反日」に関連づけた。1990

年代には、記事に頻繁に登場していたアメリカはその後紙面から姿を消し、代わって韓国が頻繁に登場するようになった。この時期、「反日」が日韓二国問題として議論された場合は、両国に原因があるという意見が多かった。中国は、特に 2005 年以降は頻繁に登場し始めたが、日本の三大新聞の紙面では 2000 年代初頭まで、ほとんど話題に上らなかった。さらに 2000 年半ばから中国人の「反日」の責任は中国共産党（CCP）にあるという見方が強くなった。「反日」教育とレッテルを貼られる CCP の愛国主義的教育における一方的な日本観と、政府開発援助（ODA）を通じて中国の発展に貢献した平和国家日本の戦後のアイデンティティを理解できないことが、中国における「反日」の根本的な原因だと考える傾向が強くなった。[7]

　外国人にレッテルを貼る「反日」が使用されているということは、逆に「親日」の人々も存在することを示唆している。産経新聞、『SAPIO』などの雑誌や多くの書籍は、諸外国を「反日」と「親日」に分けている。たとえば、1994 年の産経新聞の社説は、台湾は強い「反日」感情がない民主主義国だと記述している。元中華民国総統である李登輝は「親日派」だと自ら述べている。[8] 2001 年の他の社説では、台湾政府代表者ではなく民間人になった李登輝に対し、日本政府がビザを発行するのを中国が批判すべきではないと論じている。重要なのは、日本が中国の圧力に屈してしまえば、台湾の親日派が「反日」に変わるかもしれないと主張していることである。[9] これは特定の政策において、ある問題が言説的にどう提起されるかが検討された明確な例といえる。[10]

　2008 年、台湾の抗議船と巡視船が尖閣／釣魚島に近い日本領海に侵入した。産経新聞の社説は、この事件を同時台頭してきた GMD と結びつけ、台湾では「反日」感情が大きくなってきている証拠だと見た。同紙はそうであっても、台湾の大多数の親日感情がそう簡単には消えないと述べた。

3．「反日」日本人に関する言辞

　本節では諸外国と結びついた問題としての日本国内の「反日」に関する議論に焦点をあてる。この問題に関し、ある本は、終戦後まもなく「反日日本人」

が出現したと述べている。彼らは日本の過去全体を悪だと捉え、日本の伝統的な文化、精神、価値観を否定した。彼らは十分な政治的、経済的および財政的影響力を得ることができなかったため、代わりに教育とメディアに方向を定め、考え方や公開議論を統制しようとした。筆者の言う「反日日本人」は、中国の「でっち上げられた歴史」を「正確な歴史認識」として認めることに貢献している。中日関係および韓日関係の「歴史問題」は、実は「日日問題」だといえる。[11]

　日本の教育特に歴史教育の内容は「反日」または「自虐教育」と言われ、「反日」日本人の言辞として常に非難の対象となってきた。そうした反日教育の主な提唱者は、たとえば日本教職員組合（日教組）であり、「反日」日本人というレッテルが貼られている。[12] 日本の現在の社会悪、犯罪、学校でのいじめの根源が同国の「行き過ぎた反戦平和主義」だという議論もある。また、学校で日教組などの「反日」日本人による教育を受けたからだと言う者もいる。こうした批判には愛国心と国家の一体性が欠如している。[13] 他の「反日」日本人には、朝日新聞、毎日新聞、公共放送のNHKなどのメディアが含まれる。[14] さらに、ノーベル賞受賞者である大江健三郎などの左翼系の知識人が挙げられる。[15] 1996年産経新聞の社説は、「日本人の反日活動家」が海外に行き、地元の人権NGOと歴史問題について共に活動していると述べている。このような「非生産的」活動について、同紙社説は日米関係を害する可能性があると議論している。[16]「反日」日本人は、多くの場合「反日」諸外国の同調者だと言われる。たとえば彼らは「北朝鮮の代弁者であり、プロパガンダとしての役割を演じているため、北朝鮮の要求を汲んでいる[17]」といわれる。外務省でさえ、特に中国や北朝鮮との関係で弱腰外交を実施するため「反日」として描かれる。[18] また産経新聞の社説によると、ワシントンで開催された国際交流基金主催の学術行事で、中国人と韓国人の参加者が、日本は第二次世界大戦に対する謝罪が不十分だとして、国際交流基金を厳しく非難したことを取り上げている。産経新聞の社説は、日本の税金がこうした「一方的な」行事に使われるべきではないと論じている。[19]

　個々の政治家はいわゆる「反日」行動を起こしていると攻撃されてきた。た

とえば、1997年産経新聞の社説は、民主党の鳩山由紀夫氏が中国と韓国の代表と会談をした際、元「従軍慰安婦」について謝罪し、個人に賠償金を支払うべきだと発言したことに対し、「反日」だと批判した。[20] 2003年産経新聞は、民主党の岡崎トミ子氏が、ソウル市の日本大使館の前で元「従軍慰安婦」のグループによって組織されたいわゆる「反日」デモに参加したことを非難した。[21]

　日本の主な新聞紙上や国会討論の場では、中国の愛国教育が中国の「反日」活動の根本的な原因だと言われている。右翼系雑誌である『SAPIO』の記事は、2005年中に中国国内で見られた日本抗議行動は、日本の外務省が中国の「反日」愛国教育を無視していたことが原因だと論じている。『SAPIO』の記事によると、1989年の天安門事件前から、中国政府はイデオロギーを強化し、反資本主義、反米国の教育を実施していたが、1990年代初頭からは経済改革の加速に伴い、歴史教育で日本の侵略を強調し始めた。同誌の記事では、2005年の反日デモの中心であった若者達は、この種の「反日」教育に感化された者達だった。しかし日本の外務省は、この問題への対処に失敗した。記事によると、外務省の「チャイナスクール」の連中は、単に日本政府に中国の苦情を伝えただけだった。中国の教育政策に関する検証、報告を怠ったため、中国首脳部の親米派と「反日派」の台頭を防ぐことができなかったのである。一例をあげれば、歴史教科書の問題である。同誌の記事によると、中国では「反日」感情が大きくなっていた。日本の外務省が、中国にとって問題があると考えられる『新しい歴史教科書』の採択率が0.038％しかないことを中国国民に伝えたからである。中国によると、問題となった日本の歴史教科書が伝えている内容は、他の日本の歴史教科書でも踏襲しているという。[22] 他の理由として、外務省が弱腰で、特に「歴史問題」について揉め事を避けているのだと論じているものもある。[23] ある評論家は、「反日」日本人が、日本の「屈辱的謝罪外交」の主な要因だと述べている。[24]

　産経新聞は、韓国が訪問することでロシアの領土問題を支援し、中国、韓国およびロシアが「反日」連合を形成している証拠だと述べた。[25] 産経新聞の別の社説によると、アメリカで行われている韓国―アメリカ「反日」ロビー活動

は、「従軍慰安婦」問題を利用して日本を攻撃しているという。たとえば、ニュージャージー州に「従軍慰安婦」の記念碑を設置して日本に対する非難が行われている。産経新聞編集者は、日本政府が公式に記念碑を撤去する要求を行うよう求めている。[26]

　急進的な「反日」的言辞の重要な点は、戦争の歴史に焦点を合わせていることである。産経新聞は、複数の日本史解釈は「反日」であると明言している。たとえば、1995年の社説では、戦後50周年に関する国会決議について、「歴史に対する謙虚さ」が欠けた「政治的取り扱い」であると述べている。産経新聞は、歴史的見解が個人の考え方なので、「道徳的価値の判断」を基礎に「標準化」を置くべきではないと論じている。産経新聞によると、日本社会党（SDP）が「自虐的な歴史観」を推し進めようとしており、日清戦争以降の日本が行った戦争はすべて侵略戦争だと位置づけている。この歴史観は「過剰な『反日的歴史観』」であり「『反政府』イデオロギー」としての「性格」を持つことになる。[27] 1995年に掲載された他の社説は、自民党と外務省が社会党の「反日」「自虐的」「イデオロギー的」「先入観のある」歴史観に追従し、それが村山談話につながったと批判している。[28] 産経新聞はまた、日本の「反日文化的人間性とマスメディア」が「従軍慰安婦」問題を大きな国際的問題として取り上げ、「日本の尊厳を傷つけた」ことを批判している。同新聞は河野談話を「大きな誤り」と位置づけている。[29]

　産経新聞は、2000年に靖国神社を参拝する首相に反対するメディアや政治家を「反日」ととらえる一方で、訪問を支持している石原慎太郎や安倍晋三を賞賛している。[30] これは「反日」という言葉を使い、特定の日本人が持つ見解や行動を批判し、石原や安倍などの政治家の支持を表明する例である。[31] 右翼系の政治家に対するこのような支援は、新しい歴史教科書をつくる会への支援とともに、産経新聞や「反日」に対するより急進的な言説に参加している人が、「適切な日本人の特性」を代表し守る立場にあるとみなされている。

4．「反日」日本人とレッテルを貼ることへの抵抗

　読売新聞と朝日新聞は、日本人に対する明確な「反日」のレッテル貼りをしないが、読売新聞では同様の議論が行われることもある。たとえば1991年の読売新聞社説は、日本人の「左翼勢力」は「反米」であり、日米関係を弱めていると批判した。さらに「左翼勢力」は「国内の対立を誇張」し、「特に近隣諸国の反日感情を煽る」と述べている。同社説は、こうした動きは「軽率であり」「国益に背く」と論じている。[32] 重要なのは、「左翼勢力」に属している人々の見解を示す言辞に、「反日日本人」という用語が使われなかったことだ。しかし、問題提起された議論は、近隣諸国で「反日」感情を煽ると批判を受けた、特定の日本人に対する言辞と類似していた。

　日本人に「反日」とレッテル貼りすることは国会では受け入れられていない。たとえば2004年、自民党の柏村武昭はイラクで人質となった日本人ボランティアについて、危険な国に行き、武装した暴徒に拉致されたのは「反国家的」行動だと批判した。さらにその人質は、イラクに自衛隊（SDF）を派遣することに対し公式に批判していた。「国民が苦労して納めた税金」をこのような「反政府、反日行動」的人間のために消費することについて、柏村は不快だと主張している。柏村はさらに、日本人が危険な地域に出かけることや、「反日活動家」が海外に渡航することの制限を憲法に違反しない範囲で設けるべきだと提案した。民主党の神本美恵子は、柏村の発言を「不穏当」だと批判した。最終的には、柏村が使った「反日」の用語は国会の議事録から削除された。[33]

　2004年の朝日新聞社説は、イラクの人質事件と柏村の談話を新たな教育基本法（FLE）の議論、特に、教育は「愛国心」を育てるべきだとの議論に結びつけた。自民党の連立政党である公明党は、「国を大切にする」というスローガンを好んだ。同紙社説は、国民はそれぞれ異なった方法で国家を愛し大切にすると論じた。愛国心からイラクに自衛隊を派遣することに反対する者もいれば、同じ理由から自衛隊派遣を支持する者もいる。問題なのは、愛国心を表明するにあたり、一方的な立場からそれを決めることだと論じている。イラクへ

の自衛隊派遣を批判する人々を「反政府」および「反日」のレッテル貼りをする行動を「歪んだ愛国心」と表現している。[34]

　2006 年の同紙社説は、同様に教育基本法について論じ、「愛国心の欠如」を嫌ったり反対したりする人々にレッテル貼りをする傾向について懸念を表明した。同紙は中国や韓国に対して断固たる立場を取らない人々が「売国」とレッテルを貼られ、「反日」または「裏切り者」扱いされ、事態は悪化していると述べている。同紙は、さらに教育基本法の改正は「こうした歪んだ愛国心を刺激する」だけかもしれないと懸念を表明している。[35] 同紙社説は、「反日」の言辞が国民のアイデンティティに深く関わる問題で、市民権や愛国心などの概念とも結びついていると明言している。

結　論

　本章では「反日」の言辞を分析し、日本人のアイデンティティについて考察した。「反日」という言辞の分析は、「日本人らしさ」の意味に関する言辞的闘争で、より直接的で広範囲に及んでいる。この用語は日本人のアイデンティティーが他の団体に関係して構築されただけではなく、「反日」の言辞が使われている場所での「日本人らしさ」の意味に関する言説的闘争によっても構築されたことを示唆している。

　本章では、行動や考え方が「反日」とレッテルを貼られる特定の日本人に関連し、「反日」の言辞がアイデンティティの言説だと分析している。特定の行動を「反日」とすることで、「日本人らしさ」を構築しようとしている。日本人に「反日」というレッテルを貼るのは産経新聞や書籍、雑誌では見られるが、他の新聞や議会ではほとんど論じられない。朝日新聞は、そのようなレッテル貼りを批判している。これは、「日本人」とは何かという問題にも関わる「反日」の概念を中心とした言説闘争なのである。この言説闘争の一部として「反日」を使用することに対する批判と同じく、「反日」の問題提起を行うことは特定の政策提言と関連している。

注
1） Alexander Bukh, "Shimane Prefecture, Tokyo and the Territorial Dispute over Dokdo/Takeshima: Regional and National Identities in Japan," *The Pacific Review* 28(1)(2015); Karl Gustafsson, "Identity and Recognition: Remembering and Forgetting the Post-War in Sino-Japanese Relations," *The Pacific Review* 28(1)(15); Linus Hagström, "The 'Abnormal' State: Identity, Norm/Exception and Japan," *European Journal of International Relations* 21(1)(2014); Linus Hagström and Karl Gustafsson, "Japan and Identity Change: Why it Matters in International Relations," *The Pacific Review* 28(1)(2015); Shogo Suzuki, "The Rise of the Chinese 'Other' in Japan's Construction of Identity: Is China Becoming a Focal Point of Japanese Nationalism?" *The Pacific Review* 28(1)(2015).
2） Narrelle Morris, *Japan-Bashing: Anti-Japanism since the 1980s* (Routledge, 2011), p. 137.
3） E.g. David Campbell, *Writing Security: United States Foreign Policy and the Politics of Identity* (Manchester University Press, 1998).
4） Bacchi, *Analysing Policy*, pp. 7-8, 16-17.
5） Ibid., p. 16.
6） Cf. Bacchi, *Analysing Policy*, p. 19.
7） Gustafsson, "Identity and Recognition."
8）「台湾問題を直視すべき秋」『産経新聞』1994年9月14日（以下同じ）。
9）「李登輝氏訪日　政府はビザ発給に勇断を」『産経新聞』2001年4月8日。
10） 同上。
11） 黄文雄『中国・韓国反日歴史教育の暴走』（日本文芸社、2005年）。
12） 前掲、黄文雄『中国・韓国』346頁。
13） 前掲、黄文雄『中国・韓国』346頁。
14） 秦郁彦「『民衆法廷』を垂れ流したNHKの番組は改編後でも常軌を逸脱している」『SAPIO』2005年2月23日, 17(3); 井沢元彦「『NHK番組改変』報道でまたぞろ露呈した朝日新聞『虚報の構造』」『SAPIO』2005年2月23日, 17(3)。
15） 秦郁彦「住みよい日本の中心で反日を叫ぶ」『SAPIO』2005年9月28日、17(17); 谷沢永一『反日的日本人の思想』（PHP研究所、1999年）。
16）「米国は不毛な決定取り消せ」『産経新聞』1996年12月6日。
17） 井沢元彦『「反日」日本人の正体』（小学館、2004年）190頁。
18） 同上。
19）「対日糾弾セミナー」『産経新聞』2003年2月17日。
20）「鳩山外交の『反日性』を問う」『産経新聞』1997年1月15日。
21）「対日糾弾セミナー」『産経新聞』。
22） 大前研一「中国反日暴動を引き起こした 真犯人は日本の外務省だ」『SAPIO』2005年5月25日, 17(9), 87-89頁。
23） 古森義久『中国「反日」の虚妄』（海竜社、2007年）112-113頁。

24）前掲、黄文雄『中国・韓国』342 頁。
25）「韓国議員が国後へ」『産経新聞』2011 年 5 月 21 日。
26）「米の慰安婦碑」『産経新聞』2012 年 5 月 12 日。
27）「叡智欠いたままの哀悼案、国会決議で歴史を裁けない」『産経新聞』1995 年 6 月 7 日。
28）「社党史観丸出しの土居健郎」『産経新聞』1995 年 12 月 19 日。
29）「虚構に満ちた慰安婦問題」『産経新聞』1996 年 6 月 6 日。
30）「靖国参拝―石原知事の姿勢こそ常識」『産経新聞』2000 年 8 月 16 日。
31）小川榮太郎「すでに始まっている安倍バッシング」『安倍政権の使命』（オークラ出版）2013 年。
32）「平和の構築への具体的行動の時」『読売新聞』1991 年 1 月 1 日；「活力ある二十一世紀への挑戦」『読売新聞』1997 年 1 月 1 日；「戦没者追悼は平和への誓い」『読売新聞』2001 年 8 月 15 日。
33）第 159 回国会予算委員会第 10 分科会
34）「愛する国とはどんな国？」『朝日新聞』2004 年 6 月 17 日。
35）「教育基本法―『愛国』を歪めないか」『朝日新聞』2006 年 4 月 29 日。

第二部
価値観と社会

第 5 章

『ヤングイースト』
―東洋仏教から見た日本の位置づけを検討する

ジュディス・スノッドグラス
（佐藤　晶子　訳）

　『ヤングイースト』は海外で販売することを目的に 1925 年 4 月に東京で創刊され、1944 年 4 月まで出版された英文雑誌である。日本が国際連盟の常任理事国としての地位を固め、国際的信望と影響力の絶頂期にあった時期に、同誌は「仏教徒の生活と信仰を語る月刊誌」として創刊された。教育、社会改革、当時支配的だった国際主義および世界市民としての自由主義を仏教的観点から解釈し、「東洋仏教」のグローバルな宣教による世界平和の達成を使命としていた。1930 年 3 月に休刊し、日本が国際連盟を脱退した翌年の 1934 年に復刊した。復刊後は新たに形成された国際仏教協会の編集方針に従い、世界における日本の影響力維持を目指す日本政府の国際文化政策に寄与する形で日本文化の知識と理解を推進する役割を果たした。[1] この時期の同誌は、国際理解によって平和を推進する国際連盟の目的も踏襲していた。[2] 同誌の形式と内容は変化した。創刊時は世界に全面的に関与する仏教、つまり改革、政治行動、近代化の原動力としての仏教を前面に出していたが、復刊後は、日本の文化遺産に対する仏教の貢献に焦点をあてた。『ヤングイースト』の性格と役割は 1937 年に戦争が拡大すると、また変化した。最終号は戦争を支持するために、真珠湾攻撃後に連合国側への敵意が高まる中で発刊された。本誌が日本史の激動の 20 年間に発刊され続けたという点は注目に値する。『ヤングイースト』の内容は、アジアと世界における日本の立場を反映しているだけではなく、各段階において日本の交渉力を推進する原動力ともなった。

本章では、アジアと西洋諸国に対して日本の関係が変化していく戦前期に関心を寄せ、日本の国際関係において、この特定の仏教雑誌に代表されるような仏教の機能を分析している。本章は『ヤングイースト』に関する私の研究成果の第 3 弾である。最初の論稿である「仏教徒が行った近代性の実践―1925 年東京における藍毘尼祭」では、[3] 日本人の遺産であり、日本をアジアのリーダーとして位置づけ、独特の日本人アイデンティティの基礎となった現代日本の仏教推進に目を向けた。この仏教推進は、仏陀の誕生日を祝う興行を通して全アジアの仏教徒の同胞意識を根付かせた。第二の論稿は「1920 年代の関与仏教―社会改革、世界仏教と世界平和のための『ヤングイースト』の使命[4]」である。この論稿は、現在我々がいわゆる「関与仏教」と名付ける歴史に残した『ヤングイースト』創刊者の監修下における雑誌の活動と内容を網羅している。本章では、『ヤングイースト』で顕在化している国際政治の課題に具体的に焦点をあてた。

1.『ヤングイースト』創刊

　『ヤングイースト』は非常に高名だった 3 名の日本仏教研究者であり改革のリーダーだった桜井義肇（1869～1926 年）、高楠順次郎（1866～1945 年）、渡辺海旭（1872～1933 年）らの研究生活後期に創刊された。彼らは 1880 年代から浄土真宗の西本願寺内に建立された大教校（現龍谷大学）の学徒として共同研究を行った。1925 年当時、桜井はインドと密接なつながりがある裕福な発行人であり、日印協会の創設者であり、『ヤングイースト』の創造性に寄与していた。インドの貢献度は強く、同誌のタイトルは興味深いことに、マハトマ・ガンジーが同誌より数年早く出版し、彼のイデオロギーを広め、インド独立運動を支えた『ヤングインド』（1919～1932 年）に類似している。高楠と渡辺はどちらも傑出した仏教研究者であり、この時期までに全国有数の大学の教授となった。両者ともイギリスとヨーロッパで学んだ経験があり、ヨーロッパの仏教学者と生涯にわたる友情を確立した。高楠は、マックス・ミュラーの『東洋古代聖典』『パーリ聖典協会誌』執筆に貢献した。『ヤングイースト』の創刊時には、

高楠と渡辺は、完全無欠に編集され、国際的な仏教徒の研究の基礎を残した大乗仏教聖典の蔵書である『大正新脩大藏經』[5]の編集研究者チームを率いていた。彼らは、当時国際的名声がある数少ない日本人研究者だった。1925 年までに上記の 3 名の研究者は国際社会で重要なネットワークを築いた。[6]

　『ヤングイースト』のタイトルは、同誌が信奉する仏教の形式に言及している。「東方の仏教」や「東洋仏教」は宗派を超え、合理的で、社会的に関与しており、文化的非特異性を持つため普遍的に適用できる大乗仏教、すなわち明治時代の動乱期から日本に登場していた新たな仏教を具体的に示した。[7] その動きは力強く近代的で、社会的に積極的な「世界における国際的進出するための仏教」であり、伝統的な教えの哲学的変換は、新しい現代社会に適合するように仕向けられた。[8] 大多数の人々の慣行と並ぶ少数エリートである仏教知識人の慣行だった。[9]

　仏教哲学のようなものを説明している記事は主に西洋の研究者が寄稿したものであり、仏教に対する西洋の関心の高まりを示している。そうした論稿にはＷ・Ｈ・ゾルフ博士の「大乗、極東地域の精神的な繋がり[10]」、ブルーノ・ペゾルドの「釈迦の教え[11]」「大乗仏教は東洋と西洋を結ぶ[12]」「西洋に向かう日本の仏教[13]」がある。全体的な内容でさらに特徴的なのは、日本で英語による出版物の草分けとなった 1897 年創刊のジャパンタイムズの創刊者である頭本元貞による定期掲載記事だった。同氏は「日本と成人男子の選挙権[14]」「ネパールの奴隷解放[15]」「他国が見るアメリカ[16]」等の記事を寄稿した。『ヤングイースト』は日本の国際的地位に関連する行事の報告を定期的に行い、1926 年、国際連盟に対する頭本の取り組みも掲載された。

2．東洋と西洋に対する大きな使命

　「友人、読者の皆さんへ」と呼びかける同誌は、時代の危機、第一次世界大戦の前例のない破壊に続く新たな世界秩序の模索に関する記事で始まった。[17]「世界は新しい時代に直面し、文明と呼ばれるものの中に転換点は示される。」その行動プログラムは、細かい字で全頁に渡り展開され、教育、社会的・政治

的改革、東洋仏教の世界的な布教を通し、世界平和のために統合ビジョンを提示している。

『ヤングイースト』は高等教育を受けたアジアのエリート間の共通言語である英語で発行されたが、「我々の共通目的を達成するために協力すること」を通して「団結のきずな」を作り上げ、「世界の仏教労働者の職場の交流や可能な限りそれらを利用する[18]」ことをめざした。現代社会を開発し、利益をもたらすように働くために仏教を導入し、現代の仏教改革を行うこのアジア全域の仏教徒運動のためのフォーラムになることが目標だった。

改革の支柱は教育だった。自国で道徳国家を築くには、幼稚園から大学まですべての段階で男女とも世俗的な教育の推進が必要だった。高楠自身がこの教育の先駆者だった。同氏は女学校を設立し、仏教の道徳、倫理原則を教え込む環境で政府のカリキュラムを提供した。西洋に仏教の理想を浸透させるためには、権威のある高い教育レベルの専門家が必要だったので、神聖な言語であるパーリ語とサンスクリット語の研究は全仏教大学で必須だった。僧侶と尼僧は、現代的で国際的な仏教教育を受けた。西洋の論壇にその独自の用語で貢献できるアジア仏教研究者が必要だった。

3．仏教と平和―世界市民と人種的平等

西洋文明は「祝福というよりは災い」であり「（西洋の）欠陥を是正し完全にするための近道」は「西洋に仏教の文化、哲学、信仰を広める」ことだった。西洋の行き過ぎた物質主義と東洋の高い精神性とのバランスをとるという方針は『ヤングイースト』全編で貫かれた。[19]

「人間だけではなく地球上のあらゆる生き物を愛する仏の精神を人間の心に教え込むのが我々の義務だ。それが西洋社会に対する我々の使命である」というように、全ての生き物に対する気遣いは、地球市民に対する日本の主張であり、世界の悪と『ヤングイースト』の使命の基本を為す問題解決に貢献する責任感について語る権利だった。優れた国際人である頭本はこれを明確にまとめ、1926年にジュネーブで開催された国際連盟での演説に応用した。[20]

中西牛郎は明治の「新仏教」運動を展開した長老政治家であり、同様に世界的市民権を要求しているが、西洋文明のグローバル化に基づき、それに貢献する日本の権利について語っている。[21] 同氏は、「西洋文明」とは科学、都市、コミュニケーション、産業、政治の発展の結果だと述べている。

　同氏は、超越というメッセージを伝えたかったのだ。仏教がキリスト教にとって代わるのではなく、逆にキリスト教は強化される。東洋の「不滅の真理」によって「キリスト教はその慈善教義を達成することができ、指導理念を持ちながら科学は体系化される。こうしたことが行われると、世界の文明化の全段階は闘争から平和へと転換するだろう。」[22]

　いずれにせよ、中西の見解は、普遍的な展望と宗教的寛容性は同誌の創刊号で公表された渡辺の世界宗教会議開催の提案でより明確に見ることができる。[23] 渡辺は幸福と世界平和、そして「世界の復活[24]」に向けて協力する世界の幸福と平和の論理を促進するために、宗教の共通目的について述べている。[25] 同氏の見解では、諸宗教が単に協力し、すべてを相互に尊重することだけを必要としていた。

　議論すべき事項は『ヤングイースト』の使命の中核だった。その内容は「宗教と産業、政治、外交などの現在の様々な問題の関係性」と「普遍的な平和を実現する方法と手段」だった。代表者らは特定の宗教の代表ではなく個人として参加した。世界宗教会議は世界の「宗教的な」会議であり、信仰心のある人たちの会合だった。最も重要なのは、その会議は単なる聖職者の会合でなかったことだ。渡辺によると、この会議は世界の問題に宗教的な原則をどう適用するかについて話し合う場だった。

　太虚の演説は、西洋を嫌うアジア人の典型的なレトリックだった。[26] 第一次世界大戦の前例のない破壊は、西洋文明の土台を揺るがし、西洋文明の衰退と帝国主義的外交が崩壊する証拠であると主張した。[27] アジアに解決策を求めていた資本主義的近代に対する欧州の評論家は太虚の考えを強調した。

4．人種、平等とアメリカの 1924 年移民法

『ヤングイースト』の西洋人に対する嘆願は「人種に関して西洋人が持つ偏見とプライドを捨てる」ことであり、アメリカの 1924 年移民法に対するものだったが、1920 年代半ばの事情に対する特別な反応だった。この移民法により、市民権を獲得する資格のない者はすべてアメリカへの移民が禁じられた。本来の目的は中国人労働者の排斥だったが、日本人も排斥された。この移民法の成立は人種差別的侮辱と両国間の永年の親善への裏切り行為となった。『ヤングイースト』ではアメリカ排斥法と記された。それまでにも、1850 年代に日本に課せられた条約、1895 年の三国干渉、1919 年のパリ講和会議で、人種的平等を主張した日本の提案が一蹴されたことなどの人種差別があったが、移民法はその延長線上にある。特に、日本が国際連盟に加盟したわずか 4 年後の 1924 年にこのような事態になったことは、日本にとって屈辱的だった。

翌年、[28]『ヤングイースト』に再び排他政策に関して、日本に対する侮辱や、長年の親善に対する裏切りという文脈で記事が掲載された。1902 年締結の日英同盟が 1923 年に終わりを告げると、イギリスは巨大な海軍基地をシンガポールに建設する計画を発表した。「日本に対するイギリスの脅威[29]」という見出しのもと、ベルサイユ講和会議とワシントン軍縮会議に関する報告を行なった海軍専門家である伊藤正徳は、その計画は日本を侮辱する計画であり、「日英同盟の心温まる記憶に冷水を浴びせる」と批判した。

『ヤングイースト』は西洋の偏見は、単に日本の扱いだけに基づいているのではないと考えていた。S・ヨネムラの投稿記事「人種問題の解決とヒマラヤ文明」は、実際はアメリカの人種問題について述べているが、アメリカの人種問題、黒人差別法、1900 年から 1922 年に「臆面もなくアメリカ人が犯した」1552 件のリンチ殺人があるという事実は、「生き物に対する慈愛の欠如[30]」に起因すると指摘している。

5．創刊者の死

　同誌の国際的貢献は、世界中の志を同じくする人々のための議論の場を提供し、かなりの成功を収めている。[31] 諸外国から定期的に書簡と記事の寄稿があった。しかし、同誌は 1926 年半ばに、財政的支援者の桜井の突然の死に見舞われた。渡辺と高楠は、同誌を月刊誌から季刊誌に変更して乗り切ろうとしたが、1929 年に深刻な財政難だと発表した。創刊号の編集者の下で最終号である第 4 巻第 10 号が 1930 年 3 月 8 日に発行された。

6．国際仏教協会による『ヤングイースト』発行

　1931 年に満州事変が起こった。日本は 1933 年 3 月国際連盟を脱退し、異文化理解の促進を通じて世界の市民権および国際的な影響力の作業を継続する代替の道を捜した。同誌は、国際的に堅固な読者層があり、その使命が平和であったことから、この文化的国際主義にとって便利な道具だった。新たに設立された国際仏教協会（IBS）の機関誌として復活した。IBS は 1934 年 4 月政府が設立した「世界規模で文化交流を推進することにより平和と安全な世界を模索する国際機関[32]」だった。これは『ヤングイースト』が 10 年近く行ってきたことであり、寄稿者も創刊者も、一生関心を抱いていたことだった。[33]『ヤングイースト』は熱心な国際的読者層をもつ雑誌だった。[34]

　同誌の以前の内容との連続性は、IBS にとっても重要だった。4 年間刊行していなかったにも関わらず 1934 年 7 月〜 9 月の季刊誌は第 4 巻第 11 号となった。再刊した『ヤングイースト』は文化的内容に焦点を絞った。1935 年春までには「仏教徒の生活と教義の雑誌」ではなく「文化雑誌」となったが、仏教に関する論文は多くなった。

　1940 年代に『ヤングイースト』は第 3 期に入った。最後の数版は戦争中に出版され、主にアジアにおける日本兵、東京のアジア人、東京で祝う被植民地の臣民、東条英機陸軍大将がアジアで死亡した人々を賞賛している写真が掲載

された。同誌はページ数が少なくなり、内容も貧弱になり、日本に留学中のアジア人学生が寄稿し、全アジアを包括した帝国の見解を示した記事が掲載された。言語は英語以外に、タイ語、ベトナム語、フランス語、ドイツ語で掲載された。初刊から定期的な投稿者であったブルーノ・ペゾルドは、以前の論文は英語で寄稿したが、この時期になるとドイツ語で寄稿した。この時期にKBSの記事に関するジェサミン・アベルの批評は『ヤングイースト』にも当てはまる。KBSは「世界の平和に貢献することを目的として設立されたが、いまや国家の戦争に専念している。」[35]

結論

　本章が焦点をあてたのは、『ヤングイースト』創刊時のことである。世界における日本の位置づけに関して同誌がどのように述べたか、その位置づけにおいて同誌が果たした役割に焦点を当てた。『ヤングイースト』はトップページから世界市民意識に共鳴している。同誌には、各時代、新しい時代意識、転機、「国際的正義の分布が実現される」時期に関して最優先される意識があった。我々が『ヤングイースト』に見いだすものは、第一次世界大戦後という新しい時代は、世界市民権を行使する機会であり、現代文明における所有権の共有の主張やそれにともなう世界文明と平和に貢献する責任感、その世界文明で明らかになった社会的・政治的問題に対処する取り組みである。

　『ヤングイースト』事業における仏教の中心的機能は、世界で第三の権力、すなわち日本のリーダーシップと東洋仏教の社会活動によって強化された仏教の伝統を共有することで、統合されたアジア勢力を創造する戦略的考え方の基礎を形成することだった。アメリカ大陸におけるアメリカ合衆国の役割と同様の役割を、アジアにおける日本に期待している考えだった。頭本は1926年ジュネーブで開催された国際連盟の演説で両者の比較を明確にした。[36] 仏教の価値観が支えているので道徳的な力である第三のブロックは、二大西洋勢力範囲を仲介とする追加的機能を果たし、それは、日本が国際連盟理事会で果たす役割の延長線上にあった。[37] 同誌は仏教の影響力と活動のネットワーク構築、異

文化理解の推進における見解の流布や情報提供を行う場としてこの事業の中心的役割を担っていた。

　『ヤングイースト』創刊の使命は、世界市民権への積極的な取組み、西洋との融和、調和と協力によって特徴づけられた 1920 年代における日本で支配的な見解であった国際主義の仏教的表現だった。地域的・国際的な事業と融合する『ヤングイースト』の使命はバークマンが述べる積極的な国際主義、すなわち「日本が外交的商業的な役割を東アジアのサブシステムを超えて拡大し、国際社会において積極的な役割を果たすなら、日本の国益を最大化することができる[38]」という信念に合致する。同誌は「世界的動向と地域的関心、人類の集団的利益と自国の国益[39]」という対立概念を「世界における日本」という仏教的文脈で調和させたのである。

注
1) Akira Iriye (1997) *Cultural Nationalism and World Order*, Johns Hopkins Press.
2) Jessamyn Abel, (2013) "Cultural Internationalism and Japan's Wartime Empire: The Turns of the Kokusai Bunka Shinkōkai," in Masato Kimura and Tosh Minohara eds. *Tumultuous Decade: Empire, Society, and Diplomacy in 1930s Japan*, University of Toronto Press, pp.17-43.
3) Judith Snodgrass, "Performing Buddhist modernity: the Lumbini Festival, Tokyo 1925," *Journal of Religious History*, 33: 2 (June 2009), pp. 133-148.
4) In Bryan Turner and Oscar Salemink, eds. *A Handbook of Asian Religions*, Routledge (2014), pp. 158-173.
5) Jacqueline Stone, (1990) "A Vast and Grave Task: Interwar Buddhist Studies as an Expression of Japan's Envisioned Global Role," in Thomas Rimer, ed, *Culture and Identity: Japanese Intellectuals During the Interwar Years*, Princeton University Press, pp. 217-233.
6) 高楠は日本エスペラント会の創設メンバーだった。
7) Judith Snodgrass, "Engaged Buddhism in 1920s Japan."
8) *The Eastern Buddhist* (2012) 43: 1 and 2 は、日本の近代仏教に関する特別号。Yoshinaga Shin'ichi. (2012) "After Olcott Left: Theosophy and The 'New Buddhists' at the Turn of the Century," pp. 103-132 は明治改革に関する新仏教の性格に関して論じている。
9) 以下を参照。Cameron Penwell. (2013) "Envisioning a This-Worldly Pure Land: Watanabe Kaigyoku and the Emergence of Buddhist Social Work in Modern Japan." Paper presented at the 16th Biennial Conference of the International Association of Shin Buddhist Studies, "The Pure Land in Buddhist Cultures," May 31 to June 2, 2013, University of British Columbia, Vancouver.
10) *Young East* 1:12(May 8, 1926), p. 377.
11) *Young East* 1:7 (December 1925), pp. 207-213.

12）*Young East* 1:10 (March 8, 1926), p. 316.
13）*Young East* 2:8 (January 8, 1927), pp. 259-273.
14）*Young East* 1:1 (April 8, 1925), p. 7.
15）*Young East* 1:8 (January 8, 1926), p. 251.
16）*Young East* 1:5 (October 8, 1925), pp. 150-153.
17）Cemil Aydin.（2007）*The Politics of Anti-Westernism in Asia: Visions of World Order in Pan-Islamic and Pan-Asian Thought*, Columbia University Press.
18）*Young East* 1:5 (October 1925), p. 164.
19）U. Nakanishi, "Meaning of the Young East," *Young East* 1:2 (July 8, 1925), pp. 40-44.
20）M. Zumoto, "Japan and Pan-Asiatic Movement," *Young East* 2:7 (December 8, 1926), pp. 219-227. これは p. 222 から引用。Delivered at the Third Annual Congress of the International University League of Nations Federation, Geneva, on the first of September 1926.
21）Ibid.
22）Ibid., p. 44.
23）*Young East* 1:6 (November 1925), pp. 188-190.
24）Ibid., p. 188.
25）Ibid., p. 188.
26）Abel, "Cultural Internationalism and Japan's Wartime Empire."
27）Ibid., p. 93.
28 M. Minagawa, "Cultural Juxtaposition of Japan and America," *Young East* 1:11 (April 8, 1926), pp. 343-45.
29）M. Ito, "British Menace to Japan: Danger of the Singapore Scheme," *Young East* 1:11 (April 1926), pp. 346-48.
30）S. Yonemura, "Solution of racial problems and Himalayan civilization," *Young East* 2:1（June 1926), pp. 1-4, this quote, p. 3.
31）*Young East* 1:5 (October 1925), p. 164. 彼らは世界中の様々な仏教運動間の連結リンク、「世界の仏教徒の労働者の意見交換所であり、彼らによってできるだけ多く利用される場」として同誌を提供した。同誌は、世界中で仏教の布教、研究、刊行、社会事業を行っているすべての人に詳細な連絡先を知らせてほしいと要請した。
32）Abel, "Cultural Internationalism and Japan's Wartime Empire," pp. 18-19.
33）中でも姉崎正治、頭本元貞、沢柳政太郎は特に有名である。以下を参照のこと。
Thomas W. Burkman. "Japan and the League of Nations: Empire and World Order 1914-1938," in Thomas Rimer, ed, *Culture and Identity: Japanese Intellectuals During the Interwar Years*, Princeton University Press, 1990, pp. 191-216.
34）*Young East* 1:5 (October 1925), p. 164.
35）Abel, "Cultural Internationalism and Japan's Wartime Empire," p. 33.
36）M. Zumoto, "Japan and Pan-Asiatic Movement," *Young East* 2:7 (December 8, 1926), p. 226.

37) Burkman, "Japan and the League of Nations: An Asian Power Encounters the 'European Club'," *World Affairs* 158:1 (Summer 1995), pp. 48-49.
38) Burkman, "Japan and the League of Nations," p. 45.
39) Ibid.

第6章

「葬式」仏教から「関与」仏教へ
―死の儀式と戦後日本の 社会アイデンティティ

スティーヴン・ハイン
(杉田　米行　訳)

　経済要因や階級意識だけでなく、集団的歴史要因に関連する日本の社会文化状況を理解するためには、死に関連する行動形態が、戦後二つの時期に大きく分かれていることに注意しながら、批判的に観察・分析することが重要である。第1期は1950年代から1990年代半ばのバブル期であり、日本人は物質的成功を追い求め、葬式や法事など死に関連する分野に多くのお金を使ったが、真の意味での精神性や死者への思いやりという点では疑問が残る。第2期はここ20年のポストバブル期であり、喪失感と生活に追われるようになり、日本人は冷静な安らぎの中に不安と楽しみという二つの感情を抱くことで、誠実な方法で死と向かい合うようになった。

　仏教伝来前、日本の土着信仰では死体は穢れた物だった。仏教伝来により、戒名、火葬、それに伴う準備といった儀式が行われるようになった。20世紀までには、「神道で生まれ、仏教で死ぬ」という慣行ができあがり、亡くなった場合は火葬が行われ、死者に対する思いやりの気持ちや積極的にかかわるという傾向が強くなった。つまり、消費者主導の「葬式仏教」から、死の重要性を認識する方法としての「関与仏教」へと移り変わっていったのである。

1．葬式仏教のバブル経済パラダイム

日本の戦後バブル経済期（1950年代後半より1990年代中ごろまでの顕著な持続的経

済成長期）に行われた文化的批判の矢面にたったのは、「葬式仏教」パラダイムだった。葬式仏教とは、型にはまった「マック式葬式」を行い、「キャデラック僧侶」と皮肉られながら、僧侶が高額な費用を請求したことである。特に明治以降、葬式は仏教が取り仕切ってきたが、多くのしきたりがあり、とても高額だった。通夜、葬式、火葬、埋葬、粗供養、さらに日本独特の戒名と仏壇の費用等を合わせると 10 万ドル近くになる場合もある。戒名とは、僧侶が死者につける法名だ。精巧につくられた仏壇もあり、死者を尊敬し、死者とのコミュニケーションを続けるために購入し、家に設置する。戒名と仏壇は専門技能、名声、地位によって変わり、各々 1 万ドル以上する場合もある。少数派に対しては差別問題になるような戒名がつけられる場合もあるが、それでも有料だ。「葬式仏教」に対する批判はあらゆる宗派の僧侶や寺院に向けられた。これらの宗派では、財政的な理由で法外な価格で葬式を取り仕切ることを最重要活動とすることで発展してきた。仏教研究家の圭室諦成が書いた『葬式仏教』は、このような悪弊を批判する急先鋒で、[1] 不正な葬式費用の前近代的・近代的起源を指摘している。この本の批判は的を射ている。葬式の高額化が一般的になると、伝統的な葬式は劇的に減った。葬式産業によって仏教はすたれつつあったが、同時に、「葬式仏教」の台頭によって仏教は生き長らえたともいえる。

受賞映画監督伊丹十三が手がけ、国際的にセンセーションを引き起こした「お葬式」でよく表現されているが、仏教だけではなく、社会に対しても批判の目が向けられていた。伊丹は 1980 年代には社会問題に対する容赦のない批評で有名だ。[2]「お葬式」は欲深い僧侶が取り仕切る時代遅れの様式を強烈に風刺している。だが、周囲の圧力により、よく事情のわからない檀家が、祖先の祟りといった恐怖や、壮大な葬式で見栄を張る習慣があり、この欠陥のあるやり方が続いているということも示した。映画では、現代の日本の都市に住む家族が登場した。彼らは伝統的な葬式を執り行う知識がなかったので、まずは教育用ビデオを鑑賞する。他方、家族の策謀やスキャンダルは伏せられている。やがて、法外な価格の戒名を授ける僧侶が、運転手付のリムジンに乗って葬式場に到着する。金の刺繍を施した法服に身を包んだ僧侶は両手を差し出して対価を要求した。

仏教は葬式で儲けていたが、搾取の加害者とは考えられていなかった。社会的地位を追い求め、悪霊を払いのけるための必要悪として、葬式と付属品に対価を払っている市民の強欲で消費傾向の強い習慣を反映しているに過ぎないのである。このように現実的な目標は、人々に現世利益を供与する宗教の中核をなしていた。

日本人の行動に対するこのような批判は目新しいものではない。実は、19世紀初めに豪華な葬式の費用が高騰して手に負えなくなると、政府が規制をかけた。[3] 葬式仏教は過去のものではなく、現在でも日本社会に根付いている。写真1は、横浜郊外にある禅寺が出している広告だが、お墓の価格一覧が掲載されている。「葬式仏教」が今も続いていることが窺える。

本章のテーマは、ポストバブル期の日本社会における見解と行動の重要な転換を分析することである。この転換がきっかけとなって新しい、本物に近い「葬祭仏教」が台頭してきた。ここで葬祭とは、形式だけの通過儀礼として葬式を行うのではなく、自分自身の死を考え、愛する人に哀悼の意を表す人生の重要な局面として葬式を祭るという意味である。この立場に立つと、

写真1

> 仏教は、人々が日々の生活において精神的な意義を創造する数多くの方法を提供している。しかしながら、現代日本においては、儀式が下火になっているので、精神的重要性が低下しているのも驚くべきことではない。…仏教の儀式そのものに問題があるので、現代の科学文化を受入れ、儀式をすべてなくすべきだという結論には同意しない。そうではなく、仏教の儀式が形式化され、無意味なものになった理由を探り、儀式を転換させ数多くの可能性を活用する方法をみつけること

に専念したい。[4]

　文化批判に話を戻すと、葬式仏教にはいくつかの重要な特色がある。ここでは、明らかに精神的堕落と考えられる二つの例に限って批評する。①専門的な機能と設備が必要な複雑な過程によって費用が膨大になる、②社会ののけ者や貧困者で、きちんとした扱いを受けるお金や資格がないと思われている人に対する差別。

　葬式は高価な儀式だ。習慣はかなり変化しているが、それでも古来の伝統にのっとることも多い。葬式を執り行うためには、全体で数千ドルかかる。葬式を取り仕切る寺と僧侶には非公式に高額の「お布施」が渡される。葬式では以下のような儀式が行われる。

　＊湯灌。納棺に先立ち遺体を洗うこと。遺体は不浄でタブーなものと考えられているので、湯灌は重要だ。

　＊通夜。近親者が死者とともに過ごし、邪霊の侵入を防ぐ。写真2のように、真ん中に故人の写真と位牌が置かれ、戒名と多くの花がある。

　＊葬式(通常、通夜の翌日)。死を悼み死体を葬る儀式。僧侶が難解なお経をあげ、故人は戒名を付与されることで仏となる。遺族が費用を支払うが、社会ののけ者に対する差別で大きな問題になってきた。

　＊出棺。遺体を納めた棺を霊柩車に乗せ、遺族・近親者が付いて火葬場に向けて運ぶこと。伝統的にこの出棺が最も複雑で費用がかさむところだ。

　＊火葬。遺体を焼いて骨を収め葬ること。釈迦牟尼が火葬で成仏したと言われているので、日本では国民の98％が火葬

写真2

を行っている。火葬後、遺族が箸を使って故人の骨を拾う儀式が続く。

＊墓地への埋葬。土地利用代金と仏舎利塔に似た石碑の費用がかかる。

差別的傾向に関して言うと、戒名は直接社会階級を示さないが、階層制だ。つまり、高僧か経験の浅い僧か、聖職者か一般人か、男性か女性か、高貴な人か貧困者か等、地位に応じて異なる戒名が授けられた。家父長の記念碑から盂蘭盆会に至るまで中国仏教の遺産を受け継いでいるが、故人が死後、確実に涅槃に入ることができるように戒名を授けるという日本仏教独特の慣習も発展してきた。この儀式では、一般人が亡くなると、坊主頭、袈裟、清めといった仏教のシンボルを適用することで彼らが聖職者であるかのように取り扱う。戒名を得るためには、遺族が寺にお布施を渡さなければならない。政治的影響力を行使することでより権威のある戒名を得ることができる。故人が生きていた時の行動よりも、財政的考慮や亡くなった時の社会的コネクションの重要度がはるかに大きい。

戒名に「畜」の文字が刻まれた墓石（小林大二『差別戒名の歴史』より）

写真3

社会ののけ者に対して、現在でも嫌悪すべき戒名がつけられている。葬式の際、不可触な社会的地位を巧妙に示すことで社会階層が固定化されている。こうすることが、民主的な方法で彼らの救いを保証すると言われている。[5]写真3でわかるように、墓石の上から三つ目の「畜」という字は「畜生」という意味だが、このような誹謗を隠すために、「玄」と「田」という二つの異なる字と読むことも可能だ。このようにして、社会ののけ者の地位をコード化する。勿論、何も知らない遺族は多額の費用を支払う。

２．ポストバブル期における関与仏教の状況

　ポストバブル期には「関与仏教」の新しいモデルが台頭してきた。社会における仏教の役割を、貪欲に煽られた自己満足から、真の思いやりに基づいた聖職に転換しようとしたのである。恰好の例は、滝田洋二郎監督、2008年にアカデミー賞外国語映画賞を受賞した「おくりびと」で感動的に示されているエピソードである。葬式仏教はすたれていない。関与仏教が発展しても、葬式仏教は今も続いている。このような二つの矛盾し、対立するような仏教様式が併存しているが、両様式の中心テーマは、故人・遺族のどちらであっても、個人および家族が無縁仏になるのを避け、「一期一会」という意識を大切にし、与えられた超越の機会を利用したいという強い思いである。通常、「葬式問題」とは、死や告別式にまつわる複雑で利益のあがる儀式を、仏教が全面的に取り仕切っていたことに対する社会的批判を指すが、別の意味もある。葬式関連の儀式という長年の収入源が小さくなっているという状況も指している。工業化・脱工業化経済によってもたらされた都市化と大きな社会変化により、共同体と家族の結びつきが弱まった。さらに、急激な少子高齢化による新しい日本の人口構造によって、高齢者は孤立感や喪失感を覚え、若者は時代遅れの伝統を守ることに益々無関心になっている。

　葬式問題は、生きている者の必要性よりも故人の必要性を満たそうとしている宗教が、日本社会でその影響力を失いつつあるということも示している。「それは葬式仏教のイメージです。人々の精神的必要性を満たしていません。イスラム教やキリスト教では、精神的事柄に関する説教を行います。しかし、今日の日本では、僧侶はほとんどそのようなことをしません」と700年の歴史をもつ瑞光寺の第21代住職は述べ、後継者がいないので、葬式仏教が22世紀も続くかどうかは疑問だと言う。「もし日本の仏教が今、たちあがらなければ、すたれてしまうだろう。もう時間がありません。手を打たなければなりません[6]」と言う。

　死と故人に偏った関心を寄せながらも、その本質に迫らなかったので、仏教

は衰退しつつある。このような社会情勢に直面し、仏教も生き残りをかけて再編成している。仏教は、神道、儒教、民間信仰と常に競合関係にあり、仏教の宗派の中には、現在の社会環境に柔軟に適応し順応しようと奮闘中のものもある。

死の儀式の重要性に関して理解を深めるために、関与仏教の新しい様式を分析し、三つの主要な見解を以下で説明する。

①最近の傾向に関する社会学的見識：②と③の要因を刺激する生データと資料を提供するために、詳細に説明する。

②理論的考察：実際に得られる利得に関して、葬式の特徴を強調するだけでなく、それ以上のことを理論的に考察する。

③哲学的熟考：伝統的・現代的仏教思想で表現される「死としての生」という概念を通して明らかなように、「メメント・モリ（自分がいつか必ず死ぬことを忘れるな）」と「カルペ・ディエム（今という時を大切に使え）」に対する日本人の独特なアプローチに照らし合わせ、故人に対する儀式と記憶を通して得ることができる、非実用的な利得の超越的な意義に関して哲学的に検討する。

3．社会学的見識

ポストバブル期高齢化社会における仏教の復興には、さまざまな社会要因が含まれている。(1) ステレオタイプよりも積極的に仏教をとらえる歴史研究への新しいアプローチ (2) 集団の意思よりも個人の必要性に応じた宗派横断的な改革運動 (3) 現在の社会的関心に適合させるために、経費を抑え簡素にできるような儀式の変更 (4) 日本人の世界観における死という現象の重要性を強化するように、積極的に生きる形としての死に関する祭事の復活、特に危機や大きな変化に見舞われた際に、先祖とすぐに心を交わしたいという思い等である。

関与仏教に関しては、仏教で過去に葬式がどのように行われたかを示すリヴィジョニストの研究が重要だ。たとえば、性病で面目を失いながら亡くなった芸者や、江戸時代に将軍に刃向って死刑にされ、家族からも見捨てられた

罪人の葬式は、思いやりのある行為だ。関与仏教では改革運動が盛んだ。宗教上の逸脱行為を反省し、伝統的儀式に対する適切な修正や調整を勧告することで差別に反対し、乗り越えようとしている。伝統的儀式には、禅宗に根付いた批判仏教、浄土宗を基盤にした葬祭仏教で行われる生前葬式の提唱等が含まれる。

企業は汎用性のある割引葬式プランを用意して競争する。寺院、葬儀社、火葬場、仏具店など葬儀に関連する業者が、世俗の利害関係を基にネットワークを構築した。多忙で参列できない家族のために、新しいテクノロジー

写真4

を利用した葬式の生中継サービスもある。大幅値引きサービスも盛んだ。現実的な理由で低価格の仏壇を購入する者が多くなり、「現代仏壇」に特化している店も多い。「現代仏壇」とは、見栄えや品質にこだわらず、テレビボードのように一般家庭では家具の一つとなっている（写真4）。[7]

さらに、葬式参列者を近親者に絞り、僧侶抜きで葬式を行うこともある。土地が狭く墓地費用も高騰しているので、遺灰を海や丘に撒いたり、高層の小さな場所や摩天楼の屋根に置いたり、ひつぎと墓のミニチュア版も利用している。

葬式は故人と遺族のための儀式だと考えられている。女優の山田順子は自らの生前葬をテレビ中継した。彼女が1990年代に広めた生前葬では、火葬の代わりに、紙で作った肖像画を燃やした。生前葬は楽天的なもので、山田は葬式を死別というより人生の祝福ととらえた。

個人の嗜好に合わせて伝統的儀式のカスタマイズ化が進んでいる。[8]「ライフセレモニートラスト[9]」に参加し、顧客の心に寄り添う、快活な僧侶が取り仕切っている。安らかに死を受入れることができるような広告がある。ある寺

写真5

では写真5のように、「人生はどこかで帳尻が合ってくるものです」という看板が掲げられている。

相互作用の機能もある仮想葬式や、インターネット葬式も定期的に行われている。だが、死期の迫った高齢者や悲嘆にくれている人は、四国遍路のように神聖な場所への巡礼を行う傾向もある。四国遍路では、宿やホスピスで、僧侶と一般の世話人が善根の形として、寛大で心のこもった、しかし厳格な規則に則った厳かなお世話を施している。先祖供養、追憶、追悼の一部として、日本の多くの地域で小規模な巡礼ルートがある。[10]「誰にでも自分自身の人生がある」という張り紙をしている寺院もある。

儀式やメモリアルが日本社会で重要な、深く根付いた要因だということを三つの例で示したい。1番目の例は、東京の二つの禅寺である。泉岳寺には忠臣蔵で有名な赤穂義士墓がある。毎年12月14日には義士祭が催され、この小さなお寺は数万人の参拝客で埋まる。兵庫県赤穂市の花岳寺にも同様に多くの参拝客が訪れる。

赤穂義士墓を見たり、境内の赤穂義士記念館へ行ったり、月例座禅会に参加したり、禅の歴史や思想に関する講義が行われる学寮講座に参加したりするために、泉岳寺には年中訪問者がやってくる。

豪徳寺は一説によると招き猫発祥の地とされている。18世紀に彦根藩第二代藩主井伊直孝が豪徳寺の前を通りかかった時、この寺の子猫が手招きするような仕草をしたので、寺に立ち寄り休

写真6

憩したおかげで、雷雨を逃れることができたという逸話がある。豪徳寺には、桜田門外の変で暗殺された井伊直弼の墓もあり、その大きな墓地には、先祖が葬られている人がひっきりなしにやってくる。「我此土安穩　天人常充滿」という妙法蓮華經如來壽量品第十六（法華経）の有名な一節が墓石に書き込まれている（写真6）。

２番目の例は、主要宗派の開祖や指導者の祝福に関することだ。曹洞宗は、開祖である道元禅師（1200～1253年）の生誕800年を祝う慶讃式典と750回大遠忌を、あまり間をおかずに行ったが、明らかに750回大遠忌の方が重要だった。道元は、倫理的に戦いを忌避していたので、新しい寺を建立しようという将軍の申し出を断った。そうすると、将軍が懲罰のために道元の首を取ろうとしたが、道元が座禅の力で耐えたという有名な逸話があり、歌舞伎で行われたり、テレビ番組で放映されたりした（写真7）。

写真7

先祖の魂との交流は大切なことであり、特に、地震・津波・炉心溶融という福島三重災害後に、その重要性が明らかになった。写真8のように、遺族ががれきの中から先祖代々の墓石をより分けている。多くの僧侶が墓地を歩く儀式を行い、真心で対処していた。このような行動は緊急性と安堵感とともに、辛辣さと悲しみが混じり合った、不思議で痛ましいものであり、深い個人的責任感が感じられる。

2011年3月11日東日本大震災による切迫感と恐怖感は冷静に受け入れられ、

写真8

「終活」を生み出している。「終活」とは「終焉日記」をつけたり、愛する人たちのために遺言を残したり、葬式・埋葬計画をたてたり、人生最後のイベントを個性的かつ人生の集大成となるように努力するといった創造的な方法で、無慈悲な運命に対して準備を整えることである。生と死は両極ではなく、深く微妙に絡み合っているのである。

4．理論的考察

　葬式仏教と関与仏教はどのような関係にあるのだろうか。バブルがはじけ、急激な人口減少に直面し、わずか10年ほどの間に、仏教は劇的に変化したのだろうか。葬式仏教と関与仏教の様式は、広範囲に台頭しているさまざまな見解を表しているのかもしれない。二つの仏教は補足的で重なり合う部分もあり、歴史的に順番に現れるわけではなく、併存する。重要なことは、両パラダイムの根本的な適合性と収束性を認識し、相違と不一致を認めることだが、その障害になっているのが、意味論的レベルと指標的レベルの混乱である。

　以下の表は、贈り物に関して、二つのレベルの相違を示しており、それは、仏教による葬式にも適用できる。意味論的レベルでは、贈り物それ自体とどうしてそれが贈られたのかという点に焦点を絞る。他方、指標的レベルでは、包装や贈り物を受け取るという行動に関心を寄せる。

	意味論的レベル	指標的レベル
外形	客観的、分析的	主観的、解釈的
対象	意図性	活動
テキスト	読みと解釈	視角・聴覚/口頭 構成要素
イベント	階層的、トップダウン	ダイナミック、反射性
焦点	独立した実体	もつれた相互依存性
分析	行為の配置	全般の条件と態度
結果	実用的効用	非実用的報酬

意味論的レベルでは、儀式は交換と形式の消費モデルだ。葬式や関連儀式は財政的ギブ・アンド・テイクであり、戒名と祭壇は僧侶、ディーラー、遺族の間の交換である。

他方、指標レベルでは、一連のプロセスは安心を得るためであり、現世利得へのこだわりを超越し、非実用的なことを行う贖罪モデルだ。最も重要なことは世話や関与である。

5．哲学的熟考

仏教は消滅する危険にさらされているが、同時に、仏教が生き残るためには、死が中心的な役割を果たす。消費的動機であれ、贖罪動機であれ、儀式を行わなければ大義や家族の絆の喪失だと感じるものだ。共通点は、死という悲しい強烈な瞬間を強調することだ。皮肉なことに、この瞬間は日々の喧騒を忘れさせて安らぎを与え、精神的発露感を高める。

葬式の明らかに非実用的局面としての心の平安の役割は、黒澤明の「生きる」や最近の「おくりびと」などに描かれている。映画「お葬式」における葬式に対する人騒がせな社会批判とは対照的に、これら二つの映画は、通夜といった伝統的習慣における、非常に前向きな感情的効果に光をあてている。「生きる」においては、亡くなった英雄が祝福され、ガンに犯されながらも、社会に貢献した業績に関する記憶によって、彼の取り巻き連中は自分が生きているということに目覚め、これまでの冷笑的な人生を変えていく。黒澤が「素晴らしき哉、人生！」のような回顧的で後悔の念を描いたアメリカ映画から影響を受け、逆に、イングマール・ベルイマン監督による「野いちご」に影響を与えた。「野いちご」は「素晴らしき哉、人生！」とよく似たストーリーで、つまらない人生を送っていた年配男が一念発起し、死に直面しながらも、精神的欲求を満たそうとする。

死体を扱うことに関する古くからのタブーにより、それを行う人が、家族や友人から激しく非難される点を「おくりびと」は強調している。しかし、この映画で描かれた死体の準備を見ると、死に関する儀式が、生きている人間と亡

くなった人の間の親密な個人的結びつきや、広い意味での過去と現在の一体感をはぐくむ一助となっていることがわかる。[11]

　宗教儀式から恩恵を受けるという目的に焦点を絞った Practically Religious は、心の平安ではなく、実用性と物質的利益が優先されることを示している。[12] イアン・リーダーとジョージ・タナベ監督は安心という概念を無視している。

　1990 年に外交官の妻として東京に住んでいたシフラ・ホーンは、日本の墓地でみられる桜の印象的な経験をしたためている。ホーンは次のような、日本で目にする普通の光景を描いている。人々が死を自然にうけとめ、ビールを飲み、寿司を食べ、墓地のまわりを飾り気なく歩き回って花見をしている。「死ほど生活にとって自然なものはあり得ないのではないか」と彼女は問いかける。「この状況は西洋とは反対のものだ。西洋では死は保守的で、頑迷で、根深い偏見をもって考えられている。」[13]「死者の間での生という、このような遊山は完全に許容されているだけではなく、最も望ましいものだということが間もなく明らかになった。…墓石を見て怖がっている私に気づいた日本人の友人たちは、墓地で儀式を行うことで、亡くなった人も生の喜びの中に取り込んでいると説明してくれたので、私は安心した。」二つの異なりながらも相互補完関係にあるパラダイム、一つは意味的レベルの実際的利得から成り立ち、もう一つは指標的レベルの非実用的利得から成り立っているパラダイムに共通しているものは、京都学派の哲学者田辺元が「修証一如」と呼んだことや、禅でいうところの「一期一会」にかかわるものだ。[14] 死の恐ろしさと陽気さを統合したこの実存主義的見方は、メメント・モリ（死生観）への独特のアプローチであり、四十七士を祭る毎年恒例の行事から、津波で破壊された霊園で一心不乱に先祖の墓のかけらを探している遺族に至るまで、葬式や法事に関する多様な状況の下で現れる。

　注
1)　圭室諦成『葬式仏教』（大法輪閣, 1963 年）。See also Hikaru Suzuki, *The Price of Death: The Funeral Industry in Contemporary Japan*（Stanford University Press, 2000）; Steven Heine, *Zen Skin, Zen Marrow: Will the Real Zen Buddhism Please Stand Up?* (Oxford University Press, 2008) 第 4 章 ; and Susumu Shimazono, "The Commercialization of the

Sacred: The Structural Evolution of Religious Communities in Japan," *Social Science Japan Journal* 1（2）(1998), pp. 181-98.
2）A 1998 film is *I Don't Have a Grave!* (*Ohaka ga nai!*) by director Takahito Hara from 1998.
3）Andrew Bernstein, *Modern Passings: Death Rites, Politics, and Social Change in Imperial Japan*（University of Hawaii Press, 2006.）See also Nam-lin Hur, *Prayer and Play in Late Tokugawa Japan: Asakusa Sensōji and Edo Society* (Harvard University Asia Center, Harvard University Press, 2000); Stephen G. Covell, *Japanese Temple Buddhism: Worldliness in a Religion of Renunciation* (University of Hawaii Press, 2005); 芳賀登『葬儀の歴史』（雄山閣、1991 年）。
4）Yoshiharu Tomatsu, "Funeral Buddhism as Engaged Buddhism:Problems and Challenges in Redefining the Role of the Buddhist Priest in Contemporary Japan," Session Six – September 10th, Socially Engaged Pure Land Buddhism, The Twelfth Biennial Conference of the International Association of Shin Studies, http://www.jsri.jp/English/Jodoshu/conferences/shinshu/tomatsushin.html（2018 年 6 月 26 日アクセス）。
5）島田裕巳『戒名』（法蔵館、1991 年）73-74 頁。See also William M. Bodiford, "Zen in the Art of Funerals: Ritual Salvation in Japanese Buddhism," *History of Religions* 32（2）(1992), pp. 146-164; Mikiso Hane, *Peasants, Rebels, and Outcastes: The Underside of Japan* (Rowman and Littlefield, 2003)；網野善彦『無縁・公界・楽』（平凡社、1978 年）。
6）Norimitsu Onishi, "In Japan, Buddhism May Be Dying Out," *New York Times* (July 14, 2008).
7）John K. Nelson, "Household Altars in Contemporary Japan: Rectifying Buddhist 'Ancestor Worship' with Home Décor and Consumer Choice," *Journal of Religious Studies* 35（2）(2008), pp. 305-20; Mark Rowe, "Grave Changes: Scattering Ashes in Contemporary Japan," Japanese Journal of Religious Studies 30（1-2）(2003), pp. 85-118.
8）See Obohsan.com for activities of a priest in Tokyo without a temple, Kazuma Hayashi.
9）今日の日本にはペットや針の霊園も存在する。Sumitra, "Hari Kuyo-Japan's Unique Memorial Service for Broken Needles（April 5, 2013）http://www.odditycentral.com/events/hari-kuyo-japans-unique-memorial-service-for-broken-needles.html（2018 年 6 月 26 日アクセス）。
10）『歩く、東京　千代田線』（エイ出版社、2009 年）。
11）Shinmon Aoki, *Coffinman: The Journal of a Buddhist Mortician* (Buddhist Education Center, 2002).
12）Ian Reader and George J. Tanabe Jr., *Practically Religious: Worldly Benefits and the Common Religion of Japan* (University of Hawaii Press, 1998.).
13）Shifra Horn, *Shalom, Japan* (Kensington, 1996), p. 66.
14）Hajime, Tanabe, "Memento Mori," *Philosophical Studies of Japan* 1 (1959), pp. 1-12.

第7章

日米両国における学習環境と教育業績間の関係の比較分析

クリストファー・ワイス
エマ・ガルシア
ジェラルド・トラツ‐エスピノサ
（杉田　米行　訳）

　先進諸国の国際教育分野でランキングや学生の業績に注目が寄せられている。教育者や政治家は、国際数学・理科教育調査（TIMSS）や経済協力開発機構（OECD）の学習到達度調査（PISA）の研究結果に関心を向けている。これらの研究結果が公表され、世界ランキングが分かると、トップクラスに位置付けられた国は名誉なことであり、下位に位置付けられた国は教育改革を目指すことが多い。
　国際比較はよく行われるが、学習到達度の相違につながる教育環境の分析は少ない。ランキングに目を奪われ、教育行政におけるこのような要因が持つ潜在的有益性を無駄にしている。学校風土や学生の学校への関与も学生の学習到達度に影響を与えるが、その関係に関してほとんど知られていない。
　本章のテーマは学校の組織化を検証し、学習環境が学生に与える影響を精査することである。使用データは OECD の PISA2009 である。これは世界中の中等学校の学生の知識、技能、態度に関する比較情報満載の情報源である。本章は、教師―学生関係、学校風土、学校の持つ資源が学生の学習到達度に貢献する度合いを検討する。国によって教育の特性や風土が異なることが、どの程度学生の学習到達度に影響を及ぼすのかを分析する。

1．国際比較

　最近の研究[1]によると、OECD 諸国において、学生の学習到達度と教師と学

生の積極的な関係を重視する学習環境と、混乱を最小限にする規律環境を整えている学校の方が、学生の学習到達度が高い傾向がある。この要因も、異なる文脈の中では違った影響を及ぼすとも考えられる。マーカスとキタヤマによる文化理論と分析[2]は、心理学的構成概念（たとえば、個人の主体性の価値や選択の行使など）の有用性は、文化的文脈に依存しているという仮定に基づいたセルフ・システム理論を利用している。選択の自由はアメリカ人にとっては不可欠かもしれないが、他の社会、特に東アジアの人々にとっては重要ではないかもしれない。[3] キタヤマと共同研究者たち[4]の研究によると、アメリカ人は自己高揚にいそしみ、日本人は自己批判を好む。さらに、日本の学校における民族学的フィールドワークによると、学生の日々の活動において個人の選択を行使する場面はなく、学校側が学生のために物事を決めている。[5] 国によって影響の及ぼし方が異なるのである。

2．学習環境

A. 学校への関与

学校での学生の生活にはさまざまな面がある。「勉強」だけではなく、教師との関係、友人関係、学校社会の世渡りなどだ。研究者や政策決定者は学習面の到達度に重点を置きがちだが、学習の水準や到達度にかかわる多くの面が他にもある。

関与という概念には多くの側面があり、従来は、関与の心理学的な側面、特に学校に所属しているという学生の感情に焦点があてられた。[6] 学生の学習到達度と根気強さの鍵になるのは、学生の学校への関与の度合いだと指摘されることが多い。[7] 米国学術研究会議と米国医学研究所の報告によれば、[8] 学校への関与の度合いが高まると成績が上がり、学校への不満や退学率が減少する。ロデリックは、[9] 学校に強い共感を覚えている学生の退学率は少ないと結論づけている。この関係は他の研究でも指摘されている。[10]

学生の学校への関与の度合いが注目されているが、その多くは欧米や英語圏諸国のケーススタディに基づいている。[11] ワイスとガルシアによるメキシコの

研究を除き、開発途上国における、学校や教師と学生の関与の度合いと学習到達度の関係に関する研究はほとんどない。[12]

OECD 諸国の 2000 年 PISA データを分析したウィルムズ によると、[13] 学生の学校に対する帰属感と PISA 評価上の学習到達度との間に重要な正の関係がある。同じデータを使った別の研究では、学校への関与と学習到達度との間にも、重要な正の関係があることが判明した。[14] 他方、ワイスとガルシアの研究によると、[15] メキシコでも、学生が学校に密接に関与していれば、学習到達度が高くなると予想できることがわかった。

B. 教師との関与

学生の学習到達度と学習にとって、教師との関係は重要な側面である。[16] 教師が自分のことを気にかけてくれていると感じる学生は、自分の幸せや学校でうまくやっていくことに関心を持ち、積極的に学ぶ傾向があり、規律面で問題を起こさず、期待通りの学習到達度に達している。[17]

従来の研究によると、教師の関心や公平さに対する学生の認識が教室での態度に関係し、しっかり課題に取組み、人の迷惑になるような行動をとることが低いといわれている。[18] 同様に、教師の支援と寛容さと、学生の学業への努力[19] や学業上の願望や目標の設定[20] との間に有意な正の関係があると言われている。

学生と教師の関係に関して、国によって大きな相違がある。2009 年 PISA によると、アメリカでは、80％以上の学生が、教師は自分たちの幸せのことを考えてくれていると感じているのに対し、日本では、28％しかそのようには感じていない。[21]

C. 学習機会の公平さ

関与の認識面に加えて、学習には教育資源も必要である。学校での学習と学習到達度に影響を与えるものとして、学生と教師の比率、教科の専門教育を受けた教師の割合、適切な教材が十分揃っていることがあげられる。

学習機会が均等に保証されていない。社会経済的地位と教育資源のレベルが

強く結びついている。裕福な家庭の学生が優れた教育資源、少人数クラス、優れた施設、優秀な教師のいる学校で教育を受けることができる場合もあれば、優れた教育資源が質の低い学校に優先的に配分される場合もある。

　PISAを見れば、成功している教育制度（比較的高い学習到達度で、社会経済的地位が学習到達度に緩やかにしか影響を与えていない制度）に共通してみられる学校要因がある。学校がカリキュラムと評価を独自に設定することや適切な人的資源があることは、優れた学習到達度に関係している。物質的資源の欠如は学習の妨げになる。少人数クラスと学習到達度、図書館と学習到達度に関しては、正負さまざまな関係が見られる。[22]

　従来の研究のメタ分析[23]により、学校要因の有用性が示されている。そのメタ分析とは、開発途上国で、学校と教師の資源が学生の学習到達度に与える影響を計算するために、実験的・半実験的研究を行った質の高い研究を検討した。その結果、学校の質と学習到達度は関係していることがわかる。教科に対する教師の知識、学校で過ごす時間がより長いこと、個人指導も高い学習到達度と関連している。

3．手　法

　OECDが行っているPISA研究の目的は、世界の多数の国の教育制度の効率を評価することである。特に、PISA研究は、義務教育終了に近づいている15歳の学生が、社会に参加するのに必要な知識と技能をどの程度身に着けているかを評価するのが目的である。

　PISAのデータには、学生の関与効果を検討するのに有益な側面がある。学生のバックグランドを評価し特徴づける総合的評価基準はもとより、異なる形式の関与の仕方に関連するアンケート事項が数多くあることは重要だ。

　PISAは2009年前期に、15歳の学生に算数、科学、読解力のテストを行った。OECDは個々の科目分野において「技能」としての評価に焦点をあてていると説明している。テストの得点は項目反応理論によって計算され、特定の評価項目群の問題に対する正答の加重平均として計算された。問題の評価難易度はそ

の加重である。得点は国際平均（全 PISA 諸国の平均）500 と標準偏差 100 によって標準化される。これらの加重得点によって、その科目における学生の能力を十分測ることができる。

PISA のデータは入れ子にされている。つまり、学校群の中に学生群を集めて一団になっており、マルチレベル分析戦略が必要になる。[24] 本章では、対象学校が有意に関連しているのか否かを見ることができる制御因子にさまざまな結果のマルチレベル回帰を活用する。

本章では学業の到達度とその予測判断材料の関係を説明する変量切片マルチレベルモデルを以下のように規定している。予測判断材料には、学校内（個別レベル）と学校間（学校レベル）の二つのタイプがある。以下の式において、下付き文字 i は学生個人を指し、下付き文字 j は学校を指す。

$$個別レベル: Y_{ij} = \beta_{0j} + \beta_k X_{k,ij} + \varepsilon_{ij}$$
$$学校レベル: \beta_{0j} = \gamma_{00} + \gamma_m X_{m,j} + u_j,$$

（この式で、k=1…K, とは個別レベル予測判断材料の数を示す。m=1…M, とは学校レベルの予測判断材料の数を示す。$\varepsilon_{ij} \sim N(0, \sigma\varepsilon2)$ は学生レベル残差である（学校 j における学生 i）。$u_j \sim N(0, \sigma u2)$ は学校レベル残差である（学校 j）。

結果 Y（学校 j における学生 i）とこの枠組みにおける予測判断材料の関係を定義するマルチレベルモデルは以下の式で示される。

$$マルチレベルモデル: Y_{ij} = \gamma_{00} + \gamma m X_{m,j} + \beta_k X_{k,ij} + u_j + \varepsilon_{ij}$$

複合残差期間 $(u_j + \varepsilon_{ij})$ は学校間残差 (u_j) と学校内残差 (ε_{ij}) の和であり、データセットの構造に調整するのに必要な変量効果を確認する。この分析構造によって、関与と結果の関係を正確に確認できる。

本章は日米比較に焦点をあて、以下のように PISA における各学生の結果に対する二つのモデルを評価する。モデル 1 は予測判断材料を全く含まず（無条件ミーンズモデル）、モデル 2 は個別レベルと学校レベルの両方の予測判断材料

を含む（完全仕様）。以下にこれらの予測判断材料に関して詳細を示している。これらのモデルには学生レベルと学校レベルの加重が含まれている。[25]

4．サンプルと変数

A. 結　果

PISA プログラムのもとで、学生たちは数学、国語、科学の試験を受ける。各科目性能尺度として、五つの推算値（plausible value）[26]を各学生に付与する。これらの推算値は高い相関性があるが若干異なるもので、学生が潜在的に持っているさまざまな能力を表している。私たちの分析では、3科目における到達レベルを予想する変数のパラメーターと標準誤差[27]の最終的な推定値の計算に関して OECD の指示に従っている。

B. 学習環境

本章は学生の学習環境に関する4指標を構築している。各指標、各国に対して、本章は主成分分析を適用し、第一要因もしくは対象物の不一致を最も多くとらえた要因を残す。この過程の詳細と各指標を構成するものは付録に含めている。

学校への関与―学生が自分たちの後の人生で役にたつトピックを学校が強調していると感じているか否か、決定を下すツールを育むのに学校が役にたっていると学生が感じているか否かに焦点を絞り、学校で学んだことの有用性に関する学生の認識を評価する四つの質問への回答から測定された。有用性があるか否かを評価していた。指標が高ければ、学生が学校を高く評価しているということと関連している。

教師との関与―教師との関与は、学校における学生―教師関係の学生の認識に関して説明している五つの事項に対する学生の回答に基づく。この指標が高いと、学生は教師との関係がよいと認識しており、教師が学生生活や成績に関心を持ってくれていると感じていることを示唆している。

資源―私たちは校長へのインタビューを用い、学校の資源に関して二つの異

なった測定を行う。一つはスタッフ等人的資源にかかわるもので、もう一つは施設や用具にかかわるものである。両方とも、質問の中心は資源の質やレベルが学生の活躍に与える影響の程度に関する校長の認識に関するものである。スタッフに関しては六つの質問で、施設や用具に関しては七つの質問で評価する。

C. 予測変数／制御

1．個人レベル変数

社会経済的状況—PISA2009用の経済、社会、文化的地位（ESCS）の指標は、学生が報告した家族背景に関連する三つの変数から主成分分析することで得られる（平均値は0、標準偏差は1）。三つの変数は最高の親の教育（ISCED分類に応じた教育年数）、最高の親の職業（HISEIスコア）、および家庭内の蔵書を含む自宅保有者数である。PISAデータから直接所得を計算できないので、家庭用品を家族の資産の代用として使う。

性—学生関与に関して、PISAの研究でジェンダーは重要な制御変数である。[28] 学生に自主的に男性か女性かを報告させる。

年齢—PISA2009データベースに含まれている変数としての年齢は、学生が評価される中間の月と年および年と月で表現される誕生日の月と年の差で計算された。本章では、導出変数、つまり各学生の年齢とその人の国の平均年齢の差を表す真ん中の年齢を利用する。

家族構成—学生の家庭タイプの影響を把握するために、本章では学生が両親と住んでいるかそれ以外の家庭かという、PISAデータベースに含まれている変数を用いた。

移民—学生は自分と両親が生まれた国を報告した。この情報はOECDによって移民背景指標に要約され、データベースに含まれていた。学生と少なくともどちらかの親がその国で生まれるか、学生が外国で生まれても、少なくともどちらかの親がその国で生まれていれば、学生は「ネイティブ」と分類される。学生が一世か二世の場合は移民と分類される。

学年レベル—15歳（アメリカでは10年生）の学年レベルの最頻値より低いか、その値か、高いかの指標。この変数は学生の自主的報告、各国の教育レベルお

よび学年を基にして、OECDによって構築されている。

テストの言語を話す―学生が自分の第一言語としてテストで使われている言語とは異なる言語を話しているか否かを示す指標。

D. 学校レベル変数

学校レベル変数は学校長が作成するレポートから抽出するもので、以下のようなことが含まれる。

学校の場所―学校が田舎や村（3000人未満）にあるのか、小さな町（3000人以上15000人未満）にあるのか、町（15000人以上10万人未満）にあるのか、市（10万人以上100万人未満）にあるのか、大都市（100万人以上）にあるのかを示すダミー変数。私たちの分析では大都市の分析を省いた。

学校のタイプ（私立）―学校が私立か公立かは学校長の報告に基づく。
学校の学生数―学校に在籍する学生の数を表す連続変数。
学校選択指標―学生の入学が許可された時、その学校の学業成績やフィーダー・スクールの奨励を検討する度合いの測定する指標。
教師対学生比率―学校の登録学生数を全教員数で割ると得られる指標。計算時には、非常勤教師は0.5、フルタイム教師は1.0と数える。
有資格教師の比率―ISCED 5A資格、つまり修士号もしくは同等の資格を持っている教師の比率と同じ。

5．結　果

学習環境の尺度は学業成績を決める重要な要因だが、その関係の強さや方向性は文脈によって異なる。学習環境は学業成績に影響を及ぼすだろうが、どの程度の影響を及ぼすか（両者の関係が統計的に有意なのか否か）は、日米両国の間で異なる。

A. 諸国の叙述的性質

学習環境と学業成績の関係を比較する前に、構造、文脈、性質面の相違を調べるために両国の特質のサンプルを比較することは有益だ。このデータは表1を参照。

表1 それぞれの国の記述統計学

	日　本 (N=5,606)		米　国 (N = 4,202)	
	平均値	標準偏差	平均値	標準偏差
個人レベルの変数				
女子学生	0.49	0.50	0.49	0.50
学年 (*)	該当なし	該当なし	0.10	0.55
両親と在住	0.84	0.36	0.73	0.44
移民者	0.01	0.11	0.26	0.44
第一言語がテストで使用された言語以外	1.00	0.05	0.87	0.33
年齢 (**)	15.78	0.29	15.79	0.30
ESCS (経済、社会性、文化地位指標)	0.00	1.00	0.03	1.01
学校レベルの変数				
私立学校	0.29	0.45	0.08	0.28
場所1: 村	該当なし	該当なし	0.13	0.34
場所2: 小さな町	0.02	0.14	0.17	0.38
場所3: 町	0.29	0.45	0.33	0.47
場所4: 市	0.48	0.50	0.26	0.44
場所5: 大都市 (***)	0.21	0.41	0.11	0.31
学校の規模	751.46	366.02	1387.38	855.14
学校選択指標	2.87	0.36	1.84	0.83
生徒と教師の割合	12.30	4.78	16.18	5.27
生徒の態度の指標	0.62	0.90	-0.18	0.77
有資格教師の割合	0.98	0.04	0.96	0.16
指　標				
教師の関与性	0.01	1.00	0.02	0.98
学校への関与性	0.00	1.00	0.01	1.00
人的弊害	0.02	0.93	-0.01	0.91
施設面の弊害	-0.01	0.97	0.05	0.95

(*) モデルと比較した学年
(**) モデルと比較した学年
(***) 省略項目

全体的にみると、学生と学校の特質に関しては類似しているが、大きな相違もある。たとえば、外国で生まれた学生の比率は日本（1.3％）よりもアメリカ（26.3％）の方が圧倒的に多い。表1によると、学校の特徴にもかなりの違いがみられる。私立学校に通っている学生の比率はアメリカ（8.3％）よりも日本（28.6％）の方がかなり多い。平均的な対学生教師比率は日本の方が低いが、有資格教師の割合はよく似ている。平均的な学校の規模はさまざまだが、平均学生数は、アメリカ（1387人）は日本（751人）のほぼ2倍だ。日本において「使われている他の言語」と「有資格教師の割合」変数ほとんど変わらないので、これらの変数は下記の回帰モデルでは使われていない。

　表1の最後の区画は、学生の成績の結果および推測変数として、私たちの分析で用いられた4つの指標の平均国値を示している。各国内で、これらの基準化変数の中央値を0に近くし、標準偏差を1に近くするように設計した。しかし、図1に示されているように、範囲と分布はさまざまだ。最上段の数字は日米各国における教師との関与の値を示している。分布はアメリカ（狭い）と日本（広い）では若干異なる。同様に、学校との関与の分布もアメリカより日本の方が広い。このことは、学校に関する日本人学生の意見の幅は大きいということを示している。一番下の二つの区画は、障害に関係する二つの尺度の分布のヒストグラムを示している。両方に関して、日米の間で若干の違いはあるものの、かなり類似している。

　全体としてみると、表1と図1のデータは国による類似点と相違点が示されている。私たちの分析における次のセクションでは、四つの指標の各々を調べている多変量モデルを紹介する。

図1　教師との関与性、学校風土、学業妨害の国別度数分布図

教師の関与性

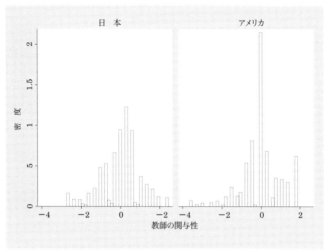

備考：正または大きな数値の指標は教師への好感度を示す

学校への関与性

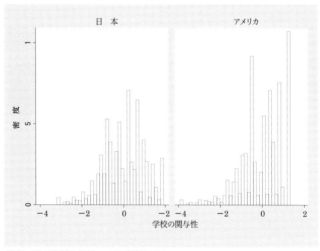

備考：正の指標は学校への好感度を示す

不十分な人員による弊害

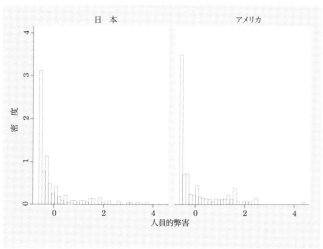

備考:正または大きな数値の指標は校長が教師不足等、人員の不足を感じている

不十分な施設による弊害

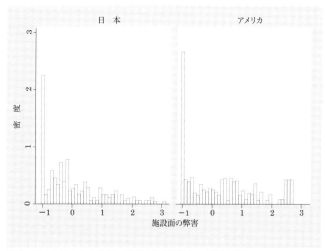

備考:正または大きな数値の指標は校長が弊害の不足を感じている

B. 関与と環境の予測

　数多くの社会的人口要因と教師および学校に対する学生の関与の関係の相違を検討し、結果としての学業成績を悪くさせる学校の人事と施設の要因を分析する。本章では日米で異なるモデルを見立てる。表２に結果を示している。

　表２の最初の区画には教師との関与を予測するモデルの結果が含まれている。両国ともいくつかの関係はかなり一致している。たとえば、両親と暮らしている学生は、他の状況下で暮らしている学生よりも教師との関与のスコアが高い。さらに、女子学生と裕福な家庭の学生の方がスコアは高い。

　教師との関与を予測するモデルでは顕著な違いも見られる。たとえば、日本では学校の登録者数は正の影響を与えるが、アメリカでは負の影響を与える。アメリカでは私学に通っていた学生の方が、教師との関係は親密でよいものだが、日本ではそうなっていない。有資格教師の割合が教師との関与にあまり影響を与えていない。

　表２の第二番目の区画は、同じ推測変数を用いて、学校との関与を検討するモデルの結果を示している。教員との関係に関しては、裕福な家庭および男子学生と比較すると女子学生の方が学校との係りは深いという点では、どの国にも共通点がある。アメリカでは、厳選された学校に通う学生は、学生の関与を重要視するが、日本ではそうではない。日本では、私学の学生は学校との関係を重視する。しかし、日本の私学の学生とアメリカの公立学校の学生の間に相違はない。両方の関与形態を予測するモデルは、調整済みの決定係数が低い。つまり、このモデルでは日米の相違を説明できない。表では、異なる要因と学校・教師との関与の間に有意性があることを示しているが、全体としてみれば、私たちのモデルでは十分説明できない。

　表２Ｃと２Ｄは二つの障害となるものを予測したモデルである。これらのモデルで観察された重要な関係は、想定内のものもあれば、そうでないものもある。予測されたものの例としては、日米両国とも、学生－教師比率は有意に正の関係を持っている。学生－教師比率が高いということは全体的にリソースが少ないということと関連することが多く、適切な人員配置に関する管理者の認識にかかっている。予測されていないものの例としては、人員による弊害変数

表2A: 予測される関与性と風土 – 教師との関与性

変　数	日本 教師の関与性 B, (標準誤差)	ベータ (標準化)	アメリカ 教師の関与性 B, (標準誤差)	ベータ (標準化)
女子学生	0.075*** (0.027)	0.038	0.090*** (0.030)	0.046
モデルと比較した学年レベル			0.052 (0.032)	0.028
両親と在住	0.109*** (0.038)	0.040	0.151*** (0.035)	0.068
移民学生	-0.004 (0.117)	-0.000	0.011 (0.044)	0.005
			-0.063 (0.059)	-0.021
年齢（中央化）	0.068 (0.046)	0.020	0.022 (0.059)	0.007
私立学校	0.024 (0.032)	0.011	0.256*** (0.072)	0.058
ESCS（経済、社会性、文化地位指標）（標準化）	0.060*** (0.014)	0.060	0.098*** (0.017)	0.099
村			-0.061 (0.071)	-0.022
小さな町	0.188* (0.101)	0.026	0.009 (0.062)	0.003
町	0.062 (0.040)	0.028	-0.016 (0.054)	-0.008
市	0.017 (0.035)	0.009	-0.023 (0.057)	-0.010
学校の規模	0.000*** (0.000)	0.087	-0.000** (0.000)	-0.048
学校選択指標	-0.026 (0.039)	-0.009	-0.010 (0.020)	-0.008
生徒と教師の割合	0.003 (0.004)	0.013	0.005 (0.003)	0.025
有資格教師の割合			-0.109 (0.095)	-0.017
不変数	-0.295** (0.119)		0.029 (0.148)	
観測値	5,606		4,202	
R-2乗値	0.021		0.033	
修正済R-2乗値	0.0187		0.0290	

*** p<0.01, ** p<0.05, * p<0.1

表2B: 予測される関与性と風土 – 学校への関与性

変　数	日本 教師の関与性 B, (標準誤差)	ベータ (標準化)	アメリカ 教師の関与性 B, (標準誤差)	ベータ (標準化)
女子学生	0.128*** (0.027)	0.064	0.120*** (0.031)	0.060
モデルと比較した学年レベル			0.015	0.008
両親と在住	0.035 (0.038)	0.013	0.120*** (0.036)	0.054
移民学生	-0.109 (0.118)	-0.012	0.060 (0.045)	0.026
第一言語がテストで使用された言語以外			-0.054	-0.018
年齢（中央化）	0.027 (0.047)	0.008	0.011 (0.060)	0.003
私立学校	-0.071** (0.032)	-0.031	0.098 (0.073)	0.022
ESCS（経済、社会性、文化地位指標）（標準化）	0.049*** (0.014)	0.049	0.084*** (0.017)	0.084
村			-0.100 (0.072)	-0.036
小さな町	0.165 (0.102)	0.023	-0.038 (0.063)	-0.014
町	0.107*** (0.040)			
市	0.078** (0.036)	0.039	0.033 (0.058)	0.014
学校の規模	0.000 (0.000)	0.012	-0.000 (0.000)	-0.025
学校選択指標	-0.070* (0.039)	-0.026	0.035* (0.021)	0.029
生徒と教師の割合	-0.001 (0.004)	-0.007	-0.002 (0.003)	-0.008
有資格教師の割合			0.042 (0.097)	0.007
不変数	0.052 (0.120)		-0.126 (0.151)	
観測値	5,606		4,202	
R-2乗値	0.009		0.023	
修正済R-2乗値	0.00726		0.0196	

*** p<0.01, ** p<0.05, * p<0.1

表2C: 予測される関与性と風土 – 人員による弊害

変　数	日本 教師の関与性 B, (標準誤差)	ベータ (標準化)	アメリカ 教師の関与性 B, (標準誤差)	ベータ (標準化)
女子学生	-0.038 (0.024)	-0.021	0.059** (0.027)	0.032
モデルと比較した学年レベル			-0.100*** (0.029)	-0.057
両親と在住	0.028 (0.035)	0.011	-0.043 (0.031)	-0.021
移民学生	0.147 (0.107)	0.018	0.069* (0.039)	0.032
			-0.075 (0.053)	-0.026
年齢（中央化）	-0.014 (0.042)	-0.004	0.058 (0.052)	0.018
私立学校	0.378*** (0.029)	0.183	0.092 (0.064)	0.022
ESCS（経済、社会性、文化地位指標）（標準化）	-0.004 (0.013)	-0.005	-0.101*** (0.015)	-0.108
村			-0.580*** (0.063)	-0.220
小さな町	-0.415*** (0.092)	-0.062	-0.291*** (0.055)	-0.116
町	-0.066* (0.037)	-0.033	0.147*** (0.048)	0.073
市	0.093*** (0.032)	0.051	-0.169*** (0.051)	-0.076
学校の規模	-0.001*** (0.000)	-0.254	-0.000*** (0.000)	-0.260
学校選択指標	0.070** (0.035)	0.028	-0.050*** (0.018)	-0.044
生徒と教師の割合	0.014*** (0.004)	0.072	0.026*** (0.003)	0.141
有資格教師の割合			-0.103 (0.085)	-0.017
不変数	-0.005 (0.109)		0.343*** (0.132)	
観測値	5,606		4,202	
R-2乗値	0.054		0.107	
修正済R-2乗値	0.0521		0.104	

*** $p<0.01$, ** $p<0.05$, * $p<0.1$

表 2D: 予測される関与性と風土 – 施設による弊害

変　数	日本 教師の関与性 B, (標準誤差)	ベータ (標準化)	アメリカ 教師の関与性 B, (標準誤差)	ベータ (標準化)
女子学生	-0.093***	-0.048	0.033	0.017
	(0.025)		(0.028)	
モデルと比較した学年レベル			-0.044	-0.025
			(0.030)	
両親と在住	-0.067*	-0.025	-0.048	-0.022
	(0.035)		(0.033)	
移民学生	0.075	0.009	0.014	0.006
	(0.110)		(0.042)	
			0.021	0.007
			(0.055)	
年齢（中央化）	-0.055	-0.016	0.121**	0.038
	(0.043)		(0.055)	
私立学校	-0.490***	-0.224	-0.173**	-0.041
	(0.030)		(0.067)	
ESCS（経済、社会性、文化地位指標）（標準化）	-0.053***	-0.055	-0.080***	-0.084
	(0.013)		(0.016)	
村			0.276***	0.103
			(0.066)	
小さな町	-0.288***	-0.041	0.586***	0.232
	(0.095)		(0.058)	
町	0.035	0.016	0.605***	0.297
	(0.038)		(0.051)	
市	0.255***	0.132	0.666***	0.296
	(0.033)		(0.054)	
学校の規模	0.000*	0.035	-0.000***	-0.233
	(0.000)		(0.000)	
学校選択指標	-0.029	-0.011	-0.039**	-0.034
	(0.036)		(0.019)	
生徒と教師の割合	-0.004	-0.017	0.027***	0.147
	(0.004)		(0.003)	
有資格教師の割合			0.059	0.010
			(0.089)	
不変数	0.167		-0.499***	
	(0.112)		(0.139)	
観測値	5,606		4,202	
R-2乗値	0.077		0.094	
修正済R-2乗値	0.0749		0.0909	

*** p<0.01, ** p<0.05, * p<0.1

において、私立学校という変数が日本では有意に正の関係を持っている（アメリカでは統計的に有意ではない）ことだ。この点は、私学においては校長の期待が大きいということも関わっている。経済的に豊かな家庭の学生は、人員・施設どちらの障害要因もスコアが低い。施設による弊害に関して、日米両国とも、私立学校という変数は統計的に有意な負の関係を持っている。

初期のモデル同様、文脈を越えて関係がある場合もある。たとえば、日本では学校選択制は重要ではないが、アメリカでは負の関係がある。これに反して、日本では、女子学生および両親と同居している学生は施設による弊害の点数が低いが、アメリカではこの関係は統計的に有意ではない。

総括すると、表2で示されている概数は、個人レベル／学校レベル要因と学校の環境とリソースの四つの尺度の関係において、文脈を越えた重要な類似点と相違点を示している。私たちの分析の最終段階でこれらの尺度が学生の成績のばらつきを説目することができるのか否か、説明できるのであればどの程度説明できるのかという点を吟味する。

C. 学生の成績を予想する

二つのモデルを吟味する。一つは推測変数を全く含めていないモデルで、もう一つは個人レベルと学校レベル尺度をすべて含めたモデルである。最初のモデルでは、国ごとに結果における学校間差の量を推測し、二番目のモデルでは、推測変数と結果の関係だけではなく、このモデルによって各結果の差をどの程度説明できるかも評価する。表3がその結果である。

個人レベル／学校レベル推測変数と読解スコアの関係はほぼ予想通りで、従来の研究結果が正しいことがわかる。日米両国とも、教師との関与は読解、数学、科学の成績において有意に正の関係を持っている。しかし、学校との関与に関しては、アメリカでは読解成績に正の関係を持っているが、日本で有意の関係はない。アメリカでは、学校との関与は数学と科学の成績に統計的に有意な関係はない。国ごとの級内相関係数（ICC）の変化を吟味すると、表3の数値が示すように、読解スコアは日本の40％、アメリカの11％だが、学校間の相違が原因になっている。これらのモデルを使えば、PISA評価における学生

表3A: 読解力テスト

| | 読　解 | | | |
| | 日　本 | | 米　国 | |
	モデル1	モデル2	モデル1	モデル2
女子学生		28.712		21.396
		2.828		5.063
モデルと比較した学年レベル				47.318
				6.005
両親と在住		-4.072		15.128
		3.961		4.417
移民学生		-22.010		-4.918
		15.339		8.144
				11.082
				8.330
年齢（中央化）		10.066		-36.628
		5.672		13.377
私立学校		-34.942		58.116
		12.396		15.994
ESCS（経済、社会性、文化地位指標）（標準化）		5.054		17.386
		2.028		2.560
村				34.430
				17.869
小さな町		-10.794		27.124
		22.697		16.052
町		-4.152		26.728
		19.266		15.185
市		-20.576		24.214
		16.944		19.445
学校の規模		0.156		0.014
		0.040		0.012
学校選択指標		-34.552		7.204
		13.205		6.105
生徒と教師の割合		-3.904		-2.338
		2.639		0.512
有資格教師の割合				10.284
				8.008
教師との関与性		12.110		6.694
		1.464		2.071
学校への関与性		-1.624		6.032
		1.705		2.431
人的弊害		6.640		-13.282
		5.141		4.319
施設面の弊害		-7.612		5.092

			5.996		5.303
不変数		499.378	564.180	513.848	433.842
		7.683	43.097	12.515	25.409
観測値			5,606		4,202
グループ数			181		139
ICC級内相関係数（リスト1）			0.395		0.114
-2対数尤度			-1.08E+06		-3.32E+06
自由度			16		20

係数と頑健性の標準誤差

表3B: 数学テスト

	数　　学			
	日　本		米　国	
	モデル1	モデル2	モデル1	モデル2
女子学生		-18.634		-25.904
		2.648		4.801
モデルと比較した学年レベル				46.566
				5.619
両親と在住		1.092		12.556
		3.390		5.071
移民学生		-11.044		-8.664
		15.314		8.873
				8.160
				8.450
年齢（中央化）		6.764		-32.046
		5.727		10.248
私立学校		-37.562		58.848
		12.671		14.998
ESCS（経済、社会性、文化地位指標）（標準化）		2.162		16.430
		2.118		2.993
村				53.042
				16.013
小さな町		1.848		35.184
		23.793		13.914
町		-1.494		35.950
		20.405		12.874
市		-24.018		23.352
		18.109		15.911
学校の規模		0.168		0.016

	日本 モデル1	日本 モデル2	米国 モデル1	米国 モデル2
		0.035		0.012
学校選択指標		-40.872		7.330
		12.557		5.405
生徒と教師の割合		-3.732		-2.750
		2.309		0.617
有資格教師の割合				40.774
				13.302
教師との関与性		7.786		4.946
		1.240		1.829
学校への関与性		1.680		3.914
		1.602		2.092
人的弊害		8.018		-7.856
		5.325		3.810
施設面の弊害		-8.760		0.946
		5.539		5.026
不変数	507.154	599.264	504.884	418.406
	7.792	38.707	11.911	27.267
観測値		5,606		4,202
グループ数		181		139
ICC級内相関係数（リスト1）		0.462		0.137
-2対数尤度		1.06E+06		3.28E+06
自由度		16		
係数と頑健性の標準誤差				20

表 3C: 科学テスト

	科　　学			
	日　本		米　国	
	モデル1	モデル2	モデル1	モデル2
女子学生		28.712		21.396
		2.828		5.063
モデルと比較した学年レベル				47.318
				6.005
両親と在住		-4.072		15.128
		3.961		4.417
移民学生		-22.010		-4.918
		15.339		8.144
				11.082
				8.330
年齢（中央化）		10.066		-36.628
		5.672		13.377

私立学校		-34.942		58.116
		12.396		15.994
ESCS（経済、社会性、文化地位指標）（標準化）		5.054		17.386
		2.028		2.560
村				34.430
				17.869
小さな町		-10.794		27.124
		22.697		16.052
町		-4.152		26.728
		19.266		15.185
市		-20.576		24.214
		16.944		19.445
学校の規模		0.156		0.014
		0.040		0.012
学校選択指標		-34.552		7.204
		13.205		6.105
生徒と教師の割合		-3.904		-2.338
		2.639		0.512
有資格教師の割合				10.284
				8.008
教師との関与性		12.110		6.694
		1.464		2.071
学校への関与性		-1.624		6.032
		1.705		2.431
人的弊害		6.640		-13.282
		5.141		4.319
施設面の弊害		-7.612		5.092
		5.996		5.303
不変数	499.378	564.180	513.848	433.842
	7.683	43.097	12.515	25.409
観測値		5,606		4,202
グループ数		181		139
ICC級内相関係数（リスト1）		0.395		0.114
-2対数尤度		-1.08E+06		-3.32E+06
自由度		16		20

係数と頑健性の標準誤差

の成績の相違を説明できる。

　要約すると、数学と科学において学生のスコアを予測するモデルはすべて、国に関係なく、教師との関与が最も一貫した推測変数だった。この変数は、日米両国で有意で正の関係があった。学校との関与に関して、日本では有意ではなかったが、アメリカでは、読解、数学、科学のスコアで有意な関係が見られた。

6. 議　論

　2009年OECD学生のPISAのデータを分析することで、私たちは学生の成績に影響を与える一連の要因を見つけることができた。さらに、国によって学生の成績が異なる点に関しても、これら一連の要因がどのように作用しているのかもわかった。また、課題や教師を含む学校環境と生徒の関係を推定し変動を吟味したところ、いくつかの特徴は文脈全体においてほぼ一定なのに対し、学生の成績と関与するかは国によって変動が見られた。PISAの三項目においても日米両国で平均的に良好な生徒と教師の関係は生徒の成績向上に繋がるといえる。アメリカでの学校への関与と生徒の成績に関しては、読解力の項目では有意義に働いた。また、適切ではない人員による学業障害変数は日本での数学と読解力の項目で有意義ではあったが、アメリカの数学と科学の項目では負の影響があることを示した。不適切な施設と弊害の関係においてはどのモデルから見ても統計学的にはあまり重要ではないといえる。

　この研究では学校の特徴又は学校での指導と学習について主に焦点をあてているものであり、よって一部の個人又は家庭における課題外の教育や個人的なレッスン等がもし文脈全体に重大な変動を示すものがあれば、試験結果を左右する材料の誤りを測定範囲内で直す必要がある。またこの差が生み出す問題の重要性は明確ではないが、最近の発表によると重要性の高い一部の形式的な教育は、学校外であることが多くの国で確認された。また別の会見によると、学校への関与性と学校風土を調査する際の因子分析は国によって変動の材料にバラつきがでるとのこと。したがって、変動の出現率はこの統計のモデルには使用されてはいない。学生の成績と学校の環境の関係を正確に測りより明確な結

果を得るためには、これからも細心の吟味が促される。

　これらの影響の調査を続けるほか、新たな学生の成績に関わる要因の調査が将来的に必要であるといえる。この分析は学校が生徒の学習にどれだけ深く関係するかを示したものであるが、調査の余地が課題として残る。国際的分析の焦点、ランキングから調査対象の学校を厳格に絞り込み、その結果がどれだけ他国の生徒の学習の向上に役立つかを検討する必要がある。

付　録　合成変数の構成についての記述

以下が関与性に関する質問で使用された記述である。

1* 学校への関与性 (old st27q)

(STQ33) これまでの学校での学習について下記の項目でどの程度の範囲で同意しますか？

非常に反対 1
反対 2
賛成 3
強く賛成 4

a) 卒業後の自分の人生において学校は少し準備してくれた 1 2 3 4
b) 学校は時間の無駄であった 1 2 3 4
c) 学校は物事を決定する際の自信を与えてくれた 1 2 3 4
d) 学校は将来の仕事に役立つ情報を教えてくれた 1 2 3 4

指標を構成するにあたって使用されたこの質問は、回答の値が高ければ高いほど、学校への関与性も高いといえる。質問 a と b については学校側にとって不利益な質問であり、この回答の値が低ければ低いほど、学生が学校に対して

有意義に感じているといえる。例を挙げると、学校が学生の今後の人生において十分に準備したかという質問に対し、生徒の回答が反対だった場合、学校は少ししか準備していないととれる。また、学校が役に立つ場所かという質問に対して、生徒の回答が反対だった場合、学校は時間の無駄であったととれる。これらの質問は指標と負の相関性がある。質問cとdは学校側にとって有益な質問であり、従って指標と質問は正の相関性がある。

2* 教師との関与性 (old st26q)

(STQ34) 下記の項目において、あなたの学校の教師についてどれだけ同意又は反対しますか？

非常に反対 1
反対 2
賛成 3
強く賛成 4

a) ほとんどの教師と上手く付き合っている 1 2 3 4
b) ほとんどの教師が善い行いについて興味を持っている 1 2 3 4
c) ほとんどの教師が私の意見にしっかりと耳を傾けてくれる 1 2 3 4
d) 私が必要としている時、教師たちは手を差し伸べてくれる 1 2 3 4
e) ほとんどの教師は私を公平に扱ってくれる 1 2 3 4

指標を構成するにあたって使用されたこの質問は、回答の値が高ければ高いほど、教師との関与性も高いといえる。全ての質問は教師にとって有益な質問であり、従って指標と質問は正の相関性がある。

3 並びに 4 * 学業妨害の要因

(SCQ11) あなたの学校では下記の学業妨害にあたる項目のうちどの程度あてはまりますか？

全部で 13 の学業妨害にあたる要因のうち、約半分の質問（a-f）は人的要因であり、残り半分の質問（g-m）は施設面の要因である。

全く当てはまらない 1
少し当てはまる 2
そこそこ当てはまる 3
とても当てはまる 4

3* 人的弊害

a) 資格のある科学の教師不足１２３４
b) 資格のある数学の教師不足１２３４
c) テストで使用されている言語の資格のある教師不足１２３４
d) 他の科目において資格のある教師不足１２３４
e) 図書室の人員不足１２３４
f) その他のサポートに必要な人員不足１２３４

4* 施設面の弊害

g) 科学実験室において用具が不備または不足している１２３４
h) 教科書等の数学の学習に必要な教材が不備または不足している１２３４
i) 学習に必要なコンピューターが不備または不足している１２３４
j) インターネット環境が十分に整っていない１２３４

k) コンピューターソフトウェアが不備または不足している 1 2 3 4
l) 図書室の教材が不備または不足している 1 2 3 4
m) オーディオやビジュアル機器(テレビや音声レコーダー等)が不備または不足している 1 2 3 4

関与性と学業妨害の要因の指標は 4 − 7 の項目を合成し加重平均を使用し標準化したものである (平均値 =0, 標準偏差 =1)(上記参考)。また合成は主成分分析が用いられた。 学校または教師との関与性においての回答は、非常に反対＝ 1 、反対＝ 2 、賛成＝ 3 、強く賛成＝ 4 で示された。学業妨害の要因に関する回答は、全く当てはまらない＝ 1 、少し当てはまる＝ 2 、そこそこ当てはまる＝ 3 、とても当てはまる＝ 4 で示された。

注
1) OECD. (2011). *Strong Performers and Successful Reformers in Education: Lessons from PISA for the United States.* OECD Publishing.
2) Markus, H.R., & Kitayama, S. (1991). "Cultural variation in the self concept," In J. Strauss & G.R. Goethals (Eds.) , *The self: Interdisciplinary approaches* (Springer-Verlag): Markus, H.R., & Kitayama, S. (1991)."Culture and the self: Implications for cognition, emothion, and motivation," *Psychological Review*, 98.
3) Iyengar, S.S., & Lepper, M.R. (1999). "Rethinking the value of choice: A cultural perspective on intrinsic motivation," *Journal of Personality and Social Psychology*, 76 (3) ; Kitayama, S., Markus, H.R., Matsumoto, H. & Norasakkunkit, V. (1997). "Individual and collective processes in the construction of the self: Self-enhancement in the United States and self-criticism in Japan," *Journal of Personality ans Social Psychology*, 72 (6) .
4) Kitayama, S., Markus, H.R., Matsumoto, H. & Norasakkunkit, V. (1997). "Individual and collective processes in the construction of the self."
5) Lewis, C.C. (1995). *Educating hearts and minds: Reflections on Japanese preschool and elementary education* (Cambridge, England: Cambridge University Press) .
6) Finn, J. D. (1989). "Withrdawing from School," Review of Educational Research, 59(2) ; Wehlage, G. G., Rutter, R. A., Smith, G. A., Lesko, N., & Fernandez, R. R. (1989). *Reducing the risk. Schools as communities of support* (The Falmer Press); Fredricks, J. A., Blumenfeld, P. C., & Paris, A. H. (2004). "School engagement: potential of the concept, state of the evidence," *Review of Educational Research, 74* (1) ; Weiss, C.C. & Garcia, E. (2014). "Student Engagement and Academic Performance in Mexico: Evidence and Puzzles from PISA," *The Comparative Education Review 59* (2)(May 2015) .

7）概説としては以下を参照。Appleton, J. J., Christenson, S. L., & Furlong, M. J. (2008). "Student Engagement with School: Critical Conceptual and Methodological Issues of the Construct," Psychology in the Schools, 45(5) ; Fredricks, J. A., Blumenfeld, P. C., & Paris, A. H. (2004). "School engagement: potential of the concept, state of the evidence," Review of Educational Research, 74(1) .
8）National Research Council and the Institute of Medicine (2004). *Engaging Schools: Fostering High School Students' Motivation to Learn*. Committee on Increasing High School Students' Engagement and Motivation to Learn. Board of Children, Youth, and Families. Division of Behavioral and Social Sciences and Education (The National Academies Press) .
9）Roderick, M. R. (1993). *The path to dropping out : evidence for intervention* (Auburn House).
10）Fredricks, J. A., Blumenfeld, P. C., & Paris, A. H. (2004). "School engagement"; Janosz, M., LeBlanc, M., Boulerice, B. & Tremblay, R. (2000). "Predicting different types of school dropouts: A typological approach with two longitudinal samples," *Journal of Educational Psychology, 92* (1) ; Newmann, Fred M. (1992). "The significance and sources of student engagement," In F. M. Newmann (Ed.), *Student engagement and achievement in American secondary schools* (Teachers College Press).
11）Ibid.
12）Weiss, C.C. & Garcia, E. (2014). "Student Engagement and Academic Performance in Mexico."
13）Willms, J. D. (2003). *Student engagement at school a sense of belonging and participation : results from PISA 2000* (OECD) .
14）Bishop, J. (2006). "Drinking from the fountain of knowledge: Student incentive to study and learn-externalities, information problems and peer pressure," *Handbook of the Economics of Education, 2.*
15）Weiss, C.C. & Garcia, E. (2014). "Student Engagement and Academic Performance in Mexico."
16）Finn, J. D. (1989). "Withrdawing from School."
17）Davis, H. A. (2003). "Conceptualizing the role and influence of student-teacher relationships on children's social and cognitive development," [Review]. *Educational Psychologist, 38* (4) ; Birch, S. H., & Ladd, G. W. (1997). "The teacher-child relationship and children's early school adjustment," *Journal of School Psychology, 35* (1) ; Murdock, T. B. (1999). "The social context of risk: Status and motivational predictors of alienation in middle school," *Journal of Educational Psychology, 91* (1) .
18）Battistich, V., Solomon, D., Watson, M., & Schaps, E. (1997). "Caring school communities," [Proceedings Paper]. *Educational Psychologist, 32* (3) ; Ryan, A. M. (2001). "The peer group as a context for the development of young adolescent motivation and achievement," *Child Development, 72* (4); Wentzel, K. R. (1997). "Student motivation in middle school: The role of perceived pedagogical caring," *Journal of Educational Psychology, 89* (3) ; Wentzel, K. R., Battle,

A., Russell, S. L., & Looney, L. B. (2010). "Social supports from teachers and peers as predictors of academic and social motivation," *Contemporary Educational Psychology, 35*(3).

19) Danielsen, A. G., Wiium, N., Wilhelmsen, B. U., & Wold, B. (2010). "Perceived support provided by teachers and classmates and students' self-reported academic initiative," *Journal of School Psychology, 48* (3) ; Murdock, T. B., & Miller, A. (2003). "Teachers as sources of middle school students' motivational identity: Variable-centered and person-centered analytic approaches," [Proceedings Paper]. *Elementary School Journal, 103* (4).

20) Regner, I., Loose, F., & Dumas, F. (2009). "Students' perceptions of parental and teacher academic involvement: Consequences on achievement goals," *European Journal of Psychology of Education, 24* (2).

21) OECD. (2011). *Strong Performers and Successful Reformers in Education.*

22) OECD. (2010). *PISA 2009 Results.*

23) Glewwe, P., E. Hanushek, S. Humpage, and R. Ravina (2014). "School Resources and Educational Outcomes in Developing Countries: A Review of the Literature from 1990 to 2010," in Glewwe, P. (2014). *Education Policy in Developing Countries* (The University of Chicago Press).

24) Bryk, A. S., Raudenbush, Stephen W. (1992). *Hierarchical linear models: applications and data analysis methods* (Sage).

25) This strategy is suggested by PISA (see Annex A3 in Volume IV http://www.oecd.org/pisa/keyfindings/pisa-2012-results-volume-IV.pdf)（2018 年 6 月 26 日アクセス）。

26) For a discussion about plausible values, see OECD. (2010). *PISA 2009 Results.*

27) See Ibid., pp. 118-119.

28) Willms, J. D. (2003). *Student engagement at school a sense of belonging and participation.*

第8章

大衆文化と東アジアの地域主義

ニシム・オトマズギン
(佐藤　晶子　訳)

　現代文化に根ざした研究は、地域がどのように形成されているか、その性質がどのようなものであるか、さらに基本的には、何が「地域」を構成しているのかという課題に対し新しい知見を提供する。本章では、アジア市場全体の大衆文化の解釈と普及における最近の展開例を詳細に見ることで、理論と実践の双方の観点から文化的ダイナミクスと地域主義／地域化の間にある関係を分析する。本章では以下の点に焦点を絞る。現代の文化的交流と生産は地域主義(国際的、トップダウンプロセス）と地域化（方向付けの無い地域的な相互作用の緻密化の拡大）に文化的な実体を与えたのか。「私たち (we-ness)」の文化的感覚を促進する上で、メディア・コングロマリットや起業家などの非国家主体の相対的重要性は何なのか。地域形成に対する文化的アプローチはどのように既存の地域文化・歴史研究と異なるのか、もしくは補完するのか。地域を定義する際に経済や安全保障を考えるのであれば、同様の視点で現代の文化的ダイナミクスを分析することができるのか。

1．東アジアの大衆文化は日本にとってどのような意味があるのか

　過去20年間、東アジアは、経済成長と活況を呈した都市の消費者主義に根ざした文化的ルネサンスを経験し、映画、ポップミュージック、アニメ、漫画、テレビ番組、ファッション雑誌やゲーム、食べ物、玩具、アクセサリーなどの

派生製品にいたるまで大衆文化製品の大規模な循環が行われてきた。この大衆文化の融合と「波」の多くはヨーロッパやアメリカ発祥だが、局所的、地域的に生産され、流通されているものも多い。中国、日本、韓国の大衆文化の融合は、特に、この数十年間で強化され、国や言語を異にする消費者に届くだけではなく、アジアから創造力豊かな人やアーティストを巻き込み、国境を越えた大衆文化の共同制作についてインスピレーションを与えてきた。その結果、東アジアの大都市では、他国の大衆文化製品が常に播種され、現地化し、ハイブリッド化し、消費されている。

　東アジアの大衆文化市場におけるこの劇的な発展の中には、人類学と文化研究で記録に留められ、分析されているものもある。本章は、グローバル化時代における大衆文化の融合の拡散に関する証言を提供し、大衆文化の実践と「意味」に関連する豊富な情報と分析を示す。また、大衆文化の再現性とイデオロギー的な側面に焦点をあてることとし、特に、韓国のテレビドラマ、日本のアニメ、香港映画の消費と受容、同定を取り上げる。圧倒的多数の研究の対象はこの種のメディアである。[1] 面白いことに、大衆文化の研究は、政治学や経済分野では無視されてきた。東アジアにおける大衆文化の流通と消費のネットワークやメカニズムが果たす建設的な役割に関する研究や、地域全体を通じて企業とコミュニティの橋渡しをしている文化的連携を分析した研究はほとんどない。[2] 東アジアの地域化に関する貿易、金融、産業技術の影響に関しては、広く分析されているが、大衆文化に関する研究はない。

　東アジアでは大衆文化の密集型循環がおこり、地域形成プロセスで建設的役割を果たす。この循環は地域形成の制度的側面、たとえば国境を越えた市場の創出とこのプロセスに関わる関係者すべて（企業、エージェント、プロモーター、流通業者、小売業者など）の協力関係に影響を及ぼすばかりでなく、東アジアの異なる国に住む、異なる国民が、同じ文化的製品を消費する経験に基づいたライフスタイルの共通性や概念の普及に影響を及ぼしている。大衆文化が特別な結合や関係を持ち、消費者間で共有する経験を創造する。大衆文化の循環によって東アジア人、特に都市住民は、新たな文化の領域に入り、共通の感覚を互いに持つ。こうして地域「コミュニティ」の理解が広がる。つまり、民族、国家、

地域所属が似通った人だけではなく、同じ文化的製品に触り、必然的に物の見方やライフスタイル、考え方を共有する異なる地域の人々のコミュニティになるのである。

　これは日本にとって何を意味するのだろうか。大衆文化（特にアニメやマンガ）が東アジアで広く受容されると、東アジアの若者は彼らが住む国の政府に干渉されることなく、所属している社会をベースとした「ソフト」な対話ができる。東アジア、特に韓国、中国の人々は大衆文化の話題になると、政府は関係なくなる。彼らはどのような映画を観て、どのような音楽を聴き、どのようなコミック本を読むかという事は自分たちで決定したいのだ。国境を越えたダイナミックな大衆文化市場は東アジアで進化してきたが、これは国家が積極的に介入すべきだということではない。東アジアの大衆文化市場の活力はまさに制御不能で、政府が介入しないという性質から発生している。

2．何が東アジアの「地域」を構成するのか

　アンソニー・ペインとアンドリュー・ギャンブルの従来の定義によると、[3]「地域主義とは、経済および政治路線によって定義された特定地域を再編成するように指定されている一国家または複数の国家が主導する事業」である。同様に、ホリー・ワイアット - ウォルターは、[4]「地域主義とは、国家または準国家地域の、より大きな地域の活動と取り決めを調整するための意図的政策である」と定義している。

　地域主義は、最初は近隣諸国間で顕著な貿易協定を意味したが、この傾向はすぐに通貨政策、開発戦略、安全保障、環境保護へと発展した。その結果、地域は政府とは異なる多くのアクターの活躍の場となった。[5] さらに地域の建設は、各国政府の強制、グローバリゼーションへの挑戦、意図的な選択など外圧の結果のみならず、特定の地理的地域内で起きる内因性の過程だった。[6] ジョセフ・ナイは、地域主義のさらに幅広い理解を示唆し、統合の概念は国境を越え経済の形成を意味する経済統合、国境を超えた社会の形成を意味する社会的統合、そして国境を超えた政治システムの形成を意味する政治的統合に分け

るべきであると主張している。[7]

　東アジアでは、「地域」に与えられた従来の定義が適用できなかった。一つには、欧州連合（EU）と比較すると、東アジアが世界でおそらく最も多様性の高い地域であることが挙げられる。[8]地理的にいえば、東アジアには多数の国と地域が含まれる。

　多様な国民、言語、信条、習慣が存在することを考えれば東アジアが一つにまとまった地域を構成していない事は明らかだ。しかし、この大きな違いにもかかわらず、東アジア諸国は過去30年にわたって経済的に成長し、政治的に親密な関係を築いてきた。これは、特に冷戦と二極化した世界システムの終結後に、[9]グローバル化への対応と挑戦が行われてきた結果である。[10]政治家や学者は、統合された地域社会の形成を予測し、その予測の正当性を立証する規範的な地域秩序を設計する、という野心的な見解を繰り返し議論してきた。[11]地域の協力体制が形成されるようになった。最も有名な例は、ASEANである。

3．大衆文化と地域の形成

　東アジアの大衆文化の地域的な流れ、特に都市部における流れを見ると、地域化が実際にどのように作用するのか、基本的には何が「地域」を構成しているのかに関する経験的・理論的な理解が高くなる。何が地域化の推進力で当事者なのかについては、従来の常識を覆すことになる。こうした調査から分かるのは、人の関心は国家や高度に制度化された諸協定から逸れ、文化指向性の高い商品の創造とマーケティングに関わるエージェンシーに関心を向けるようになっているということだ。大衆文化の普及と消費を推進する実際の運用とネットワークを調査すると、地域化は、ボトムアップ理論で解明されるだけではなく、企業の協力と連携、国境を超えた文化的プラットフォームの創造、製品の流通、政府の政策イニシアティブなど地域化の実施とプロセスに光を当てることになる。

　第二に、大衆文化は文化的な商品の消費によって活気づいた共有経験を提供することで、人々を親密に惹きつけるといった建設的な役割を果たしていると

いえる。大衆文化の商品化、生産、マーケティング、コピー、消費はそのプロセスに関与する企業と個人の協力関係を奨励するだけではなく、類似性や帰属の感覚を活性化し得る画像、思想、感情を流布する新たな枠組みを構築する。自由市場経済では、大衆文化のより密度が高い（そして管理されていない）循環は、個々の国家が文化の流入を制御する力を弱め、国家創造など、自分の目的のために文化を活用する努力を妨げる可能性を秘めている。大衆文化の普及は、東アジアの人々が音楽やスマートフォン、テレビ、映画、コミック本、商業広告やインターネットを通して、同じ音声、画像、文章で構成された共通言語を開発するのに役立つといえる。これらの商品や画像は、東アジアの人々に幅広く共有される限り、東アジア独自の物である必要はない。

　第三に、東アジアで数か国が大いに関与するようになり、大衆文化の地域内の流れを強化している。文化やメディア産業が商業的に成功すると、これらの産業は潜在的に利益を生み出す経済部門であり、「ソフトパワー」を手に入れる手段と考えられている。東アジアの数か国の政府による最近のイニシアティブは、国家が国家経済の中で大衆文化部門の成長を促すために積極的に介入し、輸出に依存する文化産業を開発することを示している。[12] 日本では、少なくとも13の省庁が何らかの形で「コンテンツ産業」の推進に従事している。[13] 2011年7月に経済産業省（METI）は、「クールジャパン」の海外推進を統括し、文化に関係する国内の中小企業のグローバル戦略遂行の支援をするため、省内にクリエイティブ産業課を設置した。韓国では、政府がインフラへの投資を行い、海外販売促進キャンペーンを支援することで、輸出産業としての「クリエイティブ産業」（音楽、映画、テレビなど）を推進している。[14]

4．嗜好の地域化

　世界の他の地域のように東アジアでも、アメリカの大衆文化が市場参入を続け、その製品は所得レベルが一定レベルに達している場所では、よく売れている。しかし、アメリカの文化パワーはそのグローバル性が突出しているにもかかわらず、地域の大衆文化も同時発生的に発展し、強化され、実質的には世

界の文化構造を分散化しており、東アジアの大衆文化シーンはアメリカの文化に支配され続けられることになるという考えを否定している。最も目立つのは、中国、日本、韓国の大衆文化であり、ヨーロッパ、南北アメリカ、中東にもその文化を楽しむ人がおりグローバル化しているが、最大の可視性と影響力は、地理的に東アジアに留まっている。[15]

　東アジアの域内貿易の成長と大衆文化の消費の伸びは、複数の社会文化および技術の変化に関連している。これは時間と金がある中産階級という多数の消費者層の出現、文化的なコンテンツを配信し、それがほとんど瞬時に消費されるソーシャルメディアの登場、DVDプレーヤーやスマートフォンなど大衆文化を消費するためにアクセス可能なデバイスの普及、「ソフトパワー」を達成しようする国の企みの一部としての文化の輸入に対する政治的制限の緩和を含んでいる。[16] こうした消費の伸びにより、大衆文化産業とその推進者だけでなく、企業家もすぐに手が届く国内市場を越えた新しい拡張の機会を探し求めることとなった。中国の大衆文化は数十年間文化の全体主義理解や中国共産党の意向に完全に服従することから解放されており、中国本土だけではなくアジアの他の地域における中国の経済圏においても栄えてきた。大規模な商業と強力な経済ネットワークによってもたらされた東アジアと中国の経済関係は、同様に中国の大衆文化の普及のためのインフラを提供している。逆に、アジアの消費者のフィードバックは中国の文化的創造性を促し、中国の産業界が外国市場にも関心を寄せるようになった。シンガポール、バンコク、マニラの地方新聞の文化とエンターテイメント部門は、アジア中から中国の音楽、テレビ、映画スターをとりあげ、汎アジア中国大衆文化が現実のものになっている。

5．東アジア地域に関する考察

　東アジアにおける大衆文化と地域化プロセスの関係から、重要な疑問点が出てくる。大衆文化は、「地域」に対する理解を深めるのに重要な現象なのだろうか。大衆文化は、東アジア地域に住む人々が、自分たちを特別な存在だと思えるほど重要なものだろうか。大衆文化の普及と受容に基づいた新たな地域概

念を生み出すことができるだろうか。大衆文化に関するこれまでの研究は、このような一連の疑問に対して、あまり取り組んでいない。地域に特定した文化的共鳴とアジア域内の流れの非対称性を認識しているものの、東アジアの大衆文化に関する研究は、研究と分析の単位として「地域」の適切な理論化を提供することができず、地域化のための大衆文化の含意を体系的に探索することもできなかった。たとえば、日本と韓国のテレビ番組の輸出に関する統計は、ネットワーキングおよび大衆文化の流れと消費のパターンに地理的範囲、適用範囲、そして限界があることを示唆している。しかし、地理的範囲に関しては、製品によって異なる傾向があり、この流れの密度と方向性も同じ傾向がある。このように「地域」という用語は便利だが、不安定な用語である。日本と韓国の大衆文化の流れは、インド市場では台湾、中国や東アジア地域の主要都市よりも可視性が少ないからである。

にもかかわらず、東アジア全体の大衆文化の普及と受容を見ることで、重要な結論を見出すことができる。第一に、市場原理がプロセスの中心にあり、新たな文化的な結合の建設を推進し、奨励している。東アジアの大衆文化の普及は、国家が直接導いたものではなく、本質的にボトムアップ作用の結果である。時には、国家の反対があっても市場原理によって普及していく。第二に、大衆文化の普及は、全国民一様に拡散していくのではなく、都市部の中産階級住民を中心に普及していく。この意味で、東アジア地域の大衆文化の受容は一様ではない。つまり都市部の中産階級は国境を越えた大衆文化のより多くの流れにさらされているので、農村部に住む人々よりも「地域化」が進んでいる。都市と人々の関連性は等しいプロセスではなく、社会的に選択的なものとなっている。第三に、大衆文化の地域間の流れを考慮に入れると、東アジア地域は広域東アジアや世界市場の経済的文化的発展から孤立はしていない。東アジアの文化圏でしか見られない、特定の大衆文化の流れや影響が集中しているのである。

大衆文化が東アジア、特に都市部に居住する多くの消費者の生活の中で中心的な役割を演じているという事実によって、地域作りは単なる制度化の問題ではなく、実際の行動が重要である。長年ライフスタイルを共有する方向に変わってきた人々の集団が積み重ねてきた習慣を通して、地域化を考えるべきだ。

その結果、アルダーとグレーヴェが論じたように、[17]地域の境界はその地域を構成する慣行であり、エミリア・カバルスキが「コミュニティの慣行[18]」と呼ぶ関係性によって決定される。大衆文化の普及と受容は、「コミュニティ」の概念に新たな意味を導入することになる。「コミュニティ」とは、国民国家に住んでいる人の集団や特定の民族や宗教に属する人の集団という意味だけではなく、大衆文化の流入や慣行によって奨励され、特定の行動や慣行によって結ばれた、異なる国の都市に居住する住民のことも指す。しかし、この定義では、台頭している都市の大衆文化消費文化を享受していない多くの人々を除外している。

要約すると、大衆文化に基づいて東アジア地域を概念化することは、地理学者と国際関係研究者が提供する従来のツールを超えることが必要であり、地域形成に影響を与える社会的・文化的習慣と行動の多様性を考慮した、方法論的に多元的なアプローチが必要である。さらに、地域やコミュニティを新たな方法で定義するある種の想像力と勇気が必要になるだろう。

注

1) Otmazgin, Nissim. 2008. "Japanese Popular Culture in East and Southeast Asia: A Time for a Regional Paradigm?" *The Asia Pacific Journal: Japan Focus*, February 8. http://japanfocus.org/-Nissim_Kadosh-Otmazgin/2660
2) Otmazgin, Nissim. 2013. *Regionalizing Culture: The Political Economy of Japanese Popular Culture in Asia* (University of Hawai'i Press), p. 3.
3) Payne Anthony and Gamble Andrew. 2004. *The New Regional Politics of Development*. London: Palgrave, p.16.
4) Wyatt-Walter, Holly. 1995. "Regionalism, Globalism and World Economic Order." In Regionalism and World Politics: *Regional Organization and International Order*, edited by Louise Fawcett and Andrew Hurrell, pp.74-121. Oxford University Press, p.77.
5) Hettne, Björn. 2005. "Beyond 'New' Regionalism." *New Political Economy* 10, no. 4 : pp.543-571.
6) Ibid., p.548.
7) Nye, Joseph. 1987. *Peace in Parts: Integration and Conflict in Regional Organization* (Little, Brown & Co.,).
8) Breslin, Shaun, and Richard Higgot. 2002. *New Regionalisms in the Global Political Economy*. Warwick Studies in Globalisation. Routledge. p.11.; Munakata, Naoko. 2006. *Transforming East Asia: The Evolution of Regional Economic Integration*. Brookings Institution Press. pp.3-4.

9）Mansfield, Edward D., and Helen V. Milner. 1997. "The Political Economy of Regionalism: An Overview." In *The Political Economy of Regionalism*, ed. Edward D. Mansfield and Helen V. Milner, pp.1-19. Columbia University Press.
10）Hettne, Björn, Inotai András, and Shukle Osvaldo, Eds. 1999. *Globalization and the New Regionalization*. Palgrave Macmillan Press.; Mittelman, James H. 1996. "Rethinking the 'New Regionalization' in the Context of Globalization." *Global Governance* 2: pp.189-213.; Oman, Charles. 1994. *Globalization and Regionalisation: The Challenge for Developing Countries*. Development Centre Studies. Development Centre of the Organization for Economic Co-operation and Development.
11）Acharya, Amitav. 2000. *The Quest for Identity: International Relations of Southeast Asia*. Oxford University Press.; Ba, Alice D. 2009. (Re) *Negotiating East and Southeast Asia: Region, Regionalism, and the Association of Southeast Asian Nations*. Studies in Asian Security. Stanford University Press.
12）Otmazgin, Nissim. 2011. "A Tail that Wags the Dog? Cultural Industry and Cultural Policy in Japan and South Korea." *Journal of Comparative Policy Analysis: Research and Practice* 13, No. 3.
13）Zykas, Aurelijus. 2011. "The Discourses of Popular Culture in 21st Century Japan's Cultural Diplomacy Agenda." In *The Reception of Japanese and Korean Popular Culture in Europe*, ed. Takashi Kitamura, Kyoko Koma and SanGum Li (Vytautus Magnus University).
14）Shim, Doobo. 2008. "The Growth of Korean Cultural Industries and the Korean Wave." In *East Asian Pop Culture: Analyzing the Korean Wave*, ed. Beng-Huat Chua and Kōichi Iwabuchi (University of Hong Kong Press), p. 30.
15) Lent, John and Fitzsimmons, Lorna, eds. 2012. Asian Popular Culture in Transition. (Routledge) ; Fung, Anthony. 2013. *Asian Popular Culture: The Global* (Dis) *continuity* (Routledge).
16）Chua, Beng-Huat. 2000. "Consuming Asians: Ideas and Issues." In *Consumption in Asia: Lifestyles and Identities*, Beng-Huat Chua, ed. (Routledge), pp. 1-34; Jin, Yong Dal and Dong-Hoo Lee. 2007. "The Birth of East Asia: Cultural Regionalization through Co-Production Strategies." *Spectator* 72, no. 2; Otmazgin, Nissim and Ben-Ari, Eyal. 2012. "Cultural Industries and the State in East and Southeast Asia." In *Popular Culture and the State in East and Southeast Asia*, Nissim Otmazgin and Eyal Ben-Ari, eds. (Routledge).
17）Alder, E., and P. Greve. 2009. "When Security Community Meets Balance-of-Power."*Review of International Studies* 35, no. 1, p. 59.
18）Kavalski, Emilian. 2009. "'Do as I so': the global politics of China's regionalization." In *China and the Global Politics of Regionalization*, ed. Emilian Kavalski (Ashgate), p. 10.

第三部
国際関係

第9章

冷戦初期におけるアメリカの対日原子力政策、1945～1955年

島本　マヤ子

　ソ連が1949年に原爆実験を行ったことで、アメリカの核独占は終焉した。原爆科学者やヘンリー・ウォーレス商務長官が終戦直後から警告していたように、これを機に核拡散が加速し、米ソ間で核軍拡が進行した。アメリカにとって唯一の解決策は、膨れ上がった軍事費を削減するため、核燃料を自由主義諸国に向けて市場化することだった。販売活動により平和利用の恩恵とアピールすることで、西側陣営の結束を図る複合的な狙いもあった。この「平和のための原子力」政策は、トルーマン前政権の「原子力独占」政策を大きく変更し、ソ連が既に始動させていた原子力平和利用攻勢に対抗することが目的だった。

　唯一の被爆国である日本が、アメリカの原子力非軍事利用キャンペーンの受益国となったのはなぜか。本章では（1）日本政府、マスメディア、一般国民は、アメリカの提供する核燃料物質が、エネルギー資源に恵まれない日本にとって必要だと考えたこと（2）核の非軍事使用という概念が、日本人の科学への未来志向に適合したことの二点を仮説として提起する。1955年に、日本はアメリカと仮契約を結び、実験用原子炉用の濃縮ウランを購入することとなった。しかし、それは、日本学術会議の科学者グループが主張した国連を通じる多国間取引とは異なる、日米間の二国間交渉が優先された結果だった。以降、アメリカの濃縮ウランとその関連技術は日米原子力契約のもとに改訂される迄の33年間日本に独占的に販売された。

　アメリカの二国間契約による濃縮ウラン販売戦略は、トルーマン政権が原

爆の材料となる核分裂物質を、ソ連が原爆実験に成功するまでの戦後4年間、独占し続けたパターンと似ている。アイゼンハワー政権も、原子力の平和利用における世界のリーダーシップを前政権と同様の戦略により維持したからである。[1] 本章の課題は、「日本は原発を廃止すべきか？」である。上記の仮説を裏付けることで、「冷戦理論が過去のものになった今、日本は独自のエネルギー戦略を構築すべき」という結論を導く。

1．冷戦初期のアメリカ核エネルギー政策

　原子力の実用化に関するノウハウは、1941年に英国のモード委員会によって確立された。[2] これを受けてアメリカで英米共同の「マンハッタン計画」が立ち上げられ、原爆が製造された。英国のチャーチル首相は、アメリカのルーズベルト大統領（FDR）に、（完成後の）原子力エネルギーの恩恵を二国で分かち合うため、同年、ケベック協定を両者で締結し、さらに1943年に同協定を更新させた。だがFDRの後継者であるトルーマン大統領は、同協定を反故にし、原爆のノウハウを英国はもとより他の国にも渡さなかった。原爆のノウハウはアメリカの「聖なる財産」だったのである。[3]

　FDR政権下の副大統領ウォーレスは、技術顧問でもあり、科学知識に造詣が深く、FDRや科学者からも厚い信頼を得ており、トルーマンとは異なる原爆観を持っていた。科学知識は一国に閉じ込められないとする「科学の国際性」を理解していたウォーレスは、戦後の核拡散を防ぐため、原子力をソ連と共同で国際管理すべきだというスティムソン提案を強力に支持し、原子力の非軍事利用が可能となる、独自の戦後秩序構想も提示した。だがトルーマンはその提案を受け入れず、原爆技術を独占するため、アメリカ政府の管轄においた。だがアメリカの核独占は、僅か4年で終わった。その結果、原子力兵器と原子エネルギー技術は地球規模で拡散し始めた。[4]

　1953年8月にソ連が水爆実験を、翌1954年にはアメリカが水爆実験を行い、核軍拡のためアメリカの軍事予算は膨張の一途をたどった。[5] トルーマンの後継者アイゼンハワーは軍事予算削減のため、核兵器を準備するほうが常備軍を

維持するより安上がりだと考え、[6] 従来の兵器と核兵器の境界をはずした。[7] アイゼンハワーは、ソ連からの奇襲攻撃に対処するため、核の貯蔵管理を原子力委員会（AEC）から国防省に移譲させ、同盟国と友好国の安全を保障するため、海外に核兵器を配置した。[8] アメリカはこのようにして核の優位性を維持した。トルーマンにとって核兵器は最後の手段だったが、アイゼンハワーにとっては、たやすく使用できる防衛戦略の基盤だった。[9] アイゼンハワーの新戦略は、原子力の平和利用だったが、それはソ連の外相ヴィシンスキーが1949年11月の国連で既に提案していた。アイゼンハワーは、独自の戦略でアメリカの優位を誇示する必要に迫られたのである。

2．兵器から平和利用へ

原子力の平和利用という概念は、アイゼンハワーの国連演説「平和のための原子力」で明確にされた。彼は、「アメリカはこの奇跡のような人類の発明を、人類滅亡のためではなく、人類の生命のために捧げる道を、全身全霊を注いで探し出す」決意を述べた。[10] またこの声明の中で、原子力エネルギーの平和利用による恩恵を全世界に分配するとし、核拡散を防止するための国際原子力機構（IAEA）を国連に設立すると述べた。西側諸国はこの声明を歓迎したが、[11] ソ連の外相ヴィシンスキーは、翌日の国連総会で、原子力の平和的利用は核兵器が無条件禁止されてこそ実現するとして拒否した。ヴィシンスキーは1947年に国連原子力委員会に提出された、アメリカの曖昧な核国際管理案（バルーク案）を引き合いに出し、アイゼンハワー声明はこの変形版にすぎないといって反対した。[12] ヴィシンスキーが指摘したとおり、この声明は、いわば核への脅威を原子力エネルギーでバランスを取る政策だった。[13]

A. なぜ日本がターゲットになったのか。

このジレンマを解決するため、アイゼンハワーは独自の防衛戦略を開始せざるを得なかった。[14] それは「第五福竜丸」が1954年3月1日にビキニ環礁沖で行われた水爆実験で被災した時、「これから予想されるソ連からの攻勢にタ

イムリーにしかも効果的に対抗する」戦略だった。[15] 国務省は、立ち入り禁止区域（危険領域）を暫定的に拡張することとし、アメリカ大使館と日本政府との間で合意した。国防長官補佐官アースキンは、共産主義者らの反発を懸念して、国家安全保障会議（NSC）管轄下の作戦調整委員会（以下、OCB）に対し、「原子力の非軍事使用における力強い攻撃」をソ連にしかけ、「日本で被った害（福竜丸事件、著者注釈）を最小限にとどめる」よう進言した。そして最終的にアースキンは「日本に原子炉を建設すれば、かなりの宣伝効果を生む」との結論に達した。[16] この提案は、アースキンが初めて考え出したものだ。[17]

日本が受け入れ国としてターゲットとなったのは以下の三つの理由による。(1) 被爆国である日本は、核エネルギーの恩恵を早期に受け入れることができる。(2) 日本は歴史的事実に照らしても、新エネルギーの恩恵をうける立場にある。(3) エネルギー資源を満州と中国からの輸入に依存していた日本は、代替エネルギー源を獲得すれば、中国への依存から脱却できる。[18]

一週間後、日本のメディアがビキニ水爆実験による放射線降下物の危険性を指摘すると、OCB の行政官スターツは以下の行動計画を提示した。(1) 日本のマグロ漁船の船員が受けた損傷は、放射線ではなくサンゴ塵による化学反応が原因だと強調する。(2) 太平洋域で行った核実験が原因で生じた怪我や損傷に関しての法的な言動は一切慎む。(3) 日本側の協力を確実に獲得するため、またアメリカの意向に沿うような見解を形成するため、原子力エネルギーの平和的利用の実行性を強調する、などだった。[19] スターツの覚書も水爆によって引き起こされた被害については触れず、安全性に対する産業的許容レベルに関してのデータを開示しただけで、[20] 改めて日米共同で大規模な原子力博覧会を開催するよう勧めた。具体的にいえば、核兵器の及ぼす影響に関する日本人が持つ誤解を和らげるため、米原子力委員会（AEC）が、冊子や映画を広報活動の手段として、徹底的な宣伝キャンペーンをすること、などを提示していた。[21]

OCB 以外からの提案も見られた。1954 年 9 月 22 日、原子力委員会のコミッショナー、トーマス・マレーは、アメリカが日本に電力源となる原子炉を建造してはどうかと提案した。[22]「持たざる国」における原子力発電競争で、ソ連

に先を越されるという懸念があったからだ。マレーは「広島と長崎の苦渋のメモリーが鮮明なうちに」アメリカが原子炉を建造することは、「我々皆が両都市に与えた虐殺の記憶から遠ざけることが可能な、劇的かつキリスト教徒的精神に叶うものだ」と述べた。[23]

　1954年12月、ジェネラル・ダイナミックス社長兼CEOのジョン・ホプキンスが「原子力マーシャル・プラン」を提案した。アジア・アフリカ諸国に100年計画で、アメリカの産業界と連邦政府が原子炉を共同で建設するというもので、[24]後発国の生活水準を高めると同時に、共産主義の浸透をとどめる効果があると主張した。翌年彼は、読売新聞社主の正力松太郎に招かれ、[25]原子力平和利用博覧会を、日米共同で日本の主要都市で開催した。しかし、国務省はホプキンスの見解に否定的だった。国務省の特別補佐官ジェラルド・スミスは、「国務省は原子力マーシャル・プランなるものを現段階では予定していない、日本人は原子炉受け入れに関してはまだ複雑な感情を抱いている」と述べた。[26]

　日本では、原水爆禁止日本協議会（CABH）広島協議会が1955年1月30日に反対を表明した。その理由は（1）原子炉はいつでも兵器に転用できるのでヒロシマは攻撃の的になる。（2）原子力の副産物である原子灰は広島市民にとって害となる。（3）アメリカが真摯に贖罪をするのであれば、原爆被害者の医療に力を注ぐべきだ。[27]彼らはビキニの灰の後遺症や原子力の二面性についても十分な知識を持っていた。

　評論家の吉岡斉も、ヒロシマに原発をという理論は、平和利用を「光」、軍事利用を「影」とする単純明快な二分法を引用していると考え、日本人は自らが被った「影」の深さゆえに「光」を享受する特別の権利と義務を持つという主張は不適切だと批判した。[28]

B. 福竜丸事件とその波紋
a. 米政府に与えた影響

1954年3月1日にビキニ環礁付近でアメリカが行った水爆実験により、マーシャル群島は放射線降下物で汚染され、指定危険区域外を航行中の第五福竜丸

を初めとする多数の日本漁船乗組員が被爆した。OCB は日本漁船は指定危険区域外にいたので、久保山無線長は被爆による放射線病ではなく、肝炎で死亡したと述べた。アメリカ政府が船員の被爆状態を軽視し、責任を認めないことに日本の世論から怒りの声があがった。[29] 物理学者の武谷三男は、化学検査の結果、ビキニの灰は水爆実験による可能性があると報告した。[30] だが OCB はビキニ事件を共産主義らに利用されないよう腐心しつつも、水爆実験を続行したのである。

b. 日本の政府・世論に与えた影響

当該事件に対して怒濤の声が日本中に広がった。[31] 3200 万人（当時の人口の 3 分の 1）が翌年までに嘆願書に署名した。[32] 水爆実験に抗議するため、ヒロシマに原水爆禁止日本協議会（CABH）が設立され、水爆反対のメッセージが全国に送られた。[33] 日本政府もすぐに対応した。議論の結果、衆議院は 1954 年 4 月 1 日、国連に対して原子力の国際管理と、核兵器の禁止を求める声明文を発表した。同時に、国連が核実験による更なる死亡、損傷などの防止対策を速やかに講じるよう請願書も提出した。[34] 参議院からも同様の声明文が、4 月 5 日に国連に提出された。[35]

C. 日本学術会議の決議文作成

ビキニ事件から僅か 4 日後に、改進党の熱心な原子力推進者である中曽根康弘が国会に原子力予算を上程し、2 億 3500 万円を突如、衆議院予算委員会に提出し、翌日、殆ど反対もなく審査委員会を通過させた。[36] 驚いた日本学術会議のメンバーは、原子力に関する重要な問題を事前に諮問されなかったことに抗議するため、[37] 1954 年 4 月 23 日に学会として原子力の研究と利用に関し公開・民主・自主を要求する声明文を国内と国外に向けて発表した。[38] ビキニ事件の結果、原水爆反対の機運が日本中を覆い尽くしていく中、アメリカはそれを核アレルギーと称して、払拭キャンペーンを加速させたといえよう。

D. 日本におけるアメリカの宣伝活動

　米大使館および米国務省情報局（USIS）は 1954 年 3 月 30 日、AEC に対して OCB より提示された行動計画に沿って、日本での核燃料と関連技術の販売活動を開始した。この広報活動に日本側から加わったのは、読売新聞社主、正力松太郎と正力の世話役で、日本テレビネットワーク常務の柴田秀利だった。[39] 両者の支援のもと、日米共催で原子力平和利用博覧会が東京を初め、名古屋、広島などのほか、六都市にわたって開催され、東京だけで 35 万人が訪れた。博覧会で注目を浴びたのは、原子力が電力、がん治療、保存食、その他の科学研究に応用されている展示品だった。核エネルギーが「戦争（呪い）」のためではなく「平和（恩恵）」と繁栄のためのテクノロジーだと日本人が受けいれたことを示していた。[40]

　USIS は、本国に日本での宣伝活動は見事に成功したと報告した。[41]

　このように、原子力エネルギーが非軍事目的に使われるのであれば、アメリカが約束する原子力の将来は日本国民にとって安全に思われた。

　知識人も原子力エネルギーに大いに期待した。マルクス経済学者の有沢広巳は、核エネルギーは（1）安価（2）資源確保が確実、などの有利性を評価し、核エネルギーの将来は有望だと確信した。[42] 有沢は、日本経済の自立のためには、核エネルギーが不可欠だと確信した。

　一方、OCB は、1956 年の終わり頃には日本の原子力ヒステリーは世論から消え去った、と判断した。[43] アメリカが行った非軍事使用のための原子力売り込み作戦は、日本の将来への技術志向に見事に合致したといえる。とりわけ読売グループなどの企業が支援した原子力平和利用博覧会は、1954 ～ 1955 年の間に日本人の原子力観の形成過程に多大な影響を与えた。[44] これで日本政府にとって濃縮ウラニウムを購入する理由は出揃った。

3．日米原子力協定（1955 年）の申し入れと日本の態度

　1955 年 1 月、日米間の原子力協定に関してアメリカより駐米大使井口貞夫に非公式に打診された。その内容は（1）アメリカは濃縮ウラニウム 100kg を

日本に配分する用意がある。(2) 日本が受け入れを承諾すれば、契約はアメリカ原子力法で規定された双務協定（二国間協定）とする。[45] (3) そのため日米間で前もって話し合いをする、などだった。外務省は、核の平和利用に関しては国連の原則に従うことが安全で、特に核分裂性物質に関しては、双務協定を締結することで特定国とヒモ付きとなるのは避けたいと考えていた。[46]

外務省は、藤岡由夫博士（東京教育大学教授）が率いる原子力海外調査団が三月末に帰国するのを待って、日本側の正式態度を表明することにした。また然るべき関係先—内閣原子力利用準備調査会—などと協議中であると回答しながら、米側との予備的話し合いについても、正式な回答をひきのばした。[47] ところが、駐米大使館と外務省のとのやりとりが朝日新聞にスクープされ、通産省に新設されたばかりの工業技術院は困惑した。[48] 5年計画で3億6325万円の予算ですでに大蔵省との間で、天然ウラニウムを使用する重水型、すなわち国産資源と国産技術に重点を置いた計画が進み、閣議決定を待つばかりだったからだ。[49] 外務省の思惑によって、既にスタートしている国内の研究は、見直しを迫られることとなった。

4．異議を唱える学術会議（SCJ）

朝日新聞の同記事は、現在交渉中の日米双務協定は、1954年国家安全保障会議（NSC）5431/1にある123条項を含むことも伝えていた。アメリカから与えられた秘密条項は全て守秘され、付与された資料・材料は、AECの承諾を得ずして他者に譲渡できないのである。[50]

これを受けて学術会議原子力委員会は、4月26日、第19回総会を早急に開き、濃縮ウラン受け入れについて討議した。[51] 学術会議総会の出した結論は、研究の自主に反するという理由で受け入れ慎重論が大半を占めた。5月19〜20日、予算委員会公聴会が開かれ、核分裂物質受け入れ問題に質疑が集中し、学術会議会員2名が賛成論と慎重論の立場から論戦を展開した。

公聴会から2週間後、井口大使は、米原子力委員会（AEC）より現在交渉中の双務協定にはヒモは存在しないとの返事を受け取った。[52] 最終的に外務省

は「マレーの演説、イエーツ議員の提案などから米側は、わが方からの申し出を持ちおる気配を感じる」[53]との思惑から「学界の意向も結局は本件実現に向うものと判断し」、協定の作成を決断した。6月21日にワシントンで仮調印、11月14日に正式に調印された。[54] この日から1960年の契約終了までの間に、実験炉用の核燃料物質6kgがアメリカより配分された。原子炉用の関連施設および設備は日本が購入した。使用済み燃料は全て再処理のためアメリカに返却され、その運搬費用は、輸送中の放射線事故を担保するため日本側が負担した。それ以来1988年に契約改訂が行われるまでの期間、日本はアメリカより濃縮ウランを賃借し続けた。

結論

本論の仮説——なぜ日本は平和利用のための原子力販売の受け入れ国になったのか——では、日本政府が学術会議所属の科学者らが、二国間協定は時期尚早であり、まず日本の独自開発が優先させるべきであるなどの理由で反対したにも関わらず、原子力発電用の濃縮ウランの受け入れを急いで契約したことを明らかにした。課題——日本の原発は廃止すべきか——については、以上の考察から、冷戦イデオロギーの副産物である濃縮ウランをアメリカのみに依存してきた日本のエネルギー戦略は、冷戦が終結した現在、見直しされるべきだ。

注
1) Cooperation with Other Nations in the Peaceful Uses of Atomic Energy (report), 13 August 1954, White House Official, Office of the Special Assistant for National Security Affairs; Records, 1952-61, NSV Series, Papers Subseries box 12, NSC 5431/1, p. 2, Eisenhower Presidential Library(EPL).
2) M.A.U.D. Committee, June 1941, 165-166, (CAB) 90/8, Public Record Office, The National Archives, Kew, London.
3) トルーマンが議会へ送った原爆に関するメッセージを参照されたい。"President Truman's Message to Congress on the Atomic Bomb. October 3, 1945," *Public Papers of the Presidents of the United States*, pp. 362-366.
4) 詳しくは著者による博士論文を参照されたい。Mayako Shimamoto, *diss.*, "Henry A. Wallace: Critic of America's Atomic Monopoly, 1945-1948," submitted to Osaka University in

2011.
5) トルーマン政権の 1953 年会計度の国防会計予算は、ロバート・ロベット（Robert A. Rovett）国防長官が 130 億ドル削減しても前年度を 442 億ドルも上回った。https://history.defense.gov/Multimedia/Biographies/Article-View/Article/571267/robert-a-lovett/ (2018 年 7 月 20 日アクセス)。
6) Richard G. Hewlett & Jack M. Holl, *Atoms for Peace and War 1953-1961: Eisenhower and the Atomic Energy Commission*, (University of California Press), p.15.
7) Oliver Stone & Peter Kuznick, *The Untold History of the United States*, (Ebury Press, A Random House Group Company. First published in the United States by Simon and Schuster in 2012, pp. 254-55.
8) Arthur M. Schlesinger, Jr., *The Cycles of American History*, (Mariner Books, Houghton Mifflin Company, 1986, 1999), pp. 402-05.
9) Stone & Kuznick, p. 256
10) Dwight D. Eisenhower, text of the address delivered in 1953 at the U.N. Assembly. http://www.eisenhower.archives.gov/research/online_documents/atoms_for_peace.html.（2018 年 7 月 20 日アクセス)。
11)「原子力管理に好感」『毎日新聞』、1953 年 12 月 8 日。
12)「ソ連代表アイク提案を拒否」『毎日新聞』、1953 年 12 月 9 日。
13) Hewlett & Holl, Atoms for Peace and War, 1953-1961, p. 72.
14) 土屋由香「広報外交としての原子力平和利用キャンペーンと 1950 年代の日米関係」『日米同盟論：歴史・機能・周辺国としての視点』、竹内俊隆編、ミネルヴァ書房、2011 年、180-209 頁。
15) Department of State, "Background Statement Relative to United States Action in Connection with the *Fukuryu Maru* Incident Prepared by the Department of State," 30 March 1954, EPL.
16) G.B. Erskin, "Japan and Atomic Tests," Memorandum for the Operations Coordinating Board, 22 March1954, NSC Staff Papers. OCB Central File, Box 46, OCB 091, Japan. File #1, EPL.
17) Ibid.
18) "Nuclear Power Station in Berlin and Japan-Reasons Pro and Con," Memorandum from Stefen T. Possony to Mr. Robert Button, 29 March 1954, Department of the Air Force, OCB 00091, [Natural and Physical Sciences]（File #1）（1）Box 11, EPL.
19) Memorandum from Elmer B. Saats to the Operations Coordinating Board (OCB). Subject: US Position with Respect to Industry and Damages Resulting from Pacific Nuclear Test, March 30, 1954, p.2, NSC Staff Papers. OCB Central File, Box #46, OCB 091, Japan（File #1）（2）EPL.
20) 武谷三男『原子力発電』岩波書店、1976 年、1989 年、69 頁。
21) Outline Check List of U.S. Government Actions to Offset Unfavorable Japanese Attitudes to the H-Bomb and Related Developments, 22 April, 1954, OCB091 Japan（file #3）（3）Sep.1956 to June1957 EPL.
22) "Nuclear Reactor Urged for Japan. T. E. Murray of A.E.C. Tells Steel Union Step Is Vital in

Atom Race With Russia," By Stanley Levey, *New York Times*, September 22, 1954, *New York Times* (1851-2009), p. 14.
23) Ibid.
24)「進む英国の原子力平和利用：新産業革命目指す」『朝日新聞』、1954 年 3 月 5 日。
25) "A Plan for the Development of International Atomic Energy under the Leadership of American Industry," by John Jay Hopkins, Congressional Record, Vol.101, No.14, pp.692-95, 1955/1/27.
26) Department of State, Memorandum of Conversation, "Matsutaro Shoriki Invitation to Mr. Hopkins, General Dynamics Corporation," 12 January 1955, pp. 1-2, National Archives II, Maryland.
27)「原子炉設置に反対ののろし」『毎日新聞』、1955 年 1 月 30 日。
28) 吉岡斉『原子力の社会史：その日本的展開』(新版)、朝日新聞出版、2011 年、2012 年、76-77 頁。
29) John Dower, "The San Francisco System: Past, Present, Future in U.S.-Japan-China Relations," *The Asia-Pacific Journal*, Vol. 12, Issue 8, No. 2, 14 February 2014, p.19; 高橋博子『封印されたヒロシマ・ナガサキ：米核実験と民間防衛計画』凱風社、2008 年、151-58 頁。
30)「ビキニの灰」武谷三男へのインタビュー、『朝日新聞』1954 年 3 月 17 日。
31)「米国よ、汚れた魚で反省を」『毎日新聞』1954 年 3 月 19 日。
32) 山崎正勝『日本の核開発、1939-1955：原爆から原子力へ』、績文堂、2011 年、201-07 頁；高橋、180 頁；BS 朝日『原発と原爆：日本の原子力と米国の影』2013 年 8 月 12 日放映。
33) 詳細は原水爆禁止日本協議会（原水協）www.antiatom.org. を参照のこと；「原水爆禁止は全人類の問題」『毎日新聞』、1954 年 5 月 30 日；「水爆不安を理解せよ」『毎日新聞』、1954 年 4 月 3 日。
34) 第 19 回衆議院議事録 1954 年 4 月 1 日、www.kokkai.ndl.go.jp/SENTAKU/syugiin/019/0512/main.html.（2018 年 7 月 20 日アクセス）。
35) 第 19 回参院議員議事録 1954 年 4 月 5 日、www.kokkai.ndl.go.jp/SENTAKU/sangiin/019/0512/main.html.（2018 年 7 月 20 日アクセス）。
36) 30 周年記念事業企画委員会編『原子力発電三十年史』、日本原子力発電株式会社、1989 年 3 月 31 日、2 頁；中曽根康弘、『自省録：歴史法廷の被告として』、新潮社、2004 年、41-46 頁。
37) 30 周年記念事業企画委員会編『原子力発電三十年史』、32 頁；『朝日新聞』、1955 年 3 月 4 日。
38) Ibid.
39) 柴田秀利『戦後マスコミ回遊記』中央公論社、1985 年、41-46 頁。
40) BS 放送（NHK、ETV 特集）"ヒロシマ：爆心地の原子力平和利用博覧会"2014 年 10 月 18 日放映。
41) A telegram from United States Information Service, Tokyo to United States Information Agency, "Atoms for Peace Ray off in Japan," Country File: Japan c General, Jan-June 1956, Box 505, RG59, 21February 1956, pp.1-4, National Archives II.

42）有沢広巳『日本のエネルギー問題』岩波書店、1963 年、235 頁。
43）"US Policy Toward Japan,"NSC5516/1, 27 June 1956, Folder OCB091, Japan （file#5）[April-November 1956], Box 48, White House Office, NSC Staff Papers, 1948-61, OCB Central File Series, p.5, EPL.
44）吉見俊哉『夢の原子力』筑摩書房、2012 年、186-206 頁。
45）「米国の核分裂性物質配分に関する対日申し入れ及び各国との双務協定」『日米間原子力の非軍事的利用に関する協力協定関係一件』1955 年 5 月 6 日、第 2 巻 0010-0011、B' 5.1.0.J/U9, Reel#B'-0081、外交資料館。
46）国連第 52 号（1955 年 1 月 21 日付）在ニューヨーク国連澤田大使より重光外務大臣宛電報、「原子力平和利用に関する件」Reel#B'-0081、第 1 巻 0015-0021、外交資料館。
47）重光外務大臣より井口駐米大使（ニューヨーク国連澤田大使）あて電報『米国提供の核分裂性物質の配分に関する件』、『日米間原子力の非軍事的利用に関する協力関係一件』、Reel#B'-0081、第 1 巻 0184、外交資料館。
48）「原子炉用濃縮ウラニウム米から配分申し入れ、政府、近く態度決定」『朝日新聞』、1955 年 4 月 14 日、1 頁。
49）「原子炉築造計画大変り」『朝日新聞』、1955 年 4 月 14 日、1 頁。
50）NSC 5431/1-Cooperationwith Other Nations in the Peaceful Uses of Atomic Energy, 8/13/54, White House Office, Office of the Special Assistant for National Security Affairs: Records, 1952-61, NSC Series, Policy Papers Subseries Box 12 NSC 5431- Peaceful Uses of Atomic Energy. pp.1-3, EPL.
51）日本学術会議 25 年史普及版編集委員会編『日本学術会議 25 年史（普及版）昭和 24 年〜昭和 49 年』、51 頁、430 頁。
52）National Security Council re NSC 5507, Atomic Power Abroad, Atomic Energy（2）, Box 5, 28 January 1955, WHO NSC Staff Papers, 1948-61, Disaster File, p.4 EPL.
53）「核分裂性物質の配分に関する件」1955 年 3 月 10 日リール＃ B 1 巻 0150 外交史料館。
54）「濃縮ウラン受け入れに関する件」井口大使より重光大臣宛て電報、1955 年 6 月 15 日、リール＃ B 3 巻、0027-0028, 外交史料館。

第10章

ミャンマー
――東南アジアで日本が政府開発援助(ODA)を供与する最後のフロンティア

マリー・ソードバーグ
(佐藤　晶子　訳)

　第二次世界大戦後、政府開発援助(ODA)は、日本が東南アジアとの関係を再構築するために利用した効果的な政策手段だった。東南アジアのインフラストラクチャー整備の資金調達を日本が支援した1980〜1990年代に集中している。ODAが、日本企業にとっては、東南アジア地域に投資し、子会社の生産ネットワークを構築する機会となったからである。東南アジアの急速な経済発展により、ほとんどの国が援助プログラムから「卒業」しているが、日本企業は現在もアジアにおける新たな生産拠点を探している。国内で経済成長が鈍化したこの20年間は、その傾向が顕著だ。ミャンマーは民主的な国となり、市場を開放し、日本が東南アジアに再帰する良い機会となっている。尖閣諸島／釣魚島でもめている中国の影響力と対抗する方策ともいえる。

1．ミャンマーにおける最近の開発

　2011年3月30日以降、ミャンマーは政治・経済改革の推進に着手してきた。ミャンマーは、軍人議員が連邦議会の議席の25パーセントを占める権利を認める憲法があり、完全な民主国家化とは言えないが、多くの政治犯が解放されている。2012年4月以来ノーベル平和賞受賞者として著名となった野党党首のアウン・サン・スー・チーは、連邦議会の一議員でもある。改革派のテイン・セイン大統領とともに、同氏は世界的に「ミャンマーの春」を象徴する人物と

なっている。2012年4月に行われたテイン・セイン大統領の来日に伴い、日本政府はODAプログラムを再開した。一部の人道支援は除き、ODAは1988年から中断されていた。

　ミャンマーとの関係を見直そうとしているのは日本だけではない。2012年4月にEUは駐在員事務所を開設し、翌年ミャンマーの「著しい改革のプロセス[1]」と関連し、武器禁輸を除くすべての懲罰的な制限を撤廃した。2012年11月にはバラク・オバマ米大統領も訪問した。

　日本は、多くの東南アジア諸国に対する二国間援助であるODAの最大供与国としての長い伝統を持っている。現在ミャンマーにおいても最大供与国になることを目指している。2013年1月に開催された第1回ミャンマー開発協力会議でさまざまな供与国が援助の推進を調整するために一堂に会し、日本からは29人が代表として参加した。ミャンマー政府による招待客の50パーセントが日本人であると言われ、日本政府は現在「ミャンマー政府の一番の親友[2]」と呼ばれている。

　本章では、日本のODAと、それがミャンマーとの関係でどのように使用されているかに焦点をあてる。ODAを推進する内外の政治力、経済力を検討、調査する。世界はもはや東西に分離されていないが、制度面からいえば、技術的に立ち遅れた貧しい国は日本の援助対象国となっている。中国は、援助供与国が制裁を課した中、過去20年間に渡りミャンマーへの援助を継続してきた。一般的に国際援助体制全般に実質的な変化があった。それは、パリ、アクラ、釜山で協定が締結され、援助供与国は効果的な供与を行うためにより緊密に協力し、現在はパートナーと改名された被援助国の開発計画に従うことに合意したことだ。開発援助に関する分野には多くの参入者がいる。新規の援助供与国と民間団体である。同時に日本国内のODAは2008年に「新JICA」が設立された。新JICAでは借款と無償の資金協力は同一傘下に置かれている。これはミャンマーにおける日本のODA策定プロセスにとって何を意味するのであろうか。ODAはどのような役割を果たしているのか。なぜミャンマーにそのようなODA供与が殺到しているのだろうか。

　本章では、日本とビルマの歴史的背景から始め、援助関係の背景の分析に移

る。ミャンマーに対する日本の援助供与の性格、どのように供与されるのか、被供与者は誰なのかを分析する。日本のミャンマーに対するODAに関し、人道的インセンティブと同様に政治的・経済的インセンティブを調査する。また、国際的援助体制の変化が日本の援助政策に与えた影響を検討する。最後にミャンマーとの関係における日本国内のODAの役割、逆に日本との関係におけるミャンマー国内のODAの役割に焦点をあてる。

2．日本―ビルマ関係[3]の歴史的背景

年配の日本人にとってビルマといえば、第二次世界大戦後の1946年に日本で驚異的なベストセラーとなった竹山道雄著の『ビルマの竪琴』がまず心に浮かぶ。ドナルド・シーキンスによると、『ビルマの竪琴』のような作品は平和を愛する日本人の新たなアイデンティティを構築しただけではなく、1950年代に日本とビルマの外交関係が復活した時に花開いた他に類のない「友情」の基盤となった。[4]

第二次世界大戦中、諜報活動を強化するために、日本政府はミャンマーの政治活動家との接触を秘密裏に始めた。「三十人志士」と呼ばれる30名の若い活動家達が、日本軍とともにビルマ独立義勇軍の核となり、英国軍と戦い、1942年5月までにビルマから撤退させた。[5]

日本軍は、ビルマが1943年に独立宣言をした後も同国を管理下に置こうとした。ビルマ防衛軍のリーダーであったアウン・サン（アウン・サン・スー・チーの父）は日本軍に対して蜂起した。1948年1月にビルマは独立した。政治的なレベルでは多くのビルマ指導者が日本軍の訓練を受けたという事実は、戦後の二国間の政治的関係の基盤となった。[6]

3．援助関係の背景

日本の対外援助は、戦争賠償から始まった。ビルマは、日本が対外援助の合意書に署名した（1954年）アジアで最初の国である。戦後賠償は第二次世界

大戦中に被った損害、主にインフラを建て直すために行われた。[7] 1963 年に締結されたビルマとの協定は、いわゆる「疑似賠償」と呼ばれ、1965 年から 1977 年にかけて 1 億 4000 万ドルの無償資金協力が行われた。[8] さらに、最初の ODA 基金（賠償とは無関係）は 1968 年に支払われた。[9]

　ネ・ウィン将軍の革命評議会（1962～1988 年）による政権時、ビルマは一党独裁の軍事政権国家であり、ソビエト式の中央集権的な計画経済を実行していた。経済のほとんどの側面を管理しようとする国有企業の便益のために民間企業を閉鎖し、外国企業の大規模な国有化を命じた。しかし、日本は援助を継続した。1970 年から 1988 年にわたり、ビルマへの二国間援助の 3 分の 2 は日本からの政府援助だった。森井は、[10] 1983 年から 1987 年までの時期における日本の ODA の一般的な増額を考慮すると、ビルマへの拠出額は大きくないと指摘している。森井は、日本側に原因があると見ている。日本は、ミャンマーを共産圏から遠ざけ、日本が国際政治の安定に貢献していることを示すためにネ・ウィン政権を支援する必要があると考えていた。シーキンズによると、[11] 援助は日本とビルマの政治機構の共生関係に起因する。日本は産業界の利益を促す豊かなプロモーターであり、他方は資金を渇望する失敗した社会主義国だった。

　野党である国民民主同盟の党首であるアウン・サン・スー・チー氏は 15 年間もの自宅軟禁下に置かれた。国名はビルマからミャンマーに変更された。新政府は人権を抑圧していたが、経済の自由化に取り組み、より開かれた国際的な姿勢を打ち出した。アジア近隣諸国との関係が改善された。1997 年にミャンマーは東南アジア諸国連合に加盟した。

　新軍事政権が 1988 年 9 月に誕生するわずか数日前に日本の ODA は凍結された。日本政府は、むしろミャンマーの植民地独立後の過程と経済発展を奨励し、政治的には不干渉の立場を採ることで指導者らを支援した。日本は結果的に、目立たない姿勢を保った。[12] 中国の影響力が大きくなり、1997 年にアジアの金融危機が起きた時、日本は政治的安定と ASEAN 諸国の発展が台無しになることを恐れた。日本政府は、ASEAN 諸国の安定を支援する政策を推し進め、アジア地域における中国の存在感の高まりへの対抗策を講じようとした。

4．ミャンマーの最近の動向

「規律ある民主主義」はどう達成されるべきかを示すロードマップが発表された。まず新憲法を起草し、それを承認するための国民投票が実施された。この国民投票は、ミャンマーが2008年5月にサイクロン・ナルギスに見舞われ、13万8000人の死者を出した直後に行われた。政府は、国軍のために25パーセントの議席を確保した上で2010年11月に総選挙を実施した。国軍の支援を受けた連邦団結発展党（USDP）が大規模に選挙を操作し、投票総数の80％を獲得して勝利した。[13] まもなく多くの軍当局者は軍服を脱ぎ、名目上は文民政府を形成した。ミャンマーの国会は2011年1月に召集され、2月にテイン・セインを大統領に選出した。経済的、政治的改革手続きが始まった。アウン・サン・スー・チー氏率いる国民民主連盟（NLD）は政党として登録する許可を受けた。政府は2015年までに強制労働を撲滅する戦略に合意し、労働組合を許可する法律を可決した。2012年4月に国会の補欠選挙が開催された。ここでNLDは44議席を争い、43議席を獲得した。[14]

テイン・セイン大統領は近年、政策を説明し援助国から制裁措置の解除と債務救済を取り付けるために多くの国を訪問した。同大統領は2012年4月に訪日した。日本はミャンマーに債務救済と改革プロセスが1年間は続くという条件の下で大規模な新規援助を約束した。日本政府は技術援助と支援金に加え、5億ドル相当の円借款を約束した。2013年5月に、同大統領はバラク・オバマ米大統領からホワイトハウスに招かれ、政治改革を推進するリーダーシップを賞賛された。同月、日本の安倍晋三首相はミャンマーを訪問し、債務救済および新規援助の円借款に同意した。

あるJICA職員がミャンマーの様子を「規模の小さい明治維新が進行中」とたとえている。[15] ミャンマーは、環境に関する新省を設立したが、この問題に取り組むことができる専門家が不足している。さらに、大規模なプロジェクトを実施する能力を持つ人々が圧倒的に不足している。[16]

日本の自動車産業は常にミャンマーに大きな関心を示してきた。2013年、

日産自動車はミャンマーで乗用車を製造すると発表した。同社は現地で日産車の組み立てと販売権を許諾するタンチョンモーター株式会社（ミャンマー）の認可を獲得した。最初の製造工場はバゴ地域に創設され、2015年には日産サニーを年間1万台を超えるペースでのフル生産を開始する。[17]

最近は通信業界もミャンマーに大きな関心を示している。日本の携帯電話会社のKDDは最近商社の住友商事と提携したが、同社は今後10年間に渡りミャンマーの電気通信事業に約20億ドルを投資する予定である。[18]

5．援助体制の変化

20年前はOECD開発援助委員会（DAC）が援助の分野では支配的だったが、この状況は現在劇的に変化している。ミャンマーでは、特に西洋の制裁が課されている間は中国から援助を受けており、この傾向が顕著だった。

ミャンマーにおける対外援助の主な調整機関の一機関に国連開発計画（UNDP）がある。この機関は草の根レベルで運営されてきたが、国内に事業所が51か所あり、およそ1000名の職員が働いている。1993年から2013年まで政府とは関係がなかったが、その機関の性格上、保護を受けていた。政府との接触に関するUNDPの強制的な制限は、日本とインドネシア等から圧力がかかり解除された。2013年はミャンマー国内でUNDPの標準プログラムが実施された最初の年である。[19]

6．ミャンマー政府は海外援助をどのように管理しているか

ミャンマーでは海外援助プロセスを現在の推移に合わせた導入を行うためにテイン・セイン大統領率いる計画委員会が2012年に発足した。同年末には3年間に渡る経済社会改革枠組み（FESR）を承認した。FESRは、他の低所得国で行われていた「貧困削減戦略」と類似していた。この枠組みは全国総合開発計画への橋渡しとして機能するもので、テイン・セイン政権の現在の計画を第一次計画とする4回の5か年計画である。[20] 国家計画・経済開発省は、計画委

員会の事務局および ODA 用の窓口として機能する。2012 年末には、国家計画・経済開発省は援助国との月例会開催を開始した。2013 年 1 月には第 1 回ミャンマー開発協力フォーラムが開催された。

　しかし、開発プロジェクトを管理する法律や経験が不足しており、開発プロセスの進行は遅れている。特定の問題に関し、支援国側が協力を望まず、支援国が携わる好みのプロジェクトや地域がある場合、ミャンマー政府は支援とプロジェクトのどちらも容易に管理できなくなる。

7. 日本からミャンマーへの ODA

　他の ODA 援助国と異なり、日本は過去数十年間にわたりミャンマー政府と交流してきた。スウェーデンなどの DAC 加盟国は援助を継続していたが、市民団体を通しての支援提供だけだった。[21] サイクロン・ナルギスで被災した 2008 年以来、国際的な NGO が参入しているが、政府と直接の関わりはない。この分野に参入する新たな NGO は、入国申請をしなければならない。一方、日本は 1988 年に制裁措置が課されてからもさまざまな政府機関と連絡を取り続けた。

　日本は公衆衛生分野に年間 5000 万～ 6000 万ドルの支援を行ってきた。「三大疾病（HIV/エイズ、結核、マラリア）」対策支援とほぼ同額だ。2012 年後半、まさにこの分野で、3MDG（スリーミレニアム開発目標）基金が複数の支援者による信託基金を引き継ぎ、基金の適用範囲を母親と子供の健康にまで拡大した。さまざまな取組みが行われ、支援国は互いのプログラムを尊重しなければならない。[22] 日本の無償資金協力やミャンマーへの技術支援は、近い将来に 2 億ドルほどのレベルに引き上げられる可能性がある。[23]

8.（国内および国際）政治と安全保障の視点からの援助に関するインセンティブ

　ミャンマーに対する日本の ODA を増やす政治的インセンティブがある。第一に、東南アジアでの中国の影響力に対する日本の防衛策を取る必要だ。欧米

諸国は同国の人権侵害のために開発支援を中止しているが、中国は 2011 年までの 20 年間ミャンマーに対し経済協力を行った。中国はミャンマーに対し政治的に強圧的になり、2010 年 11 月の選挙がミャンマーにとって実質的な変化をもたらすとは考えていなかった。テイン・セイン大統領が 2011 年 5 月に北京を訪問した際、中国は「包括的な戦略的協力パートナーシップ」について話し合い、同年に開始する新五カ年計画の中では、雲南省はインド洋に係る中国の橋頭堡と見られていた。ミャンマーに敷かれた石油と天然ガスのパイプラインのおかげで、中東以外の輸入ルートを確保できた。

2011 年春に、テイン・セイン大統領は中国だけでなく日本も訪問した。日本は ODA を提供すると約束していた。日本と中国の間における緊張関係は 2010 年に起きた尖閣諸島／魚釣島問題が原因だった。日本にとってミャンマーに ODA を提供することは、中国に対する防衛手段の一つにもなり、中国のミャンマーにおける支配に対し打撃を加える事でもあった。

日本のミャンマーに対する ODA の第二の政治的インセンティブは、個人的レベルの事だ。安倍晋三首相は、ミャンマーとの関係を長期にわたり築いてきた。安倍首相は、2013 年 5 月に日本の首相として 36 年ぶりにミャンマーを訪問した際、テイン・セイン大統領との会談で「私の祖父である故岸信介元首相、父である安倍晋太郎元外務大臣が（ミャンマーを）訪問してきた。私の家系では三代目の訪問である」と表明した。テイン・セイン大統領は「（安倍首相は）家族ぐるみの親友である」と述べ、ミャンマーに学校を創設する昭恵夫人の決定にも言及している。

2013 年 5 月のミャンマー訪問中に安倍首相とテイン・セイン大統領は、両国が安全保障問題と防衛当局間の協力を推進することで合意した。

9．ODA に関する経済的インセンティブ

政治アナリストは、中国の影響力を相殺するためにビルマに対する日本の関心が高まったと考えている。アジア経済研究所上席研究者でミャンマー問題専門家の工藤年博によると、日本企業は中国に代わる投資先を求めているという。

さらに工藤は、日本は経済パートナーを多様化しようとしているミャンマーとともに、双方にメリットのある関係を確立することができると述べている。[24]

安倍首相は、最近のミャンマー訪問で、工業化と製造業の確立に必要なインフラストラクチャー開発に重点をおいた援助パッケージを約束した。最優先の開発はティラワ経済特区の開発だった。日本企業が生産設備を設置するには安定した電気の供給が必須である。日本のODAにおける他の優先プロジェクトは、ラングーン市内の電気の復旧とともにバルーチャン第二水力発電所の補修である。

現在、日本からラングーンへの大規模投資はない。道路、エネルギー、鉄道、港湾といったインフラストラクチャー不足だ。他に規則や規制といったソフトインフラストラクチャーも不足している。2013年春時点で、アメリカの制裁が機能しており、ミャンマーから送金はできない。

中国は現在もミャンマーの最大の支援国である。中国と同国企業は、エネルギー投資を主導に、2011年3月に終了する2010年会計年度において外国投資総額の70パーセント近くにおよぶ140億ドル超の投資をミャンマーに対して行うと約束した。一方日本企業は、1988年から2011年までにミャンマーに対して2億1200万ドルしか投資していない。[25] タイ、韓国、インドの企業はミャンマー投資に新たに参入しており、状況が改善されれば、投資活動を活発化する準備はできており、西洋企業も同様だ。状況は数年後に一変する可能性もある。日本政府にとってODAは将来の成長を目指す日本企業を支援する一つの方法である。

１０．ODAに関する人道インセンティブ

浄水、医療、教育、質のよい住宅等へのアクセスを考慮する多次元貧困指数によると、[26] ミャンマーは、データが入手可能な109か国中最下位から14番目だ。ミャンマーは貧しい国だが、常に貧しかったわけではない。同国はインドと中国の貿易ルート上に位置し、歴史的には豊かな国である。第二次世界大戦後に英国から独立後は、過酷な軍事政権とでここ数十年続いている西洋諸国

の制裁措置によって、貧困に陥った。

　「平和がなければ開発もない。」これは1990年代に国連開発計画（UNDP）が先導した「人間の安全保障」の一部である。[27] 天然資源が豊富で中国への重要な輸送ルートとして機能する北部に位置するカチン州は、ビルマ軍とカチン独立軍の17年に及ぶ休戦が2011年に崩壊して以来激しい戦闘が続いている。日本のODA資金はミャンマーの平和の仲介を支援する半官半民の組織であるミャンマー平和センターを支援している。

　結　論

　日本がミャンマーにODAを提供するインセンティブは多い。日本政府は制裁措置が行われた期間にも、ミャンマー政府との接触を続けた。日本にとってはミャンマーを他のASEAN諸国と同様に支援するのは自然の流れである。他の東アジア諸国は実質的な経済成長を迅速に達成している。多くの日本人はミャンマーがより民主的に発展し、開国していけば、他国同様に経済が発展すると見ている。外交政策の観点からは、ミャンマーにODAを提供することは道理にかなっている。日本のASEAN支援と並ぶものであり、中国の影響力に対する対抗手段でもある。日本を含めた欧米諸国の制裁の結果、中国の影響力が大きくなっている。日本には、この制裁を取り除いて他の支援国を増やせば、ミャンマーの中国への依存を断つことができるという強力なインセンティブがある。安全保障の観点から、ミャンマーにおける平和的開発は、一般的に日本にとってもアジアにとっても重要だ。

　日米間で「役割分担」の話し合いがあった。アメリカは日本に対し平和のための軍事支援の役割を引き受け、日本は憲法九条により海外に軍隊を派遣できないため、代わりに開発支援を行うという話し合いだった。[28]

　人道的観点から言えば、ミャンマーが貧しい国という事実は支援する価値がある。長年に渡り確立された多くの個人的なつながりと、かつてのビルマの指導者だったアウン・サン将軍の他、新たな指導者の多くが日本で教育を受けている。

（政治、経済、人道の）全分野において、日本にとっては ODA を提供する強いインセンティブがあり、ミャンマー政府にとっては日本の支援を受ける強いインセンティブがある。それ故に、現在はミャンマーに対する日本からの ODA が集中している。

注

1) Bloomberg News, "U.S. moved to Boost Myanmar Trade Ties After EU Lifts Sanctions" April 24, 2013, http://www.bloomberg.com/news/2013-04-24/u-s-moves-to-boost-myanmar-trade-ties-after-eu-lifts-sanctions.html（2018 年 6 月 26 日アクセス）。
2) 在ミャンマー日本大使館、松尾秀明参事官（経済および ODA 担当）インタビュー 2013 年 3 月。
3) 1989 年、軍事政権によりビルマの国名はミャンマー（正式にはミャンマー連邦）に変更された。
4) Seekins, Donald M., *Burma and Japan since 1940: from 'co-prosperity' to 'quiet dialogue'*, NIAS Press, Copenhagen, 2007, pp.47-51.
5) Kazunari Morii, *Japan's persistent engagement policy towards Myanmar in the post-cold war era: a case of Japan's "problem driven pragmatism,"* PhD thesis at the Department of Politics and International Studies, University of Warwick, September 2011, pp. 70-73.
6) Ibid.
7) Söderberg, Marie (ed.), *The business of Japanese foreign aid: five case studies from Asia*, Routledge, London, 1996, p.33.
8) Seekins, Burma and Japan since 1940, p.57.
9) Ibid., p. 58.
10) Morii, Japan's *persistent engagement policy*, p.99-102.
11) Seekins, *Burma and Japan since 1940*, p.83-84.
12) Morii, Japan's *persistent engagement policy*, p.148.
13) Gaens, Bart, *Political change in Myanmar: filtering the murky waters of "disciplined democracy"*, Finnish Institute of International Affairs, FIIA Working Paper, February 2013.
14) Ibid., p.8
15) JICA ミャンマー事務所田中雅彦所長インタビュー。2013 年 3 月。
16) ワー・ワー・マウング博士インタビュー。2013 年 3 月。
17) U2, "Japanese company to manufacture motor vehicles in Myanmar" http://archive-3.mizzima.com/business/investment/item/10132-japanese-company-to-manufacture-motor-vehicles-in-myanmar（2018 年 6 月 26 日アクセス）。
18) Frontiers July 17, "Japanese Firms to Invest $2b in Mynamar Mobile Services," http://blogs.wsj.com/frontiers/2014/07/17/japanese-firms-to-invest-2b-in-myanmar-mobile-services/（2018

年 6 月 26 日アクセス）
19) トイリー・クルバノフ UNDP ミャンマー事務所長インタビュー。
20) Rieffel and Fox, *Too much, too soon?*, pp.13-14.
21) 駐ラングーンスウェーデン大使館第一書記／上席プログラム・マネージャーのトマス・ラッドストロームとのインタビュー、2013 年 3 月。シダのホームページも参照。http://www.sida.se/Svenska/Lander--regioner/Asien/Burma/Vart-arbete-i-Burma/（2018 年 6 月 26 日アクセス）。
22) 田中 JICA 所長インタビュー。2013 年 3 月。
23) 田中 JICA 所長インタビュー。2013 年 3 月。
24) Maya Kaneko, "Abe puts best foot forward in Myanmar to tap 'last frontier'", http://www.japantimes.co.jp/news/2013/05/27/national/abe-puts-best-foot-forward-in-myanmar-to-tap-last-frontier/(2018 年 6 月 26 日アクセス)。
25) Antoni Slodkowski, "Special Report - How Japan Inc stole a march in Myanmar", https://www.reuters.com/article/us-japan-myanmar-idUSBRE89117W20121002（2018 年 6 月 26 日アクセス）。
26) "Policy – A multidimensional approach", http://www.ophi.org.uk/policy/multidimensional-poverty-index/（2018 年 6 月 26 日アクセス）。
27) Söderberg, Marie, "Foreign aid as a tool for peace building" in Söderberg, Marie and Nelson, Patricia A. (eds), *Japan's politics and economy: perspectives on change*, Routledge, London, 2010, pp.100-101.
28) Yasutomo, Dennis T., *The manner of giving: strategic aid and Japanese foreign policy*, Lexington Books, Lexington, Mass., 1986.

第11章

アジア太平洋経済協力と日本
－紛争解決と通商の安全

ジョン・パデン
（佐藤　晶子　訳）

1．アジア太平洋経済協力（APEC）の展開

　APEC 会議は、冷戦の終焉が迫る 1989 年に設立された。その後拡大し、現在では 21 の国と地域が参加し、世界の国際総生産額の 54 パーセントを占めている。[1] 中国が 2001 年に世界貿易機関（WTO）に加盟するかなり前から、チャイニーズ・タイペイと APEC で同席していたことは注目に値する。[2] 1995 年、APEC ビジネス諮問委員会が設置され、1998 年にはロシア、ペルー、ベトナムが APEC に加盟した。[3] 環太平洋地域は「アジアがビジネスを主導する」というスローガンを掲げている。

　2001 年、APEC の転換点ともなるべき二つの事柄が起きた。(1) 中国が WTO に加盟したので、従来の APEC 紛争処理規範よりも WTO の紛争処理機構（WTO/DSM）がより重要になった。(2) 9 月 11 日にアルカイーダに係りのあるテロリストがニューヨークの世界貿易センタービルとヴァージニアのペンタゴンを攻撃した。

　本章は、APEC の紛争処理と 2001 年のテロ事件が発端となった通商の安全という問題に焦点をあてる。2014 年中頃までにはどちらも独立した重要課題となった。さらに、二つの問題はドーハ・ラウンドの不満と停滞を反映し、2009 年にアメリカが積極的に関与することになる環太平洋戦略的経済連携協

定（TPP）の台頭につながった。[4]

　オバマ政権は2014年にTPP条約を連邦議会に諮らなければならなかった。議会は貿易促進権限法案（TPA）、いわゆる「ファースト・トラック」を通過させなければならないためアメリカの政治的意志が重要となる。よくても、議会の承認は2014年の中間選挙後になった。また、日本の農業部門からTPP反対論もある。TPPが進まなければ、APECが発展し調整できるか否かという疑問が残る。

　紛争解決の共通のメカニズム、法治の尊重、環太平洋・アジア通商の安全にとって非政府アクターが脅威であることについて明確に認識することを含め、強力な通商枠組みができなければ、アメリカのアジア回帰は無意味になる。APECメンバー間のさまざまな地域間・二国間の自由貿易協定は言うに及ばず、TPP、APEC、WTOの将来の関係は明らかに環太平洋通商の将来に影響を及ぼす。しかし、さまざまなレベルでの「自由貿易」交渉が行われても、重要な問題が残る。紛争解決と通商の安全確保という問題である。これらの問題は2001年のAPEC転換期に重要な問題となり、本章で主に取り扱うテーマである。

2．APECにおける紛争解決とWTOメカニズムへの移行

　APECは定義、地理的、文化的な観点からも地域の枠を超える。歴史的には西方教会、ギリシャ正教、儒教、イスラム教の諸国をAPECがつないでいる。この点は紛争処理分野で特に顕著となる。大阪サミット（1995年11月開催）で日本が提起した重要課題は「紛争処理」だった。これは、紛争解決メカニズムに関する数多くの提案があった「APECのビジョンの実施」における賢人会議（EPG）の第三報告に対する反応だった。[5]

　APEC初期、通商における紛争処理には以下のような主に四つのアプローチがあった。(1) 二国間の政府間交渉、(2) 拘束力のある仲裁、(3) しかるべき法域の法律内での敵対的訴訟、(4) 第三者による拘束力のない調停。ジュネーブのWTO/DSMに関するパネルは、これまでの仲裁形態ではなく、拘束力の

ある決定や制裁につながる訴訟形態であったという研究者もいる。したがって、本章では、WTO/DSMを「仲裁・訴訟」パネルと呼ぶことにする。

最初に挙げられた二国間交渉の場合は、合意に達しなければ制裁が発動されることが多かった。初期の劇的な事例として、1996年6月17日に合意に達した知的財産権(IPR)に関する米中交渉をあげることができる。この合意によって米中間の輸出入貿易の各々が20億ドルの懲罰的関税をかけ合う通商戦争を回避することができた。そのような二国間交渉は瀬戸際作戦や最後通牒の応酬という弱点があり、通商戦争やより大きな二国間問題をこじらせる可能性もある。

対照的に、第二のアプローチとして台頭してきたWTOの紛争処理機構(DSM)を含む仲裁・訴訟アプローチは、DSMパネルの前に諮問期間を設定しなければならないという点に有意性がある。問題をパネルに持ち込む場合は、その結果を受け入れるすべての当事者にとって利益となるようにする。その場合でも報復措置の可能性はある。従って富士フィルムとイーストマン・コダック紛争の場合、アメリカ通商代表部(USTR)は、日本が競争を阻害していると訴え、この件をWTOに持ち込むと脅しをかけた。日本の橋本龍太郎首相は、写真製品に関してアメリカをDSMに持ち込むという報復措置をとった。両者ともDSMの結論に合意した。

第三のアプローチは、しかるべき法域での訴訟である。しかし、初期の段階では、ソニーの社長が「友人は友人を告訴しない」と言えた時のように、ビジネスはすべて個人的関係の上に成り立っており、紛争解決のために訴訟以外に多くの文化的メカニズムがあった。しかし、訴訟の大きな欠点は法域の場所に関する問題だった。

第四番目のアプローチである第三者による調停は、「アジア的方法」として知られている。シンガポール特使である許通美は以下のように述べている。「APECは民間部門の顧問の助言に従い、和解メカニズムも含めた紛争解決のための『柔和な手順』を開発中だ。これは、紛争を避け、可能な限り合意を目指すという東南アジアの文化的嗜好と特質にとても合致したものだ。[6]」

上述のように、大阪で開催されたAPEC首脳会議に提出された1995年EPG

レポートは調停過程に関する大きなセクションを含めている。付録1では「調停過程の詳細[7]」を全面的に取り上げている。

　大阪サミットでは、各APECメンバーは通商・投資オンブズマンを設置すべきだという太平洋ビジネスフォーラム(PBF)の提言を検討した。「大阪アクション・プラン—APECビジョンの実現のためのロードマップ」というPBF報告書は、日本モデルの市場開放問題苦情処理（OTO）を設立するという具体的提言を盛り込んでいる。[8] このアプローチは、より法的措置や拘束力のある仲裁モデルを通常好む西洋アプローチを含め、大部分のAPECメンバーが後で政策に取り入れてきた。

3．中国のWTO加盟—「仲裁・訴訟」と仲介・裁判外紛争処理の均衡を図る

　中国が下した選択はグローバル通商が法秩序と拘束力のある裁定と制裁措置を持った強制的紛争処理システムによって規制されているという点である。中国は、自国の国益の一部として、変化しつつある通商・グローバルシステムを考慮に入れ、より新たな規則を策定していく過程に参加する必要があると理解している。

　したがって、2001年、中国とアメリカは、数百の製品の段階的導入のタイミングに関する詳細をつけた200ページにわたるWTO加盟の草稿に関し合意に達した。続いて、WTOの他のメンバーがその草稿に同意し、2001年12月11日、中国はWTOに加盟した。連邦議会は恒久通常貿易関係法を制定し、新しい米中通商関係の幕開けとなった。この協定を確実に実施するために、USTRは中国がWTO協定を遵守していることに関する年次報告書の議会への提出を義務付けた。[9]

　アメリカの懸念は「法の支配」と「法治」の相違である。中国の王朝文化においては、高潔な規律は個人の内面から出てくると考える儒教派と、人間は道徳的に不完全なものであり法律によって制御されなければならないと考える「法律尊重主義」派の間で思想的緊張関係が常につきまとう。法律尊重主義は厳格で抑圧的な面もある。

USTRは「中国はWTOの規則を遵守することに関して非常に進歩がみられた」と報告した。懸念される項目は、透明性（新しい法律や規制に関して）および法と政策における不確実性と不統一性だった。「予想通り、中国がWTO加盟最初の年に重点を置いたのは、中央・地方レベルにおける財とサービスの貿易に関わる法と規制の枠組みだった」とUSTRは記していた。対外貿易経済合作部（MOFTEC）の報告書によると、2500以上の貿易関連の法律と規制がWTOに合致しているか否かを監査している。2002年中ごろまでには、830の法律と規制を撤廃し、118の新しい法律と規制を制定した。

　WTOに加盟すると、その国の国内部局や機関はグローバルな規制を実施しなければならない。この点は財産や契約に関する権利など他の国内分野にも影響を及ぼす。これらの分野は中国では現在も発展途上の分野である。

　したがって、中国は国際貿易において「法の支配」の枠組みに従うよう非常に努力した。中国は通商と投資問題の裁定に関する重要な手段としてWTO/DSMを用いることにした。中国はWTO過程（原告および被告として）をよく利用するようになったが、DSM訴訟、特に米中紛争に関する訴訟の展開を検討するのは本章の範囲から外れる。

　同時に、アメリカと中国は通商と投資問題に関する二国間交渉の長い伝統も継続している。2013年12月、オバマ大統領は長年、予算と通商問題を専門に扱っていたマックス・ボーカス上院議員を次期駐中米国大使に任命した。

　したがって、中国が21世紀の経済大国になるにつれて、外交・紛争処理メカニズム一式を採用するようになっている。アメリカは、もし中国が将来TPPに参加したいと考えているなら、当初の条約の規則に縛られることになると主張している。[10] これによって、WTOと（潜在的に）TPPの過程が統合されることになり、21世紀におけるAPECの紛争処理規範と過程の役割に関して問題を提起することになる。

　2014年までにAPEC紛争処理ガイドラインは定着した。潜在的な国際ビジネスに助言を与える日本のウェブサイトによると、「直接の議論や交渉によって紛争が解決できない場合は第三者の関与を考えることもできる。裁判を避けたい場合は、紛争調停のオプションとして調停、仲裁、助言制度がある。」[11]

英語ウェブサイトには、これら裁判外紛争処理（ADR）オプションの定義が掲載されている。[12]

国際通商システムと様々な紛争処理制度に与える中国の影響は21世紀に進化するだろう。新しいテクノロジーが新しいタイプの課題を産み出すからだ。たとえば、電子取引によって、企業と消費者の間の紛争処理も重要な課題となっている。[13] 領土紛争等他の諸問題によって、日常よく起きる通商問題や進化しつつあるハイテク問題が解決できるか否かの文脈や環境を設定することもある。

グローバル・ビジネスにおいてインターネットや関連テクノロジーが広範に使われるようになり、ハッキングや破壊工作ソフトといった弊害も出てきた。そのような最近の出来事は本章の分析対象外だが、通商システム全体に非国家アクターが与える脅威を検討することも有意義である。ニューヨークの「世界貿易センター」へのテロ攻撃（9・11）に対する政府の対応に特に顕著に現れている。2001年時点では、世界中で貿易されている物の90パーセントを運んでいたコンテナ輸送への損害が特に恐れられていた。コンテナで「放射能汚染爆弾」が運ばれるのではないかという懸念があり、アメリカの生産物を運び込んでいる大港が注目を集めた。このことによって、APECの貿易パートナーも注目された。

4．2001年以降の通商（特に海上）の安全とAPEC

2001年、WTOに中国が加盟したこと以外に、アメリカとアジアの貿易にすぐに影響が出た対テロ世界戦争（GWOT）がAPECに大きな影響を与えた。[14] 香港は中国とは別の貿易事務所を維持し、アメリカへの輸出品を運ぶ最大の港だったので、アメリカは出国前安全検査をする協定を結んだ。確かに、2002年秋までには、コンテナ・セキュリティー・イニシアチブ（CSI）の名の下、カナダ、オランダ、ベルギー、フランス、ドイツ、シンガポール、香港、日本がアメリカ税関と出国前安全検査協定を結んだ。コンテナがアメリカの港に到着してしまえば、テロリストの放射能汚染爆弾の流入を阻止することができないという考えがこの措置の前提にある。

2002年10月にメキシコで開催されたAPEC会合では国際通商の安全に焦点があてられた。APEC首脳会議は潜在的なターゲットと考えられていた。[15] 2004年チリでのAPEC首脳会議においては、テロリズムと通商が主な議題になった。2005年の釜山会議では反APECの穏健な反対運動があり、安全面に関する懸念が表明された。2006年のハノイの首脳会議では、APEC首脳は通商の安全を脅かすテロリズムや他の脅威を非難した。2007年のオーストラリアのAPEC首脳会議において、APEC反対派とテロリストから守るために、空挺狙撃兵や鋼鉄バリケードを含む厳戒態勢が敷かれた。

　GWOTのおかげで、9・11前よりも米中関係はよくなった。アメリカと中国はアフガニスタンに関する機密情報を共有し、アメリカは新疆（中国東北部）のグループ（東トルキスタンイスラム運動）を正式にテロ組織と認定した。中国の人権問題に対するアメリカの公式の批判が和らいだ。上海でアメリカ税関による出国前検査を実施するための交渉が行われていた。

　前述のように、2001年以降、国際通商を安全にするためのアメリカの法的技術的方法は、CSIの形態をとっていた。したがって、2001年に、GWOTによって国際通商における安全面の諸問題が注目された。確かに、APEC会合の安全は通商を促進するためのものであった。アメリカ西海岸の大部分の港は「中華圏」の港から途切れることなくやってくるコンテナに依存していた。このAPECに対する実際の課題に対して、暴力的な非国家過激派から環太平洋の財、サービス、金融、テクノロジーの流れを守るために真正面から対処し、APEC加盟メンバーはテクノロジーと行動の面から新しい方策を編み出さなければならない時代になったのである。[16]

5．APECの将来―展望と代案

　APECとWTOが中心とする目的は、加盟メンバー間で財とサービスの流れに対する障壁を下げることである。APECのアプローチは21の加盟メンバー各々が毎年提出する「自発的行動計画」に基づいている。毎年の首脳会議は共通の課題を討議する機会を提供すると同時に、頂上レベルで秘密裏に紛争に関

して議論できる二国間会合を開催することもできる。

　WTO のアプローチは、159 のメンバーを有し、外国企業が自国の企業と同様の扱いをうける「内国民待遇」に基づいている。WTO 条約内のいかなる変更も加盟メンバーすべての同意が必要となる。WTO の重要な構造的要因は、ジュネーブでの「仲裁・訴訟」パネルに基づいた紛争処理機構（DSM）である。基本的に、WTO は内国民待遇が保証しなければならない最低水準を設定するようになっている。

　しかし、これら二つの組織内で、国際通商の文脈に影響を与えた主要な出来事によって課題が台頭してきた。これらの出来事の中には、1997 年から 1998 年にかけてのアジア金融危機や 2008 年以降の世界規模の不況といったマクロ経済的なものもある。

　APEC の年次首脳会議は 2008 年のリマ（ペルー）、2009 年のシンガポール、2010 年の横浜、2011 年のホノルルなどすべての会議において、加盟メンバーが特に政府調達部門等でより保護主義的になる傾向を含む、世界的な経済不況が引き起こす悪影響に対処しなければならなかった。世界経済のトップ 20 の政府（G20）も世界的な経済不況の悪影響を取り去るように重要な役割を果たすために設置された。

　2001 年以来、もう一つのマクロレベルの傾向はインターネット革命と電子商取引の成長である。これは国の内外で起こっている。確かに異常なスピードで進むグローバリゼーションは、コンピュータ分野における技術革新によってもたらされてきた。それによって、サイバー上でのスパイ活動、インターネットハッキングなどの新たな課題が登場している。

　インターネット革命によって紛争処理は新たな局面を迎えた。前述のように、裁判外紛争処理（ADR）に関する APEC の議論に対する経済産業省産業技術環境局審議官の安永裕幸の案はビジネス―消費者（B2C）紛争に焦点を絞った。一般的な問題を提起した上で、オーストラリア、日本、シンガポールを含めた国のケーススタディを行った。早くも 1998 年に、APEC 閣僚会議では行動指針を発表し、電子商取引運営グループ（ECSG）を立ち上げた。B2C 電子商取引に関する日韓二国間交渉は進行中である。[17]

しかし、インターネット革命によってAPECメンバーの間で新たな緊張関係も生じている。特に、米中関係が緊張しており、それも一因となってアメリカはTPPの発展に積極的になった。投資要件（双方向）をめぐる米中の対立は現在最高レベルで取り扱われている。しかし、ASEANと中国の二国間交渉に対して、地域単位の組織は多国間アプローチを要求している。

　APECやASEANだけでなく、多くの二国間条約、台頭しつつあるTPPなどアジア太平洋地域における経済協定が多く結ばれている。これらの協定はWTOやG20といったより世界的な文脈のものと共存している。いずれにせよ、電子テクノロジーの発展により多くの手ごたえのある仕事が生み出され、国際的な財、サービス、情報の流通が格段に増えてきた。

　本章では、2001年以来多くの課題に直面してきたが、中国のWTO加盟が重要な転機であり、そのことによって、APEC加盟メンバーの間で紛争処理メカニズムに多角的アプローチをとることができるようになったと論じてきた。米中日という世界三大経済の重要性を鑑みると、ADRメカニズムや直接的な二国間アプローチだけではなく、WTO/DSM「仲裁・訴訟」枠組み内で紛争を解決する能力を備えることにより、アジア太平洋地域によって推進されている世界経済の急速な需要増に適応できる柔軟性を持つにいたった。

　さらに、中国が自国の法体制を国際標準に適合させる能力を持つようになることは大変貴重なことだ。WTOの法的・条約上の要件に中国がすばやく適応しており、2013年11月の中国共産党第18期中央委員会第三回全体会議で「法の支配」改革が提案された。これはまだ発展途上の段階だが、法律面で公平な土壌に立つことをめざしていることは、中国の改革政策における重要な点であり、WTOとAPECの将来にとって鍵となる。

　2001年のもう一つの転機は、国際通商における安全面の必要性をAPECがますます認識するようになったことだ。コンテナ輸送と出国前検査の必要性が注目されたことから始まり、公海における海賊阻止からインターネット保護サービスまでさまざまな安全対策が論じられるようになった。出国前コンテナ検査に必然的に伴う「主権」問題に関する協調の必要性は、今やグローバル経済の下では受け入れられるようになっている。

APECは自発的行動計画からオフレコの二国間交渉に至るまでその柔軟性が強みである。APECは当初からメンバーを「主権国家」ではなく「経済(economies)」と定義づけることにより、香港と台湾をうまく扱える。APEC内で現在のTPPの問題が、メンバー間のつながりを深めることになるのか否かは不明だ
　アメリカ、中国、日本が経済地域オプションを考慮しているので、2014年は別の転機になるかもしれない。TPPの最終段階に入っているので、アメリカの文脈でいえば、政治的「意志」が重要になる。「新」(第5世代)中国指導者層が、金融機関に焦点を絞りながら、上海自由貿易試験区の設置を含む経済改革を行おうとしている時期と重なっている。
　中国のWTO加盟と非国家アクターによるニューヨークの世界貿易センターへのテロ事件によって2001年が転機になったということは、グローバリゼーションが進むためには、主要構成員による柔軟で迅速な適応が必要だということがわかる。APECにはそのような大きな課題に対処できる能力があるということは、21世紀にもその存在が重要になるよい前兆だ。本章では紛争処理に重点を置いているが、アジア太平洋地域および世界の将来がどのような方向に進んでも、確固たる紛争処理メカニズムを打ち立てる必要性が中心的な課題になるということを示唆している。APECは、異文化アプローチが機能することを証明している。
　大阪首脳会議(1995年)から現在に至るまで、紛争処理に対するAPECアプローチを形成する上で、より普遍的なWTO/DSMグローバルシステムとは異なる「アジア方式」を形成する上で日本は大きな役割を果たした。しかし、今後のアジア太平洋地域においては、うまく紛争を処理するためには、創造的な(そして文化的に繊細な)アプローチが必要になるだろう。そうしなければ、些細な問題や緊張関係がアジア太平洋地域の人々と経済に多大な恩恵をもたらす通商システムの発展を阻害しかねない。

注
1) APEC参加国・地域は以下。オーストラリア、ブルネイ、カナダ、チリ、中国、中国香港、インドネシア、日本、韓国、マレーシア、メキシコ、ニュージーランド、パプアニューギニア、ペルー、フィリピン、ロシア、シンガポール、チャイニーズ・タイペイ、タイ、

アメリカ、ベトナム。
2）香港は 1995 年 1 月に WTO の創設メンバーだったが、中国は 2001 年 12 月 11 日に WTO に加盟し、チャイニーズ・タイペイは 2002 年 1 月 1 日に加盟した（2001 年 11 月に承認されていた）。
3）ロシア連邦は 2012 年 8 月まで WTO には加盟しなかった。
4）TPP 参加国はオーストラリア、ブルネイ、チリ、マレーシア、メキシコ、ニュージーランド、カナダ、ペルー、シンガポール、ベトナム、日本、アメリカの 11 か国である（韓国は潜在的参加国）。
5）EPG は 108 か国から各 1 名の代表によって構成されている。*Implementing the APEC Visions: Third Report of the Eminent Persons Group*, APEC Secretariat, (APEC #95-EP-01, 438 Alexandra Road # 19-01/04, Alexandra Point, Singapore 0511).
6）"Official sees influence on U.S. unilateral actions," *South China Morning Post*, June 15, 1996, p. 4.
7）*Implementing the APEC Visions*, pp. 10-12, 53-54.
8）Pacific Business Forum, *The Osaka Action Plan: Roadmap to Realizing the APEC Vision*, APEC, 1995, p. 24.
9）2002 年 12 月に 50 ページの報告書が刊行された。USTR, 2002 *Report to Congress on China's WTO Compliance*, December 11, 2002.（それ以降 2012 年までの年次報告書は USTR-China website でみることができる）。
10）2014 年 2 月時点で TPP 条約草稿は公表されていない。
11）Ministry of Economy, Trade and Industry, "Q8. Resorting to alternative dispute resolution," http://www.meti.go.jp/policy/ipr/eng/ipr_qa/qa08.html.(2018 年 6 月 26 日アクセス)。
12）Ibid.
13）以下参照。Yuko Yasunaga, Deputy Director, Commerce Policy Division, Ministry of International Trade and Industry, Japan, "Recent discussions about ADR in APEC," prepared for the Joint Conference on "Building Trust in the online environment― Business-to-Consumer dispute resolution," n.d.（2013）.
14）オバマ政権下では、「対テロ世界戦争（GWOT）」という用語は「暴力的過激主義への対抗」に替えられた。
15）以下参照。"Chief Executive Backs Additional APEC Counter Terrorism Moves," *Hong Kong Economic & Trade Office*, Washington D.C. October-November 2002, Vo. 6. No. 10.
16）アメリカ税関はその後、新設された国土安全保障省に吸収された。筆者は 2002 年ワシントン D.C. で開催されたアメリカ税関サービス通商シンポジウムに参加した。(Ronald Reagan Building and International Trade Center, Nov. 20-22, 2002).
17）Yasunaga, "Recent discussions about ADR in APEC," pp. 2-4.

第１２章

より良い未来に向けた日中関係の再構築
－アデン湾における日本と中国の海賊対策合同軍事行動の意義[1]

ヴィクター・テオ
（佐藤　晶子　訳）

　政治学者が東アジア諸国間の関係をある種の繊細な問題で感情を損なうことなく記述することは、非常に難しくなってきている。日米関係、または最も近い隣国である中国との関係を考える際はなおさらである。
　本論文では三つの議論を行う。第一に、日本の外交政策上の課題は、中国だけでなくアメリカとの関係にある。第二に、日本と中国の両国が特定の状況下で連携することは可能である。地政学と日米安全保障条約の力学によって多くの制約があるが、日中双方が協力する一つの可能な方法は、アジア太平洋地域を越えたところでの機会を考えることである。第三に、中国と日本の政治家が近年行ってきたこと以上に、より慎重に互いの利害関係を考える場合にのみ、東アジアは調和のとれた地域になるということである。特に中国は戦略的な優位性を維持する努力を続け、日本が「普通の国家」になろうとしている時、日中両国は、我々がよく目にする地域の諸問題で覇権争いを避けなければならない。

１．中国や北朝鮮の脅威を認識する―外圧による日本外交の正常化

　日本の外交正常化を促進するものに外圧がある。北朝鮮と中国は過去20年間日本において外交の正常化に関する議論を活発化させる重要な問題を握る国家であることが明らかになってきた。議論は憲法改正から自衛隊派遣、武力

行使に関する法律の見直しまで広範囲におよぶさまざまな議論が展開されたが、議論となる主要な推進力は日本が隣国である両国から感じる脅威である。1995年以降日本は一連の問題について中国とのあいだで深刻な意見の対立を持ち始めた。両国の問題は中国の核実験（1995年）、1996・1997年台湾の初の総統選におけるミサイル実験等の明らかな扇動的脅迫、1997年の日米防衛協力のための指針の見直し、歴史問題に関し書面での謝罪を拒否した日本に対する国家主席江沢民による日本批判（1998年）、2000年の日本製自動車および中国畳（わら）に関する貿易摩擦、2000年以降の東シナ海天然ガス鉱床に関する議論等、多くの問題がある。歴史問題、尖閣諸島（魚釣島）問題と東シナ海天然ガス鉱床に関する議論等、長期にわたる懸案事項もある。

官邸[2]と防衛省は、中国が明示的な脅威であると指摘することには最初は慎重だった。1996年の防衛白書は、まず原子力の近代化や有軍の専門化等、中国の特定の行動については綿密に監視する必要があると記載している。2000年までに、日本の防衛庁は、日本は中国のミサイルの射程内にあると明示的に指摘していた。2004年までには、同白書は中国が日本を攻撃するというシナリオを密かに想定していた。[3] その後の各年は、日本への脅威として中国の役割が定着している。

中国と比較すると、日本は朝鮮民主主義人民共和国（北朝鮮）の脅威に関してははるかに率直だった。1990年代半ばから北朝鮮は飢饉に見舞われた（1994〜1998年）。「偉大なる首領様」金日成国家主席が死去し、金正日の政権になると、これまでの北朝鮮首脳が経験しなかった前例のない困難に直面することになった。北朝鮮の核開発計画は、日本、アメリカと韓国を外敵として強調する好戦的な筋書きに沿ったものであり、困難にもかかわらず、金政権を断固として擁立するための北朝鮮の国民に対する強い呼びかけとして行われたものだと考えられている。過去10年間で、日本政府の立場はますます硬化し、北朝鮮と中国との協力関係は不可能だという意見が高まった。日本の進化する外交はこの課題をどう扱っていくのであろうか。

2．進化する日本の外交と日中関係

　近年日本は上記の課題に取り組むために二つの戦略があると考えられる。一つは日米同盟である。日本国とアメリカ合衆国との間の安全保障条約は 1951 年に正式に締結された。1960 年に改定され、1997 年とそれ以降に何度か見直しが行われている。[4] 日米間の安全保障は現在重要な取り決めとして位置付けられており、[5] 確かにアジア太平洋地域における平和と安定の「基盤」「平和と安定の礎」「地域における自由と繁栄を守る」ものと考えられている。ソ連の崩壊は、日米同盟の理論的根拠を支えていた主要な脅威が消えたことを意味したとしても、日本は日米同盟を強化するのが日本の国益に最もかなうものだと考えた。日米同盟を強化することで、日本の自衛隊を漸進的に強化でき、そのような日本の計画に対して近隣諸国に安全を保証するものになるからだ。アメリカは、日本に対し、「更に多くのことを行う」ように仕向けてきた。そして日本がグローバルな役割を果たすための適切な機会を提供してきたのである。

　冷戦後の日本の戦略構想に話を戻すなら、1990 年代に日本で議論されていた事項は、アメリカ同時多発テロ以後のアジアにおける戦略アジェンダに非常に類似している。日本は主に (1) 中国の台頭 (2) 米中関係に関心を持っている。2000 年までに日本政府は、日米条約の運用面を強化する一連の法体制作りにすでに取り組んでいた。この数十年間の日本で最も人気の高い首相の一人である小泉元首相の任期は、ジョージ・W・ブッシュ元大統領とほぼ重なっている。ブッシュ政権は対テロ戦争、イラクのサダム政権打倒とアフガニスタンでの二方面戦争など、アメリカの外交史上最も好戦的な政権として歴史に記載されるだろう。実際、この時期は日中関係の「蜜月」の一時期であったと明言する学者もいる。日本は日米同盟の強化という点に関して、実際以上に多くの貢献をしているように見える。ビクター・チャは、この時期日米関係は前例がないほどの親密さがあったとみている。[6] この時期ほど日米関係が親密だった事はない。

　日本は確固たる日米関係からほとんど支援を受けなかった。アメリカは北朝鮮問題に対する日本のロビー活動、特に日本人拉致問題に関しては支援しな

かった。日中関係は最も低調であり、日本政府関係者が何度も求めているにもかかわらず、アメリカは曖昧な態度をとり、日中間で紛争が起きた場合に日本を支援すると言う確約を求めていた日本政府に対し、明確に回答を与えなかった。しかし、自民党の政治家は主にこの時期、中国と北朝鮮との膠着状態から恩恵を受けた。小泉純一郎から安倍晋三までの自民党の首相は北朝鮮の拉致問題に関し国を挙げて取り組み、アフガニスタンに自衛隊を派遣し、インド洋に艦隊を送り、防衛庁を防衛省に格上げした。日本の政治は概ね右傾化し、日本が平和主義であるというのは幻想であり、再考する必要がある。

3．アメリカと中国に対する日本の外交関係を再考する

　日本人は信じられないかもしれないが、世界の多くの国々、特にアジア諸国は日本と過去 60 年間の功績に深い敬意を払っている。日本を訪れる中国人観光客も毎年その数が増えている。しかし、人々が日本を賞賛するのは大衆文化や科学技術製品だけではない。世界の人々は日本の平和憲法を賞賛している。日本国憲法と第二次世界大戦後に日本が平和の理念を守り、推進してきた並々ならぬ努力はほとんどのアジア諸国が注目している。この平和憲法は、今日の世界政治における日本のソフトパワーと正当性の重要な源となっている。残念ながら多くの人気ある日本の政治家は、この日本国憲法の改憲を望んでいる。
　岸信介首相は日米安全保障条約の改正とその施行に尽力したが、同首相の孫である安倍首相は日本国憲法の制限を緩和し、集団的自衛権の行使を容認し、自衛隊が武力行使の許容範囲拡張を許可することを目指している。[7] 安倍首相の指揮下で、日本の防衛庁は防衛省に格上げされ、正当に防衛力を維持できるよう日本国憲法第 9 条を拡大解釈した。2013 年度末までに安倍首相は「積極的平和主義」の名のもとで日本の防衛力を大幅に拡大し、日本の防衛態勢を大きく変更することを提唱した。[8]
　この政策の方向性によって、日本は日米同盟に対しさらに自衛隊を投入し、基地の整備により適切な資源を投入し、アメリカ又は日米の軍事作戦を強化するために資金的にも兵站的にも援助を進めていくだろう。小泉政権以来、指示

の形でじわじわと法が捻じ曲げられ、憲法の制限をすりぬけるためにさまざまな省庁からの指令が出された。[9] この展開は日中関係にとってどのような意味があるのだろうか。

　最近、中国に対する日本の外交政策における主要な外部要因は、尖閣諸島／釣魚台の問題を中心に展開しているように見える。この問題が主に安倍政権ではなく民主党前政権の外交政策の大失敗であっても、安倍政権にとっては絶好のタイミングだった。主な保守党政治家らは、この問題で日本人が中国に対して残していた共感を完全に打ち砕いた。日本のみならず他のアジア諸国にとっても試練の時である。地域における日中関係の複雑さに関係なく、日中関係における諸問題が結び付けられ、安全保障の問題になってしまう。現にアジアの多くの国が第三者として、日中問題を覇権争いであると見ている。アジア諸国はしばしばどちらかの側につくように迫られ、不愉快な思いをしている。日中両国はそのことを理解する必要がある。自国が大国で地域の主導国であろうとするなら、アジア諸国の感情をくみ取る必要がある。

　日米両国は、中国のヘゲモニーは受け入れられないという一つの共通要素以外は全く異なる課題と野心を中国に対して抱いている。にもかかわらず、アメリカが中国に対して何ができ、どうしたいのか、日本が中国に対して何ができ、どうしたいのかという日米の認識には大きな違いがある。アメリカにとって西太平洋と東アジアでヘゲモニーを維持してこそ、世界で唯一の超大国としてアメリカが生き残れるのであり、大国として力を維持できるのである。現在、東アジア・オセアニア地域は高性能兵器に4030億ドルを費やしており、アメリカの軍事研究開発を財政面で支えている。東アジア兵器購入金額は世界全体の兵器購入費用のおよそ4分の1を占めている。[10] 日中両国は米国債の半分以上を保有している。2013年末には中国が1兆3000億ドルであり、日本が1兆1800億ドルを保有している。[11] 中国、日本、韓国、台湾、東南アジアの市場はアメリカの輸出先となっていると同時に、米ドルの力を支えている。アメリカは日中関係の悪化について公平に観察しており、日中紛争に関して不干渉の立場を取っている。

4．海賊との戦いを国際公共財と捉える

　現在の国際法によると、1982年の海洋法に関する国際連合条約（国連海洋法条約）（UNCLOS）第101条では海賊行為は以下の行動から成ると定義されている。

> 私有の船舶又は航空機の乗組員又は旅客が私的目的のために行うすべての不法な暴力行為、抑留又は略奪行為であって、(a) 公海における他の船舶若しくは航空機又はこれらの内にある人若しくは財産、(b) いずれの国の管轄権にも服さない場所にある船舶、航空機、人又は財産、(c) いずれかの船舶又は航空機を海賊船舶又は海賊航空機とする事実を知って当該船舶又は航空機の運航に自発的に参加するすべての行為、(d) (a) 又は (b) に規定する行為を扇動し又は故意に助長するすべての行為。

　この定義は「公海」および「いずれの国の管轄権にも服さない場所」における海賊行為と制限しており、原則的に海賊行為はいかなる国民国家の統治圏内でも発生しえないと規定している。国際海事局（IMB）は、よりリベラルな定義を採用している。それは、「略奪行為または他の犯罪行為を行う目的で、かつその行為の延長で力を行使する目的や可能性を持って船舶に乗り込んでいるまたは乗り込もうとする行為[12]」という定義である。この定義は国家の領海内で起きた行為および私的目的（すなわち利益または金銭目的）で行われる航空機のハイジャックも含まれる。テロ行為もこの定義に含まれる。

　海賊問題は、1990年代以降、国際海運に不可欠である航路の一部で起きている。日中両国は歴史的に見てもこの問題に取り組まねばならなかったが、「現代の」海賊問題は、マラッカ海峡や南シナ海で一連の海賊行為が起きた1990年代が起源だ。日本は海賊による一連の攻撃を受けた。[13] 事件によっては特に問題になったため、海賊行為に関する海洋政策と一般的な安全政策の早急な見直しを行った。別の船舶に衝突し、大規模な火災と油の10万トン以上の油流

出を引き起こした「長崎聖霊[14]」のハイジャック事件では、船員44名が死亡した。[15] これらの海賊による攻撃は主にマラッカ海峡沖で発生した。[16] この事件により、日本政府は初めて東南アジアで海賊対策に集中することとなった。この事件が起きるまで日本にとり海賊は根本的な問題として扱われることはなかった。

1990年代半ばから、比較的保守的な見解を持つ橋本龍太郎、小泉純一郎、安倍晋三、麻生太郎が続けて日本の総理大臣に就任し、中道右派の方向に舵を切った。日本が普通の国になるための方策として、海上自衛艦をこれまで扱ったことのない地域に派遣することに力を入れてきた。その結果、日本はこの問

図1　アデン湾地図

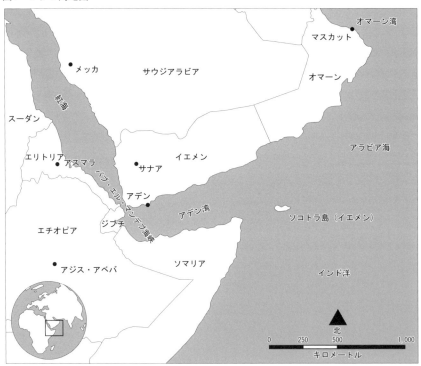

出典：wikipedia commons<https://ja.wikipedia.org/wiki/%E3%82%A2%E3%83%87%E3%83%B3%E6%B9%BE#/media/File:Gulf_of_Aden_map.png>

題について協働するために、東南アジア諸国に対し支援する努力を行っている。シンガポール、マレーシア、インドネシアなどの国はそれぞれ異なる反応を示した。[17] 2000 年代初頭までに、日本が国際問題を扱う役割についての再考を求める声が国内でも起きた。日本政府は中東に自衛隊を派遣することによって「普通の国になること」を非常に熱心に示そうとした。

5．アデン湾における中国と日本

戦略面から見るとアデン湾はアラビア半島南部沿岸国であるイエメンとアフリカ最東北端である「アフリカの角」の北部にあるソマリアとの間に位置する。アデン湾は毎年 2 万 1000 隻もの船舶が通過する地中海とインド洋におけるアラビア海の間を走る船舶ルートであるスエズ運河の一部である重要な水路として発展してきた。アデン湾はオマーンとイランの間に位置するホルムズ海峡という世界の重大な難所にも近い。アメリカ政府の概算によると、アデン湾で取り扱う原油量は 2001 年には 1 日 1570 万〜 1590 万バレルだったが 2011 年には 1700 万バレルまで増加している。2011 年には世界で取引される原油量の 20 パーセント、原油の 85 パーセント超がアジア市場に輸出され、特に日本、インド、韓国、中国が最大市場である。[18]

中東は明白な理由から中国と日本にとって非常に重要な利害関係を有する地域である。中国と日本が取り扱う貿易量は言うまでもなく、中東はエネルギーが不足する両経済大国に原油をベースとする重要な輸出を行ってきた。東アジアと中東における国際的な出荷の需要は増加するにつれ、交通路の安全性と通信ラインは中国と日本の両国にとって懸念が大きくなってきている。したがって、インド、韓国、シンガポールのような他のアジア諸国とともに、中国と日本は主に経済的、商業的利益のために関係性を維持してきた。

中国海軍はインド、日本と協力し、海上輸送の警戒監視を行う計画に四半期ベースで調整し、警戒監視の効率を高めながら哨戒艇が最適の状態で任務に就けるようにした。[19] 日中両国が「アデン湾の夜明け[20]」というコードネームで素晴らしく、大胆な護衛活動を開始したちょうど 1 年後の 2012 年第 4 四半期

に韓国がこの警戒監視に加わった。それに先立つ2009年から2011年までは、日中両国はこの海域に海軍艦艇、海上自衛隊艦艇を派遣していたが、各々独自に活動していた。この警戒監視活動の協力関係における最重要点は、日中両国（そしてインドと韓国）が協働している点である。さらにリーダーシップを交代でき、持ち回り制で緩やかに警戒監視体制を形成していることも重要である。この活動で参加国は交流ができ、その他の社会的行事を開催することも可能となった。

　しかし、中国と日本両国内では中国海軍と日本の海上自衛隊の協力関係は両国内の事情により広くは推進されていない。特に国内メディアは国際関係に貢献する努力の一部として海軍が海賊対策を引き受けたことに焦点を当てている。両国の協力関係はほとんど注目されていない。これは残念なことであり、特に日中両国は他の複数国（韓国とインド）が関わることになっても、この種の協力関係を推進し「高める」努力をするべきである。この協力関係は、安全保障における協働が日中両国（および韓国）間で実は可能であるという強力なメッセージを送ることになり、その相互協力は経済・商業の協力関係を凌駕する可能性もある。

　我々は国家主義的感情が東アジアで荒れ狂う時代に生きている。政治家は、このような感情を益々うまく利用するようになった。領土防衛、貴重な伝統と文化の保存または次世代の安全保障と繁栄の確保を提唱して示威運動を行っている。日本と中国は複数の政策表明の中でこの課題に直面している。日本の観点では中国台頭の取り扱い管理は日本の政治、外交課題の中で重要問題の一つとなっている。アデン湾における中国と日本が協働するのは良い出発点となり、それが適切に進められれば、互いの野心を調停する信頼醸成となるだろう。少なくとも、現在悪化している日中関係をやり直すことができるかもしれない。日本（と中国）は、このような協働を行うことで、現在抱えている両国の政治的、外交的対立が弱まり、両国の外交政策を鈍らせている外交的負担が軽くなる可能性があることを理解するだろう。

注
1) 本章は、香港研究委員会一般研究基金の支援により行われた研究「日本復興の展望と課題：1991 年〜 2009 年の中東における日本の外交および安全保障に関するケーススタディ」（プロジェクト No.753310）の一環として知見をまとめたものである。関係諸機関に篤くお礼申し上げる。また杉田米行教授および同僚の諸先生から本草稿の初期段階から助言をいただいたことに感謝申し上げる。
2) 首相官邸参照。http://www.kantei.go.jp.（2018 年 6 月 26 日アクセス）。
3) 防衛白書は防衛省から毎年公表される。以下参照。http://www.mod.go.jp/e/publ/w_paper/（2018 年 6 月 26 日アクセス）。
4) 以下参照。http://www.mofa.go.jp/region/n-america/us/security/scc/index.html（2018 年 6 月 26 日アクセス）。
5) George R. Packard, "The United States-Japan Security Treaty at 50: Still a Grand Bargain?", *Foreign Affairs*, March/ April 2010 Issue http://www.foreignaffairs.com/articles/66150/george-r-packard/the-united-states-japan-security-treaty-at-50（2018 年 6 月 26 日アクセス）；2011 年更新の条約を閲覧するには、以下のホームページを参照のこと。米国務省ホームページ http://www.state.gov/documents/organization/163490.pdf（2018 年 6 月 26 日アクセス）。
6) Victor Cha, Winning Asia: Washington's Untold Success Story, Foreign Affairs Nov/Dec 2007 http://www.foreignaffairs.com/articles/58454/victor-d-cha/winning-asia（2018 年 6 月 26 日アクセス）。
7) Editorial-Japan's Security: Clear and Present Dangers. 5 July 2014 http://www.economist.com/news/asia/21606334-prime-minister-moves-japan-step-away-its-post-war-pacifism-clear-and-present-dangers（2018 年 6 月 26 日アクセス）。
8) "Major Security Shift: Abe's proactive pacifism an exercise in military power in diplomacy" *Asahi Shimbun*, 14 July 2014.
9) 以下参照。MOFA's series of documents on the legislative and policy steps taken to enhance Japan's policies: http://www.mofa.go.jp/policy/security/index.html（2018 年 6 月 26 日アクセス）。
10) "Asia is world leader in expenditure on weapons in 2013," 14 April 2014 .
11) "China, Japan to boost US bonds buying to record high" *The Wall Street Journal*, 16 Jan 2014
12) 以下参照。 Nur Jae Ece, "The Maritime Security and Defense against Terrorism" in F.B.Uzer (ed), *Maritime Security and Defense against Terrorism*（Nato Science for Peace and Security: E: Human and Societal Dynamic), Amsterdam: IOS Press, 2012, p. 12.
13) 以下の船舶がハイジャックまたは攻撃された。The Nagasaki Spirit（1992）, Tenyu（1998）, Odyssey Rainbow（1999）Global Mars（2000）, Arbey Jaya（2001）.
14) この事件は以下の参考資料で詳述、議論されている。John Burnett,（2003 Reprint edition) Dangerous Waters, New York: Random House Penguin Plume Books.
15) Brian Fort, Transnational Threats and the Maritime Domain, in Graham Gerard Ong-Webb, Piracy, Maritime Terrorism and Securing the Malacca Straits, Singapore: Institute of Southeast Asian Studies, pp. 34-36.

16) Robert C. Beckman, Carl Grundy-Warr, Vivian Louis Forbes,（1994）"Acts of Piracy in the Malacca and Singapore Straits," Durham: International Boundaries Research Unit,Vol.1 Number 4,
17) John F. Bradford, "Japanese Anti-Piracy Initiatives in Southeast Asia: Policy Formulation and the Coastal State Responses," *Contemporary Southeast Asia: A Journal of International and Strategic Affairs*, Vol. 26, No.3（December 2004)., pp. 480-505.
18) EIA, "Straits of Homuz", xhttp://www.eia.gov/countries/regions-topics.cfm?fips=wotc&trk=p3. EIA, "The Strait of Hormuz is the world's most important oil transit chokepoint," January 4, 2012 https://www.eia.gov/todayinenergy/detail.php?id=4430 (2018年6月26日アクセス)。
19) State Council of China, Defense White Paper April 2013, 特に Section V, Safeguarding World Peace and Regional Security 参照。Available at http://eng.mod.gov.cn/Database/WhitePapers/2012.htm (2018年6月26日アクセス)。
20) The CNN Wire Staff,"South Koreans pull off daring rescue of pirated ship," CNN (January 21, 2011) http://belfercenter.ksg.harvard.edu/files/globalkorea_report_roehrig.pdf ; http://edition.cnn.com/2011/WORLD/asiapcf/01/21/south.korea.pirate.rescue/ （2018年6月26日アクセス）。

第 13 章

プライベート化する対外政策
－日米経済関係における財界人の役割

大賀　哲

はじめに

　戦後の日米関係、とりわけ日米の経済関係は両国にとって互いに最も重要な二国間関係の一つであった。戦後のほとんどの期間、日本にとってアメリカは第 1 位の貿易相手国であったし、アメリカにとってもそれは同様で、日本は巨大な貿易相手国であり続けた。[1] しかし、このことは両国の経済関係が常に良好なものであったことを意味するものではない。戦後の日米経済関係は、多くの領域で対立的な貿易摩擦を経験した。日米経済関係の歴史は貿易摩擦の歴史であると言っても過言ではない。

　貿易摩擦を政治学的な切り口から考えてみると、政府だけが決定的な役割を担う単一のアクターというわけではない。特にその交渉や意思決定において財界人などの「民間主体 (private actor)」もまた重要な役割を果たしている。本章では、とくに 1980 年代から 90 年代にかけての自動車業界の貿易摩擦を事例とした日米経済関係に着目し、財界人などの民間主体が対外政策の決定において如何なる役割を果たしたのか—それが本章の謂う「プライベート化する対外政策 (privatizing foreign policy)」である—を考察する。

　いわゆる「プライベート・ガバナンス (private governance)」は国際関係論研究やグローバル・ガバナンス研究において焦点化されてきた概念である。レジーム論においては国家中心主義的な世界観が伝統的に強いが、他方で非国

家主体によるトランスナショナル・ネットワークの研究―たとえば多国籍企業やNGOの研究―も着実に増加している（これらの先行研究については後述する）。また、本章では国家を中心としたガバナンスを公的ガバナンス（public governance）、多国籍企業やNGOなどトランスナショナル・ネットワークに拠るガバナンスを私的ガバナンス（private governance）と呼ぶが、公的／私的の区別は容易ではない。実際には、政府・多国籍企業・NGOは協働し、あるいは政府の管轄下で多国籍企業とNGOが連携している事例が多く認められる。このことはプライベート・ガバナンスとその類似の事例には様々な形態が存在していることを意味している。たとえば、民間主体が国家の意思決定プロセスに参画することもあれば、国家の意思決定を前提とした協働的な実施体制に組み入れられることもある。言い換えれば、グローバル・ガバナンスの実践において、パブリック・ガバナンスとプライベート・ガバナンスはより一層結合し混成化しているのである。こうした状況を本章では、パブリック・ガバナンスの「プライベート化」と呼んでいる。

　本章の目的は、「パブリック・ガバナンスのプライベート化」の概念を適用し、対外政策の意思決定を分析することにある。対外政策は、意思決定も政策の実施も国家政府が行うため、典型的なパブリック・ガバナンスの領域であると考えられている。本章のねらいは、歴史的にはパブリック・ガバナンスの領野であると考えられていた日米経済関係の「プライベート化」を明らかにすることである。とりわけ本章では、1980年代から90年代にかけての日米貿易摩擦とその交渉過程に着眼し、日米両政府の経済交渉において財界人たちが果たした役割を詳らかにすることである。とりわけ日本側の日米経済協議会（Japan-U.S. Business Council of Japan）とアメリカ側の米日経済協議会（U.S.-Japan Business Council）などのビジネス界の会合を考察する。

　以上のような問題意識から、本章では以下のように考察を行う。まず、「パブリック・ガバナンスのプライベート化」を理論的に検討する。ここではまず先行研究に触れながら本章の問い、理論枠組み、仮説、研究の重要性などを考察する。すなわち、本章では「パブリック・ガバナンスのプライベート化」を分析するための理論枠組みに着眼し、日米貿易摩擦を事例として如何なる仮説

が検証可能であるのかを考察する。第2番目に、1980年代から90年代にかけての日米の貿易摩擦を考察する。このことの趣旨は、民間主体の役割を考察する上でその状況やコンテクストをより良く検証するためである。続いて、日米経済界の言説を検討する。日米経済協議会と米日経済協議会を考察し、これらの民間主体が意思決定過程において如何なる役割を果たしていたのかを詳らかにする。最後に対外政策の「プライベート化」についての示唆を考察し、1980年代から90年代にかけての日米経済関係において、如何に民間主体が役割を果たし、対外政策がプライベート化しているのかを明らかにする。

1．パブリック・ガバナンスのプライベート化：理論的検討

本章では1980年代から90年代にかけての日米の自動車貿易摩擦における政策調整過程に着眼し、「パブリック・ガバナンスのプライベート化」を詳らかにする。本節では「パブリック・ガバナンスのプライベート化」に関して、本章の問い、理論枠組み、仮説、研究の重要性を考察する。

A. 理論枠組み

日米貿易交渉の中で自動車産業はその中心的な貿易品目として焦点化され、常に政治化（politicized）されてきた。したがって、政治と経済の密接なつながりが頻繁に観察され、そのため財界人など経済的アクターが重要な役割を担っていると言える。また、1980年代・90年代という時期は、二国間経済交渉から（WTO成立以降に顕在化する）多国間グローバル・ガバナンスへの移行の過渡期にあたり、二国間交渉のなかでさまざまな民間主体が公式・非公式に活躍した時期でもある。本章ではこのような問題意識から、対外政策の政策形成において如何に民間主体が特定の役割を担っているのかという問いを、とりわけ財界人たちが自動車摩擦の問題に対して重要かつ規範的な役割を果たしていたことを明らかとする。

対外政策決定のガバナンスにおける民間主体の役割を分析する際にはどのような理論枠組みが有効であろうか。まず、コヘイン（R. Keohane）とナイ（J.

Nye）の相互依存の議論が想定される。周知のように、彼らはアクセスの多チャンネル化、軍事力の役割低下、政策選好の流動化という三つの特性から相互依存を条件づけた。[2] このうち民間主体との関係において意味を持つのはアクセスの多チャンネル化である。対外政策主体の多元化―すなわち国家主体だけでなく、民間主体もまた対外政策に影響を与えるという命題―は、対外政策窓口の多元化を意味している。確かに意思決定権限は国家にある。しかしながら、交渉窓口が多元化することによって、国家と同様に民間主体もまた対外政策における重要なステイクホルダーであると考えられるのではないだろうか。

　次にレジーム研究という観点から、クラズナー（S. Krasner）の定義を見てみよう。頻繁に引用される彼の伝統的な定義に拠れば、国際レジームとは「国際関係の所与の領域において主体間の期待が収束するような明示的または非明示的な原則・規範・ルール・意思決定過程の集合」である。[3] 国際レジームについて使い古されたこの概念は、国際関係の特定領域における特定の問題を解決するために明示的または非明示的な国際組織ないし国際条約が前提とされている。ここで暗黙裡に想定されているのがパブリック・ガバナンスである。従来、相互依存におけるアクセスの多チャンネル化やレジーム論は、主として政府間組織や国際機関、国際レジーム（たとえば国連、世界銀行、IMF、WTO）などのパブリック・ガバナンスだけを想定してきた。しかしながら、グローバル・ガバナンスの進展に伴って「政府なき統治（governance without government）」[4] という概念が生まれ、グローバル・ガバナンスの実践において国家主体だけでなく、非国家主体や民間主体も意思決定過程に参画している。社会福祉、環境、教育、国土計画などの複数の政策分野において、官民連携や両者の役割分担が見られる。[5] 多国籍企業やNGOを含む民間主体―そこにISOや国際NGOなどかなり組織化されたものを含めることもできるが―の形成するトランスナショナル・ネットワークがプライベート・ガバナンスを構築しているのである。[6] つまり、従来の相互依存やレジーム論の枠組みでは民間主体の位置づけを必ずしも十分には捉えきれないという問題が生じる。

　しかし、パブリック・ガバナンスとプライベート・ガバナンスを単純に二分法で思考することには慎重であらねばならない。多くの中間領域が存在するか

らである。「決定主体」と「実施主体」という二つの基準で考えるとこの問題はより明らかとなる。パブリック・ガバナンスでは決定主体も実施主体も国家である。プライベート・ガバナンスも同様に、決定主体も実施主体も民間主体である。しかし、両者が混在している場合もありうる。まず、プライベート・ガバナンスの公的利用あるいはプライベート・ガバナンスのパブリック化という事象がありうる。これは国家が、民間主体によって形成されたネットワーク、システム、メカニズムなどを活用することを意味している。このことの好例が国際標準化機構（ISO）である。ISOはスイスの非営利法人に過ぎないが、160以上の加盟国を持ち、これらの国々はISOという民間主体の作ったシステムやメカニズムを再利用している（ISO基準の法制化など）。

他方で「パブリック・ガバナンスのプライベート化」という事象もある。国家が意思決定プロセスを提供し、多くの民間主体がそこに参画していく過程である。国家の意思決定に基づいて民間主体がそれを実施するのである。こうした事例において、決定権者は国家であるが、実施者は民間主体である。たとえば、国連や世銀のような国際機関はNGOと協議を行ったり、特定のNGOに協議資格を付与したり監視委員会のメンバーに指名したりしている。[7] つまり国際機関や国家政府が、NGOや民間主体を意思決定プロセスの中に組み込んでいるのである。

次のページの図表は、これら4種類のガバナンスを表したものである。国家主体／民間主体という分類が、実施主体と決定主体のそれぞれに分かれている。パブリック・ガバナンスのプライベート化とは国家の意思決定に基づいて民間主体が諮問やそれに付随する意思決定を行う場合、あるいは民間主体が調査や準備を行い最終判断を国家が行う場合などが想定される。本章ではこの「パブリック・ガバナンスのプライベート化」という概念を、1980年代から90年代にかけての日米経済関係に適用するものである。このことは、財界人などの民間主体が関連業界の状態を踏まえ適宜政策提言や政策調整を行うことによって、国家政策の策定プロセスの中に関与するということを意味している。

決定主体＼実施主体	国家主体	民間主体
国家主体	パブリック・ガバナンス	パブリック・ガバナンスのプライベート化
民間主体	プライベート・ガバナンスの公的利用	プライベート・ガバナンス

B. 本章の問い

以上の前提を踏まえ、本章では次のような問いと仮説を提示する。第1の問いは、対外政策が民間主体を含んだものへと多元化していく過程で対外政策の特徴はどのように変化しているのか、である。この問いの焦点は対外政策の多元化である。伝統的に対外政策とは国家主体の独壇場であったわけだが、対外政策が多元化すれば、交渉窓口が多チャンネル化して民間主体も重要な役割を担うようになるということを前提としている。

第2の問いは、パブリック・ガバナンスのプライベート化が1980年代から90年代にかけての日米貿易摩擦の交渉にいかなる影響を及ぼしたのかという点である。換言すれば、対外政策のプライベート化によってどのように対外政策のありかたが変化したのか、ということをこの問いは含意している。

第3の問いは、パブリック・ガバナンスのプライベート化は利害関係によって規定されるのか、それとも規範によって規定されるのか、ということである。この問いは、パブリック・ガバナンスのプライベート化という事象を理論的に捉えたものである。つまり財界人が政策形成に影響を及ぼしている場合、彼らの行動様式は自社（あるいは自産業）の利害関係に規定されるのか、それとも経済的あるいは政治的な規範に影響を受けるのか、ということである。別の言い方をすれば、この問いは、パブリック・ガバナンスのプライベート化がある種の公共性を持ったものであるのか、それとも単に私的な利害関係の現われに過ぎないのかということを考察するものである。

C. 仮説

上述のような問いに対して、本章では以下三つの仮説を展開する。第1の仮説は、対外政策が多元化すればするほど―その対外政策から影響を受ける主

体が増えれば増えるほど—、交渉過程はプライベート化する（これがまさに本章のいうパブリック・ガバナンスのプライベート化に他ならない）というものである。なぜならば、対外政策が多元化した場合、交渉の窓口は民間主体に対しても開かれたものとなるからである。1980年代から90年代にかけての日米両国の交渉過程において、貿易交渉のステークホルダーは多岐にわたっていたことから、対外政策の窓口は多元化し、民間主体が広くそこにアクセスするという事象が認められた。したがって、交渉の争点が複雑で重層的、多元化している場合には、パブリック・ガバナンスのプライベート化が進行するのである。

第2の仮説は対外政策においてパブリック・ガバナンスのプライベート化は特定の役割を持つ、というものである。対外政策のプライベート化においては数多くの民間主体が意思決定過程に参画し、かつその中で重要な役割を果たすことになる。民間主体は国家政策のステークホルダーの一つであることから、政府はそこで民間主体と協力する必要が生まれる。1980年代から90年代にかけての日米貿易摩擦において、政府は業界団体からの理解と支援を必要としていた。したがって業界や企業の要請に基づいて政策調整が行われる。

第3の仮説は、パブリック・ガバナンスのプライベート化は規範と利害関係の結合として現れる。この仮説は財界人たちが貿易摩擦に対してどのように対処したのかということと関連している。すなわち、財界人たちは特定の業界や企業の利害を代表して行動するのか、それとも問題解決のために何らかの規範に基づいて行動するのかということである。この仮説を検討するためにはさらに副次的な仮説を置く必要がある。それが財界人たちの行動についての仮説3.1から3.3である。

仮説3.1はロビイスト仮説である。すなわち、財界人たちは彼らの経済的利害を守るために活動しているという仮説である。端的に財界人たち業界や企業または個別の経済的利益を代弁するであろうというのがこの仮説の想定である。仮説3.2はスポークスマン仮説である。財界人たちは自国の政策に対して同調しやすく、自国の政策を支持・強化・正当化するエージェントとして活動するという仮説である。仮説3.3は規範起業家仮説である。この仮説は財界人たちが、経営者という専門性から、独自の規範を提起するということを想定してい

る。言うまでもなく、この仮説は仮説 3.1 や 3.2 とは根本的に異なった問題意識に基づいている。仮説 3.1 や 3.2 が業界や国家の経済政策を母体とした利害関係を想定しているのに対して、仮説 3.3 は規範の存在を想定している。

フィネモア（M. Finnemore）によれば、規範とは「主体間のコミュニティによって認められた適切な行為についての共通の期待」[8]を意味している。したがって、この定義を用いるならば、特定の規範が主体間のコミュニティによって認められた適切な行為に基づいているか否かを検証しなければならない。これを検証するためには、理念（idea）についての検討が欠かせないし、より具体的には言説を分析する必要がある。すなわち特定の言説の分析を通じて、規範の形成を同定するという手法である。ヤング（O. Young）は、言説を特定の方向性に対してその適用領域を規定する規範的な視座と規定している。ヤングは次のように述べている。

> 言説とは、その中に埋め込まれている問題や行動様式の複合体を規定し主張する方法を提供するだけでなく、問題の重要性やその適切な解決方法についての規範的な見解を含んだ思考の体系である。ここで重要なことは、適切な言説の出現や拡散は、レジームの形成とひとたびそれが動き出した後にはレジームの効果についての成功を決定づけるものである。[9]

このことは、交渉についての具体的な言説を考察することで、ある言説から如何にして規範が形成され、そうした規範が如何にして主体間のコミュニティによって認められた適切な行為とみなされうるのかを検証するということを意味している。

言うまでもなく、これらの副次的な仮説（ロビイスト、スポークスマン、規範起業家）はそれぞれが相互に相反する仮説ではない。利益と規範（または理念）という二項対立があるわけではないし、そのように想定しているわけでもない。特定の状況下においては、規範や理念は利害関係とよく結び付いている場合がある。それ故に、三つの副次的な仮説は相互に相反するものではないのである。

たとえば、ゴールドステイン（J.Goldstein）とコヘインは対外政策の分析において理念と利益を結びつけ、「利益と同様に理念もまた、人間行動を説明する上でその原因を示す重要性を帯びている」と結論付けている。[10] その上で、「私たちは理念と利害は現象上区別されうるものではなく、あらゆる利害は理念を含んでいるし、故に私たちは理念をそういうものとして捉えている」と述べている。[11]

実際にこれらの仮説が示しているような三つの行動様式は、財界人たちの活動や会合においてすべて確認されうる事項である。たとえば「保護主義」や「貿易不均衡」といった言説は典型的な仮説 3.1 ないし 3.2 の主張であるし、「世界経済の安定」や「世界経済システムの機能」は仮説 3.3 の好例である。同様に、財界人によって提起された規範的な議論が市場重視型個別協議（MOSS）や日米構造協議（SII）といった政府レベルの経済交渉に影響を与えていた。この第三の問いと仮説の目的は、如何にして財界人たちが単なる業界や政府の立場によって導かれる利益によるのではなく、規範と利益の結合に基づいて行動していたのかというメカニズムを明らかにすることにある。

D. 研究の重要性

日米貿易摩擦や特に自動車摩擦については多くの先行研究が存在する。しかし、そうした研究の多くは公的な交渉過程や経済的・産業的分析を行ったものが多い。[12] 対して本章では、民間主体による交渉過程への関与に着眼し、財界人たちの言説を分析する。方法論的に言説分析を用いることで、財界人たちの提起する規範（または少なくとも、規範と利益の結合の過程）を詳らかにし、対外政策のプライベート化における規範の役割を検討する。後続の各節ではパブリック・ガバナンスのプライベート化がどのように日米経済関係の意思決定に影響を及ぼしたのかを詳らかにする。

2．日米貿易交渉―1980 〜 1990 年代

前節では対外政策のプライベート化についての理論的背景を考察した。本節

ではそれを受けて、日米貿易摩擦における交渉の流れを概観する。日米貿易摩擦の対象品目は繊維、鉄鋼、テレビ、ビデオ、機械、半導体、自動車、自動車部品など多岐にわたっており、それに伴って夥しい数の貿易交渉が繰り返されてきた。とりわけ自動車はしばしば槍玉に挙げられ、1980年代前半の日米外交において「政治化」されてきた。

A. 日米貿易交渉の経過

日米貿易交渉の歴史を振り返ると、蓄積されたアメリカの貿易赤字が日米貿易不均衡の直接の原因であることは間違いないのだが、貿易交渉の経過においてはしばしば特定の産業が問題視される傾向にあった。1960年代後半の繊維産業、1970年代後半の鉄鋼、1980年代の電化製品、自動車、半導体などがその好例で、貿易交渉において熾烈な対立を呼び起こした。日米貿易摩擦は1950年代の繊維産業に端を発している。論争的な交渉のあと、日本政府はアメリカへの自国製品への輸出を「自主規制（VER）」することに合意した。VERとは輸入国の要望に基づいて輸出国が製品の輸出量を自主的に減らすという合意である。この種の合意は、1970年代後半のカラーテレビや1980年代前半の自動車など多くの交渉に適用された。その上、アメリカ政府はしばしば業種別、品目別のアプローチを望んでいた。

1979年の大平カンター共同声明は、複数の点を提示して将来の経済関係の土壌をかたちづくった。第一に彼らは日米がその経済関係についてより建設的なアプローチを取るべき段階に入ったことを確認した。同時に二国間の経済的利益が非常に密接に関わり合っていることも確認し、さらには日本の国内需要が経済成長と「外国製品とりわけ製造品目に対しての市場開放」を支えるものであることを強調した。[13]

その結果として日本は、1981年にアメリカに対しての自動車のVERに合意した。それは1984年まで、すなわち3年間の期限で行われた。VERは言うまでもなく、業界との連携を必要とする。したがって、企業や業界との政策調整が不可欠なのである。日本政府はVERを導入したが、日本の自動車産業は依然としてアメリカでの売り上げを伸ばしていた。このことには複数の理由があ

る。第1に前述のように、日本の自動車産業は戦略的に直接的な輸出から、輸出と現地生産との結合へとシフトしていたということである。第2にアメリカのディーラーたちがアメリカ市場向けに日本車を輸入することを望んでいたこと。第3に1985年以降のプラザ合意の影響で円高が起きていたこと。

さらに、1985年にMOSSが1989年にはSIIが開始された。これらの交渉には業界団体に対しての調整と協議、とりわけ業界からの協力が必要であった。

B. 交渉過程

1980年代から90年代にかけての日米交渉はいくつかの点で特徴的である。第一は、GATT（あるいは今日で言えばWTO）のような多角的貿易交渉の場で交渉をするのではなく、あくまでも二国間協議の場で政策調整を行うという特徴である。第二にこうした二国間協議は1995年の日米包括経済協議で妥結している。この話し合いにおいて、交渉の趣旨は貿易摩擦の政治的調整から自由市場の構築と促進へと変化している。つまり、日米交渉は最終的に政治的調整を放棄するというかたちで妥結しているのである。

交渉の当初、日本側はアメリカ側からの非常に強い抗議に直面し不本意ながら妥協を繰り返していた。そのことが結果としてVERへと帰結したのである。1981年に日本はVERを実施するが、前述のように日本の自動車産業は直接的な輸出から輸出と現地生産との結合へとシフトしていく。このことは現地生産の安価な自動車部品と高級部品を組み合わせ、レクサス（トヨタ）、インフィニティ（日産）、アユラ（ホンダ）などとして販売していくことを意味している。[14]

アメリカは交渉に対しては常に厳しい姿勢で、時には報復的な姿勢で臨んだ。その応答として、日本側は交渉の初期においてはアメリカ側の要求に強く反発するものの、最終的には妥協するというのが典型的な交渉パターンであった。ところが、1995年の包括協議で日本は決して譲歩せず、政府は市場に介入すべきではないという主張を強調した。これは言うなれば、「総論反対各論賛成」の姿勢である。日本政府は貿易摩擦を政治的に解決することよりも自由貿易原則に強いこだわりを見せたのである。同時に、自動車やその関連産業の財界人たちによる継続的な政策調整が行われた。こうした過程にパブリック・ガバナ

ンスのプライベート化の特徴が現れている。

　こうした交渉が、個別利益によってではなく、規範的な議論に則って行われたことは驚くべきことではない。財界人たちの規範的な議論は MOSS や SII といった政府レベルの交渉に大きな影響を及ぼした。SII とは貿易を制限している国内の構造要因を調整・構想するための一連の協議を含む新しいアプローチである。数ラウンドにもわたる激しい議論の末、SII は日米経済交渉の枠組みとしては放棄された。

C. 交渉の妥結

　アメリカは数値目標に関して相互の合意が成立したと考えていたが、日本側は交渉が合意に至ったとは考えていなかった。明確な結論には至らなかったのである。むしろ、包括協議は互いに都合の良いように解釈可能な曖昧な結論であった。[15]

　1992 年の交渉において、それが端的に管理貿易にあたることから、日本側はアメリカの提案した数値目標を公式に拒絶した。また特定品目に対しての輸入割当も拒絶した。[16] 先行研究が指摘しているように日米経済交渉に関して言えば、アメリカは必ずしも自由貿易原則の唱導者ではなかった。アメリカ産業やアメリカ企業の不利益となる場合にはアメリカ政府は保護主義的政策を徐々に選択しているし、相手国が保護主義的政策をとっている場合に報復的に保護主義政策を採用する場合もあった。[17]

　1995 年の交渉では、(1) 自動車部品市場の規制緩和、(2) 系列などに代表される日本のディーラー業界の自由化、(3) 日本の自動車業界に対しての自主購入計画という三つのアジェンダがあった。[18] 皮肉なことに、アメリカ側は自由経済の原則に基づいて、日本市場は極めて閉鎖的で不公正であると糾弾したのに対して、日本側はアメリカ側の提起した数値目標を管理貿易であると反駁した。アメリカ側の戦略は原理原則を重視した交渉よりも数値目標にこだわるものであったため、その点に乖離があった。日本側もアメリカ側も伝統的思考 (conventional perceptions) を主張していたが、その意味するところはまったく異なっていた。日本側にとって伝統的思考とは、たとえ日本側が自由貿易原則に則っ

て交渉を行ったとしても、アメリカ側が制裁措置に拘るために交渉は失敗するということを意味していた。逆にアメリカは、それは明らかに脅しであるものの、制裁とは日本から譲歩を引き出すための手段であると考えられていた。[19]

1995年の交渉は、政府は市場介入しないという点で妥結した。このことは、政府の役割が貿易摩擦の調整から自由貿易の促進へと変化していることを意味している。数多くの研究が日本の外圧（foreign pressure）に対しての脆弱性を指摘している。たとえばカルダー（K.Calder）は日本を反応国家（reactive state）と呼び、外圧、特にアメリカからのそれに極めて過敏かつ脆弱であることを指摘している。[20] 他方でグレン・フクシマ（G.Fukushima）はこのことを別の側面から捉えている。すなわち、日本政府はむしろこうした外圧を国内の反対派を抑え込むために利用しているというのである。[21] 1995年の交渉の後、日米両国は互いに互いをWTOへと提訴した。しかし、紛争解決手続きは進行させず、二国間合意が行われた。

要するに、日本側は一貫して原則主義的アプローチを維持し、それ故に数値目標や輸入量の規制のような管理貿易に抵抗してきた。対してアメリカは、日本市場の不公正さを繰り返し強調してきた。こうした議論はジェームズ・ファローズ（J.Fallows）、チャルマーズ・ジョンソン（C.Johnson）、クライド・プレストウィッツ（C.Prestwitz）、カレル・ヴァン・ウォルフレン（K.Wolferen）などの修正主義者たちの議論[22]を呼び起こすものであった。すなわち、日本は西側世界の一員であるという伝統的な見方から異なった文化と制度を持ったまったく異なる国であるという観点の変化である。これに伴って、日本は理解可能でも信頼に値する国でもないという主張がアメリカの経済界で広がっていく。

3．日米ビジネスコミュニティの言説

前節では公的な交渉過程を簡単に振り返った。本章では日米両国のビジネスコミュニティの言説を明らかにしていく。本章ではとくに日米経済協議会（JUBC）と米日経済協議会（UJBC）を取り上げる。両協議会とも日米両政府にそれぞれ政策提言を行っている。本章での検証は、JUBCによって組織されて

いる日米間の財界人会議を対象とする。財界人会議で議論され合意された政策を実施・促進するために、協議会は日米両政府や関係機関に対して働きかけを行っている。財界人会議は1961年に始まる。これらの会合は、二国間および国際経済秩序における規範形成を促す民間主体の活動の好例である。

　1979年カーター大統領と大平総理は会談し、8人（日米両国から4人ずつ）の市民からなる日米賢人会議の設立を決定した。賢人会議は政策提言を行い、引き続き財界人会議が日米貿易交渉についての議論を継続した。以下では時系列に沿って財界人会議の言説実践を検討していく。

A. 日米財界人会議 [23]

　1981年のニューヨーク会合では、アメリカ側から日米貿易収支の不均衡が問題とされた。対して1982年のサンフランシスコ会合では自由貿易原則の下での両国の協調が示唆された。また1982年の箱根会合では、国際貿易についての制度と原則を構築するというGATT閣僚会合への提言が提示された。1983年のシカゴ会合では、業種・品目別アプローチが導入され、また異なった社会的・文化的背景に留意しつつも自由貿易と自由市場の重要性を謳った「Agenda for Action」という政策提言が7月に提起された。[24] ここでは上述のような交渉パターンが見られる。すなわち、日本側が原則主義を提起し、アメリカ側が貿易不均衡を是正するために具体的な基準を提示するというそれである。

　1984年のホノルル会合では日米関係の重要性が再確認された。貿易摩擦の政治化、とくに保護主義的な衝動に対しての警戒と協調的な行動が合意された。1984年の東京会合では、財界人会議はいずれか一方の国の産業政策を後押しすべきではなく、したがって、一方の国の特定政策を提言すべきではないことが合意された。[25] 1985年のミネアポリス会合はより論争的なものであった。アメリカ側は貿易不均衡はもはや許容できないと主張し、日本が何か対策を講じなければ保護主義的な潮流が極めて高まるだろうと警告した。1986年の東京会合では、アメリカ側は依然として日本側の是正措置をしきりに要求したが、財界人会議全体はは再び建設的な対話を強調した。この間、アメリカ側は、選択の余地を議論するよりも日本が具体的な行動をとることを一貫して求めてき

た。

　1986 年 11 月 7 日、セントルイス大学で UJIBC 会長のリー・モーガンが、「日本からの新しい風―貿易最前線の朗報（Fresh Winds from Japan: Good News on the Trade Front）」と題した講演を行った。[26] モーガンは貿易不均衡が深刻な問題であることを認めつつも、それはいずれか一方の国の問題ではなく、日米両国の問題であると述べ、アメリカは保護貿易に回帰するのではなく、継続的に自由貿易原則にコミットすべきであると明らかにした。さらにモーガンは、11 月 11 日に JUBC 会長の長谷川周重宛てに手紙を書き、その中で貿易摩擦問題の政治化を憂慮し、日本側に対してのアメリカ側の協調的姿勢を再確認している。[27]

　さらに 1987 年 4 月 7 日、モーガンと長谷川は連名でレーガン大統領と中曽根総理に書簡を送った。[28] 同書簡は日米間の貿易不均衡を憂慮し、日本の輸入とアメリカの輸出を増加させることを提言している。さらに、UJBC と JUBC が 1987 年 4 月 30 日の『ニューヨーク・タイムズ』と『ワシントン・ポスト』に連名で意見広告を発表している。この意見広告は「レーガン大統領と中曽根総理への公開書簡」と題され、4 月 7 日の書簡の内容を盛り込んだものであった。[29] このように経済界は貿易摩擦を回避し、経済問題の政治問題化を回避すべく積極的に動いていた。

　1987 年のサンフランシスコ会合では、モーガンは貿易不均衡が解決されず、若干の減少が見られたに過ぎないことが不満であった。これ以後、アメリカ側は過程重視のアプローチから結果重視のアプローチへと移行していく。1988 年 7 月 1 日、レーガン大統領は JUBC に書簡を送り、二国間の経済問題を議論し解決するための民間主導のプロセスを高く評価した。[30] 日米の共同運営委員会が 1989 年 2 月にサンフランシスコで行われた。争点は、貿易相手国の不公正な取引慣行に対して協議や制裁を求める「スーパー 301 条」であった。日本側が制裁に対して慎重な適用を求めたのに対して、アメリカ側は同法の目的は保護主義的なものではなく、むしろ相手国の市場開放を促すものであると主張した。さらに 1989 年 5 月、二国間の特許制度についての作業部会が発足した。

　しかし、依然として二国間の認識の溝は埋め難かった。日本側が自由貿易原則を堅持しようとするのに対してアメリカ側は具体的かつ客観的な目標設定―

それは日本側から見れば管理貿易である―を求めたのである。1989 年 2 月のサンフランシスコ会合での共同運営委員会において、アメリカ側は貿易政策・交渉諮問委員会（ACTPN）の報告書「日米貿易問題の分析（An Analysis of the U.S.-Japan Trade Problems）」を提示した。報告書は日本の貿易障壁を厳しく非難し、制裁を含む貿易管理の必要性を示唆していた。対して日本側は 1989 年 8 月に反論と提言をアメリカ側に示し、結果重視のアプローチを批判した。ACTPN は 1993 年 2 月にさらに報告書を提示し、業界別の一時的な数的指標を提言した。

その後、冷戦構造の崩壊に伴って、日米二国間関係もグローバルな文脈へと変化していったことは想像に難くはない。1989 年のニューヨーク会合で「21 世紀米日関係委員会（the Commission on US-Japan Relations for the Twenty-First Century）」が組織された。委員会ではアジア太平洋地域の協力、国際社会における責任分担、二国間の問題の建設的な解決など新たな時代に向けた日米関係が討議された。

1990 年の大阪会合では、JUBC 会長の斎藤英四郎が、経済問題が深刻な問題とならないように財界人同士が対話を深める必要があることを強調した。1991 年のピッツバーグ会合ではグローバル問題、パートナーシップ、二国問題の解決という三つのグループに分かれて議論が行われた。1992 年 2 月、ワシントン DC での共同運営委員会では日米両国の輸出見通しを作成するという提言を JUBC と UJBC がともに受け入れた。[31] 1992 年の東京会合ではさらに業界別アプローチに着手した。

1993 年のクリーブランド会合では民間イニシアティブが問題解決に資することが強調されたが、1994 年のワシントン会合では客観基準について論争と意見の不一致が目立った。最終的に会合では、JUBC と UJBC の役割を再確認するというは共同綱領を採択した。[32] 1994 年の東京会合では、日本側が円高を懸念し、アメリカ側が市場アクセスの改善を要求した。1995 年には二つの会合が持たれた。2 月の東京会合と 7 月のツーソン会合である。自動車業界はアメリカに生産拠点を設置する自発的な計画を発表した。1990 年代前半から半ばにかけて、日米関係はよりグローバルな、あるいは地域的な性質を持つようになり、その行動は WTO や APEC の影響を受けるようになる。この間、二

国間の経済関係では複数の衝突と意見の不一致が起こることになる。

B. 言説実践の内容

　日米財界人会合において、両者間の言説実践には明確なアプローチの差異が現れていた。日本側がマクロ及び概念的なアプローチをとっているのに対して、アメリカ側はミクロ及び具体的なアプローチをとっていた。ここには次のような言説実践が展開された。第1のマクロレベルは世界政治や世界経済秩序に関するものである。このレベルの言説は、直接的な利害関係よりもむしろ認識共同体の規範構造を問うものである——「世界貿易秩序の安定性」、「世界経済システムの機能」などがそれにあたる。世界政治に関するマクロな言説は交渉の戦略的環境を整える機能を持っているが、第2の中間レベルの言説は日米関係に関するものである。このレベルの言説は、「保護主義」、「貿易不均衡」、「貿易摩擦」、「良好な関係を損なう」などの言葉を伴い、「市場開放よりも経済調整」を強調するものである。第3のミクロ・レベルの言説は交渉過程に関するもので、「建設的な対話」、「コミュニケーションの欠如」などを含むものである。これらの言説は交渉環境そのものを問題にしたものである。

　これらの言説実践において、日本は自由貿易原則の名の下に管理貿易に反対した。同様にアメリカもまた、自由貿易原則を擁護するために日本の不公正な貿易慣行に対して制裁措置を取ろうとした。また、修正主義者の議論が日本に対しての政治化された言説を形成した。たとえば、バグワティ（J.Bhagwati）は、「実際にこれらの文化的ステレオタイプの多くは、ある行動が経済的状況によって説明できるような時でも、日本を異質なものとして特徴づけることを容易にするように促してきた」と述べている。[33] しかし、これまで考察してきたように、財界がこれらの修正主義的言説から影響を受けることは少なかった。貿易不均衡に対しての不満は強かったものの、財界人たちはマクロレベルの世界政治についての言説、すなわち「世界貿易秩序の安定」や「世界経済システムの機能」といった言葉を好んで用いてきた。

4．対外政策のプライベート化への示唆

　前節では日米貿易摩擦とその言説についての特徴を考察した。本節ではこれまでの検討を踏まえ第1節で提示した仮説の検証を行う。三つの仮説の第1は、対外政策が多元化すればするほど交渉過程はプライベート化する、というものである。事例検証において明らかにしたように、多元的な経済・貿易問題は、特に財界などによる民間主体の意思決定への参加を促進する。JUBCやUJBCはそのようなプライベート化する対外政策の好例である。

　第2の仮説は、対外政策においてパブリック・ガバナンスのプライベート化が特定の役割を担う、特に意思決定過程において民間主体が影響力のある役割を果たすことになる。ここまで検証したように財界人たちは複数の政策提言を行っており、JUBCやUJBCなどの財界人会議は日米両政府に直接的な影響を与えている。しかしながら、財界による政策提言と現実の政策過程との因果関係は明確ではない。仮に財界人たちが重要な役割を担っていたとして、彼らの政策提言が実際の政策実践につながっていたのかは不明瞭である。最終的に報復的措置は回避され、政治的調整が放棄されたことを踏まえると、世界貿易の安定性や良好な関係などの肯定的な提言は必ずしも政策に影響を与えているということは言い難く、否定的な提言―例えば保護主義、不公正な貿易慣行、貿易障壁―は政策への影響を与えやすいという傾向は窺われる。

　第3の仮説は、パブリック・ガバナンスのプライベート化は規範と利害関係の結合によって展開されるということであり、副次的な仮説としてロビイスト、スポークスマン、規範起業家がある。これらの仮説はそれぞれ独立したものではない。なぜならば、財界人たちの行動様式は利害と規範の両方に強く規定されているからである。事例検証が明らかにしたように、財界人たちは一方で国民経済という利害構造の中で行動し、他方で自由貿易原則や日米関係といった世界経済秩序の維持という規範の下で発言していた。彼らの言説実践にはすべての仮説に合致するような合同が見られることから、彼らの行動が特定の利害あるいは規範のみによって導かれていると考えることは適切ではない。

おわりに

　本章の議論では1980年代から90年代にかけての日米経済交渉を振り返り、財界人のような民間主体が対外政策の意思決定に如何なる影響を及ぼしたか、特に政府レベルの交渉に対して如何に規範的な言説を提供しえたのかを考察した。こうしたプロセスは1980年代の日米貿易交渉において明示的（または萌芽的）に現れた「対外政策のプライベート化」として考えることができる。簡単に要点を3点述べる。

　第1に対外政策の多元化は同時に対外政策のプライベート化を促進するということである。自動車産業の貿易摩擦の場合、政策調整の結果は業界の利益に大きな影響を与える。したがって財界や業界の代表の意思決定プロセスへの参加が促進される。

　第2に、こうしたプライベート化は、パブリック・ガバナンスを規定するプライベート・ガバナンスとしての対外政策を促進する。輸出自主規制は業界の協調と理解を必要とする。またMOSS対話やSIIは業界別アプローチを採用しており、財界人は深くその意思決定に関わり、MOSSやSIIのガバナンスは高度にプライベート化していたと言える。勿論、どの程度政策提言が実際の政策実践に結び付いていたのかは不明確ではあるが、財界人たちが両国政府の意思決定に影響を与えていたことは確かである（それがどの程度であるのかという点については引き続き研究の課題としたい）。

　第3に、これが最も重要なのだが、パブリック・ガバナンスのプライベート化は、利害対立ではなく国際規範の形成を促進する。たとえ財界人たちが意思決定プロセスに参加したとしても、そこでは利害関係の露骨な衝突よりもむしろ自由貿易などの国際規範と利益との結合が見られるということである。これらの財界人たちがアクターとして参画することによって、貿易摩擦の政治的調整は後方に退き、自由貿易体制の構築と促進が強調された。日米経済交渉に際して、財界人たちはロビイストであると同時に規範企業家として活動していたのである。

注
1) 無論、こうした傾向は近年では若干流動的である。中国は2009年から12年にかけて日本の最大の貿易相手国の一つであった。これは2008年に起きたリーマンショックとその後のアメリカ経済の低迷が作用している。2013年以降、アメリカは再び日本の最大の貿易相手国となっている。
2) Robert Keohane and Joseph Nye, *Power and Interdependence: World Politics in Transition* (Boston: Little Brown, 1977), Ch.1.
3) Stephen Krasner, "Structural Causes and Regime Consequences: Regimes as Intervening Variables," in id. (ed.) *International Regimes* (Ithaca: Cornell University Press, 1983), p. 2.
4) James Rosenau and Ernst-Otto Czempiel, (eds.) *Governance without government: order and change in world politics* (Cambridge: Cambridge U.P., 1992).
5) Jan Kooiman, "Social-Political Governance: Introduction," in id. (ed.) *Modern Governance: New Government-Society Interactions* (London: Sage Publications, 1993.), p. 1.
6) プライベート・ガバナンスについては以下を参照。Margaret Keck and Kathryn Sikkink, *Activists beyond borders: Advocacy Networks in International Politics* (Ithaca: Cornell University Press, 1993); Michael Zürn and Mathias Koenig-Archibugi, "Conclusion II: The Modes and Dynamics of Global Governance," in M. Koenig-Archibugi and M. Zürn (eds.), *New Modes of Governance in the Global System: Exploring Publicness, Delegation and Inclusiveness* (London: Palgrave Macmillan, 2006).
7) Ngaire Woods and Amrita Narlikar, "Governance and Accountability: the WTO, the IMF and the World Bank," *International Social Science Journal*, Vol. 53, No. 170, 2001, pp. 569-583.
8) Martha Finnemore, *National Interests in International Society* (Ithaca: Cornell U.P., 1996), p. 22.
9) Oran Young, *Governance in World Affairs* (Ithaca: Cornell U.P., 1999), pp. 206-207. Emphasis in original.
10) Judith Goldstein and Robert Keohane, "Ideas and Foreign Policy: An Analytical Framework," in J. Goldstein and R. Keohane (eds.) *Ideas and Foreign Policy: Beliefs, Institutions, and Political Change* (Ithaca: Cornell U.P., 1993), p. 4. Emphasis in original.
11) Ibid., p. 26.
12) 包括的な研究としてはYumiko Mikanagi, *Japan's Trade policy: Action or Reaction?* (London: Routledge, 1996)、小尾美千代『日米自動車摩擦の国際政治経済学―貿易政策アイディアと経済のグローバル化』国際書院、2009年。
13) "Joint Communiqué, Productive Partnership for the 1980's (Visit of Prime Minister Ohira of Japan)," *Public Papers of the Presidents: Jimmy Carter, 1979* [Book I] (Washington D.C.: United States Government Printing Office, 1980), pp. 763-768.
14) Toshihiro Ichida "US-Japan Automobile Trade Negotiation in 1995-the Analysis on why Japan became assertive toward US negotiators," *The Waseda Commercial Review*, No. 404, June 2005,

pp. 55.
15) Kitaoka, Shin'ichi (1995) "Nichibei-kankeishi no Shitenkara," [From the view point of the history of U.S.-Japan relations] *Tsūsan Jyanaru* [Journal of International Trade and Industry], December 1995, p.14.
16) Susumu Awanohara, "Target Practice," Far Eastern Economic Review, September 23, 1993, p. 96.
17) Vinod Aggarwal, Robert Keohane and David Yoffie, "The Dynamics of Negotiated Protectionism," American Political Science Review, Vol. 81. No. 2. June 1987, pp. 345-366; Ellise Krauss and Simon Reich, "Ideology, Interests, and the American Executive: toward a Theory of Foreign Competition and Manufacturing Trade Policy," *International Organization*, Vol. 46. No. 4. pp. 857-897.
18) Ichida, op.cit., p. 61.
19) Ibid., p. 73.
20) Kent Calder, "Japanese Foreign Economic Policy Formation: Explaining the Reactive States," *World Politics*, Vol. 40. Vo. 4, 1988, pp. 517-541.
21) グレン・フクシマ（渡辺敏訳）『日米経済摩擦の政治学』朝日新聞社、1992年、181頁。
22) James Fallows, *More Like Us: Making America Great Again* (Boston: Houghton Mifflin, 1989) ; Chalmers Johnson, *MITI and the Japanese Miracle: the Growth of Industrial Policy 1925-1975* (Stanford: Stanford U.P., 1982); Clyde Prestwitz, *Trading Places: How We Allowed Japan to Talk the Lead* (New York: Basic Books, 1988); Karel van Wolferen, *The Enigma of Japanese Power: People and Politics in a Stateless Nation* (New York: A. A. Knopf., 1989).
23) 概要として日米財界人会議『日米財界人会議四〇年史』日米財界人会議、2001年を参照。
24) Japan-U.S. Business Council, *Agenda for Action: Joint Task Force Report*, July 1983 (Tokyo: Japan-U.S. Business Council).
25) Japan-U.S. Business Council, *Industrial Policy and Customs of Japan and the United States*, (Tokyo: Japan-U.S. Business Conference, 1984).
26) Lee Morgan "Fresh Winds from Japan: Good News on the Trade Front," Lecture presented at St. Louis University, November 7, 1986.
27) A letter from Lee Morgan to Norishige Hasegawa dated November 11, 1986.
28) A letter from Lee Morgan and Norishige Hasegawa to President Regan and Prime Minister Nakasone dated April 7, 1987.
29) "An Open Letter to President Regan and Prime Minister Nakasone," dated April 30, 1987.
30) A letter from President Regan to the Japan-U.S. Business Conference dated July 1, 1988.
31) Japan-U.S. Business Council, "Resolution," February 18, 1992. Tokyo: Japan-U.S. Business Council
32) Japan-U.S. Business Council and U.S.-Japan Business Council, "Joint Mission Statement," February 15, 1994. Tokyo: Japan-U.S. Business Council, U.S.-Japan Business Council.
33) Jagdish Bhagwati, *The World Trading System at Risk* (Princeton: Princeton U.P., 1991), p. 28.

第14章

アメリカのヘゲモニーという文脈におけるオバマ政権の
アジア「基軸」戦略

ブルース・カミングス
(杉田　米行　訳)

　「オバマのアジア基軸戦略」によって示されている戦略的変化と課題は日米関係に影響を与える。最も重要な影響は、北太平洋の防衛に日本が「より多くの貢献」をするようにアメリカが今後も圧力をかけ続けることであり、実際に効果もあらわれている。2014年、安倍晋三首相は憲法九条を再解釈し、自衛隊は今や「集団的自衛権」を行使できるようになった。2011年にこの戦略を表明して以降、尖閣諸島をめぐって中国と軍事衝突になれば日本を防衛するという声明も重要だ。また、この新戦略によって日本は韓国との関係を修復し、日米韓の結びつきを確固たるものにしようとした。だが、歴史認識をめぐる日韓の対立により、未だ実現していない。確かに、朴槿惠大統領は安倍首相との首脳会談を避け、日韓関係が好転する気配はない。より重要なことは、オバマ大統領は中東と南アジアの地域紛争から手を引くことができず、アジア重視戦略を実行できずにいる。それでも、オバマのアジア基軸戦略は日米関係に大きな影響を与えている。
　2011～12年にオバマ政権は一連の防衛政策を実施したが、それは冷戦終結後世界における米軍の配置に関して最も重要な転換だ。米軍の新体制は第二次世界大戦後の世界秩序のやり直しといえる。ヨーロッパの重要性が低下し、中東と南アジアから手を引き、中国の台頭を重視するようになれば、アメリカは大西洋よりも太平洋により大きな関心を向けることになる。[1]
　2011年11月にヒラリー・クリントン国務長官が『フォーリン・ポリシー』

に「アメリカの太平洋世紀」という論文を発表した時点からこの転換が始まった。その論文では、イラクとアフガニスタンの戦争から手を引く「基点」とアジア太平洋地域への「戦略的転換」を表明した。この地域は世界の人口のほぼ半分が住み、世界経済の「中心的な原動力」が備わっている「国際政治の重要な推進要因」である。そして、このような原動力の安全は「長年米軍によって保障されてきた」とクリントンは述べた。彼女は、アジア太平洋地域が21世紀の残りの期間、世界で最も重要な地域になると論じた。クリントンは、中国の最も親しい同盟国であり「のけ者」国家となっているミャンマーの民主化が進んでいると考え、関係構築を図るという声明も出した。

オバマ大統領は新たに米軍基地を設置するためにオーストラリアを訪問した。そこは東アジアの経済成長を支えている石油が通過するマラッカ海峡の近くである。2500名ほどのアメリカ海兵隊が活動を始める。その後、オバマ大統領は2012年末までにイラクから米戦闘部隊をすべて撤退するという声明を出し、イラク戦争に終止符を打った。レオン・パネッタ国防長官は、それまで60年間アメリカの戦略の要だった「二方面戦争」、つまりヨーロッパと東アジアで同時に大きな戦争を戦える能力を備えるという立場をとらなくなった。彼は、陸海空軍という「防衛三軍体制」は時代遅れだと指摘した。[2]

ヴェトナム戦争を除いて、1941年以降アメリカ軍は主要な戦争から完全に撤退したことはない。しかし、オバマが本気で2012年末までにイラクからアメリカ軍をすべて引き上げるつもりだと知った時には驚愕した。1945年以来、戦争終結時にそのような行動をとった大統領はいなかったからだ。パネッタは新しい考えを打ち出して様子をみていたが、後に、二方面戦争戦略と防衛三軍体制に回帰したようだ。[3] しかし、2013年3月から始まった防衛費の大幅削減により、新しい構想が採用されるかもしれない。

太平洋地域へのリバランスはヨーロッパを軽視するだけでなく、アメリカが望まないような方向にアラブの春と中東情勢が進み、イスラエルによるイランの核施設攻撃が噂される中で提唱された。

対照的にアジア太平洋地域は落ち着いている。ミャンマーは予想以上に親西洋的だ。唯一気になるのは北朝鮮だ。1953年以来の懸案事項であり、ここ

2年間は金正恩を軍事国家のトップに相応しい人物にすることに奔走している。冷戦終結以来、核保有国の北朝鮮にほとんど関心を払わなかったのはオバマ政権が初めてだ。オバマ政権は沖縄のアメリカ軍基地問題で緊張した日米関係を緩和することに細心の注意を払い、朝鮮半島におけるアメリカ軍の体制の変化をめぐって緊張した米韓関係を修復することに努めた。中国に照準を合わせたアメリカの太平洋戦略を念頭において、ラングーンからダーウィン、マニラ、ソウル、東京を結ぶ偉大な三日月が形成されている。

1．どの太平洋の世紀？

アメリカ史において、太平洋と中国に大きな関心が寄せられたこともあったが、うまくいかなかった。カリフォルニアが合衆国に編入され、アメリカが太平洋国家となり、アジアとヨーロッパを結ぶ「中央の国」になると多くのアメリカ人が想像した1840年代の「明白な運命」絶頂期は、そのような関心が高まった第1期だった。恐らく当時最も顕著なアジア第一主義者はウィリアム・ギルピンだろう。彼は神秘的な情熱をもって、壮大な地政学的デザイン、グローバル調和の序曲として西部と大西洋を見ていた。[4] 新興都市がギルピンの夢をかきたてた―デンバーでは大西洋と太平洋が出会うのだ。「私達は向き直ることとなった！後ろが前になる！アジアが前、ヨーロッパがうしろ。」[5]

太平洋と中国に大きな関心が寄せられた第二の時期は1970年代から1980年代であり、日本経済の突然の台頭により、「環太平洋」という言葉が注目された。それ以前、東アジアは「赤色に塗られ、北京」を中心にして外向きの力が働いていた。ディーン・ラスクは1960年代に、核武装した4億の中国軍が日本、韓国、南ヴェトナム、台湾、インドネシアを圧倒するというシナリオを描いていた。「環太平洋」は1975年以降にこの地域を再評価した言葉であり、アメリカ人が「ヴェトナムを忘れよう」としている時で、前進運動と後方閉塞の時代だった。「環太平洋」という言葉は未来志向だ。突然この地域が新しいダイナミズムの中心となった。日本、韓国、台湾、香港、マレーシア、シンガポールの「奇跡の」経済が一つのチームを作っていた。しかし、「環太平洋」には、ヴェ

トナム革命を鎮圧しようとして数十年努力したが結局は失敗したことを忘れさせる用語だ。そして、この地域の中心は先進産業国家として新しく台頭してきた日本だった。確かに、日本はトップに躍り出たので、エズラ・ヴォーゲルの『ジャパン・アズ・ナンバーワン』(1979)はまさに時宜にかなったものだった。10年後、日本は脅威となり、『「第二次太平洋戦争」は不可避だ』という類いのタイトルの本が刊行された。1990年代、日本のバブルが崩壊し、アメリカ人にとって重要性が低下すると、そのようなレトリックや大言壮語は立ち消えになっていった。次の10年は9・11、イラク、アフガニスタンでの戦争のことで頭がいっぱいだった。

2．偉大な三日月

　これは冷戦が始まったころに、ハリー・トルーマン政権期のディーン・アチソン国務長官が作った言葉である。アチソンは破壊された日本とドイツの経済復興のために中東の石油を用い、世界市場に進出する構想を練った。まさにそれは「東京からアレキサンドリア[6]」にかかる三日月形だった。安価なエネルギー、再興した産業構造、大量生産大量消費は、日本と西欧に「アメリカ様式」をもたらす手段となった。日本と西欧の消費者がトヨタ、ヴォルクスワーゲン、フィアット、ルノーの車に乗り、未来に向けて発車すると、20世紀前半を混乱させた戦争がバックミラーから消えて行く。アチソンの助言者であるジョージ・F．ケナンは「現実主義者」だった。彼が提唱した封じ込め政策を一言でいえば、戦争をするためには発達した産業基盤が必要であり、西側には四つあり、ソ連には一つしかなく、その状態を維持する政策なのだ。
　同盟国の領土に置かれているアメリカ軍基地によって、同盟国には事実上「無料の」安全保障が提供されている。日本の軍隊をあまり重要ではない警察隊に変え、第二次世界大戦をもたらした軍隊は去勢された。ハーバード大学の歴史家チャールズ・メイヤーらは「生産主義的」連合と呼び、協力して西ドイツ、日本、後には韓国と台湾に「奇跡的」経済をもたらした。この連合は共産主義圏よりも格段に好調だったので、共産主義圏の諸国は1989年から1991年に

かけて降参した。

　中国は降参しなかった。1979年にアジアの隣国に対して中国の奇跡の経済を鼓舞した。江青は「予定通りに走る資本主義の列車よりも遅れて走る社会主義の列車の方がよい」という有名な言葉を残している。これは鄧小平にとっては単にたわごとに過ぎなかった。1979年までには鄧小平が中国の最高指導者となり、中国はゆっくりと成長したいのか、それとも日本と韓国から教訓を得て一気に成長したいのか、どちらがよいかを尋ねた。1980年代には、趙紫陽のような指導者は「新独裁主義」を作り出した。それは、強力な（共産主義）国家が、輸出志向型成長による（資本主義的）経済発展を指揮するための理論的正統性だった。単なる歴史ではなく、もう数年続けば、史上最強の経済成長になる。

3．北大西洋三日月

　新生産主義連合も似ている。広大なアメリカ市場への輸出によって急速に成長している国が中心となっており、玩具から繊維、自動車と鉄鋼へと技術力が向上している。たまたま共産主義者によって経営されているにすぎない。しかし、今日の三日月は少し異なっている。中東の石油は重要だが、より大切なことは、新しい石油と天然ガス供給地があり、代替燃料もでてくると、中東の重要性が低減していくことだ。また、中国の環境問題が深刻化し、石油と石炭の使用をやめるしか解決法がないところまできている。代わって、私達は世界経済の最もダイナミックな中心をなす北大西洋三日月構想を立てることができる。特定の国ではなく、広大な海をまたぐ複雑な人の交錯である。これからやってくる奇跡や脅威のことに関して話す時、国家は競争するという前提がある。ポール・クルーグマンが『大衆国際主義』で示したように、その前提は正しくない。業界や企業は競争するが、輸出入は競争しない。つまり、中国からアメリカへの輸出品の四分の一はウォールマートの子会社が製造し、ウォールマートに戻しているものだ。日本や韓国の場合とは対照的に、中国は直接投資の導入を進めている。ヒラリー・クリントンが2011年に書いたエッセイによると、アメ

リカ企業だけで500億ドルもの直接投資が中国にされている。アメリカ市場がなければ、中国経済は崩壊し、中国政府が1兆ドル以上のアメリカの債権をつみあげなければ、アメリカ経済は崩壊するだろう。太平洋三日月は多面的、多層的で網の目のような相互依存関係で成り立っている。

クリントンによると、太平洋地域には世界の人口の半分が集まっている。確かにそうだが、より重要なことは、アジア太平洋地域が世界貿易の半分を占め、アメリカ製品の購入者の半分以上が住み、世界のGDPのほぼ半分を占めているということだ。[7]アメリカ大西洋岸の諸州（カリフォルニア、オレゴン、ワシントン）の2兆3000億ドルのGDPを足し、この弧沿いに住む数億人の製造業者や消費者のことも考慮に入れれば、世界経済で最もダイナミックな地域で、今後数十年間はその中心になる。

この三日月はサンディエゴとアメリカとメキシコ国境近くのマキラドーラ組立工場から始まり、ロスアンジェルス、シリコンバレー、ポートランド、シアトルと北へ行き、アリューシャン列島をまわって東京、ソウル、台北、北京へ行き、上海、香港／深圳、シンガポールへと南下する。北大西洋三日月には世界三大経済、数千万人の教育水準の高い人が住む活き活きとした都市や世界で最も繁栄している都市国家も含まれている。疲弊している日本を含めこれらの地域では、豊かさと諸問題に対するハイテク解決法がみられる。つまり、東京―大阪間または上海―北京間の新幹線の時間短縮、最もネット環境が行き届いた都市（ソウル）、二つの都市国家香港とシンガポールのGDPを合わせると5000億ドルに達し、世界規模の数学と科学のテストで最高点をとる聡明な若者がいる。

2008年9月のリーマン・ショックによって、アメリカ衰退論が台頭してきたが、重要なことは、ここ5年間、アメリカ経済はヨーロッパ経済ほど被害を受けていないし、東アジア経済はほとんど影響を受けていないということだ。40年前の不況時同様、デトロイトで脱工業化悪夢を経験することもできれば、サンノゼ、シアトル、シリコンバレーに行き、豊かさやグローバル経済のハイテク中心地を見ることもできる。何百人もの従業員がフェイスブックやツイッター等多くの企業の株式公開で富を得たので、シリコンバレーでは不動産価格

が高騰している。[8] 中国が持っておりアメリカが持っていない重要なハイテクはない。中国はアメリカの安全保障にとって脅威とはいえない。そしてそのことは中国人指導者が一番よく知っている。

　オバマのアジア基軸戦略は、現在の重要な事実を認識している。(1) 北太平洋は長期にわたった世界経済の中心である。(2) 現代世界におけるヨーロッパが伸びている時代は終焉を迎えている。(3) アメリカは中東のほとんどすべての地域に介入しているが、1953年にイギリスと組んで民主的に選出されたテヘラン政権を転覆しようとした時以来、ほとんどの問題や危機を解決できなかった。アメリカは封建的なスルタンの支配する国や君主国と与して砂漠で石油を掘削し、何百万本ものパイプで空に噴出させ、環境汚染に手を染めている。オバマが中東への武力介入に終止符を打つ計画を打ち出しても、遅れ気味である。しかし、数年前にヨーロッパが混乱したり、崩壊したりすると考えていた人は誤りだった。ヨーロッパからのアメリカ軍の撤退を過大評価していたのだ。[9] 何百というアメリカ軍基地を活用しながら、この「大西洋基軸戦略」というオバマの静かな口調の主張の起源は、アチソンの政治経済やケナンの現実主義政治にある。つまり、生産主義連合が成功するためには安全保障という公共財を提供しなければならないとアメリカは考えている。安全保障には潜在敵国の戦意を失わせるという面と、同盟国が陣内にとどまるという二つの面を兼ね備えている。このようにして、日本とドイツの軍国主義者を退け、朝鮮とヴェトナムでの内戦を回避した。中国の特徴は、世界経済で大きな役割を果たしているが、未だにアメリカ陣営には入っていないので、中国周辺に新しい基地を建設したり、古くからの基地を強化したり、ミャンマーのような世界ののけ者国家と友好関係を樹立したりしている。ひょっとすれば、金正恩と手をとりあうかもしれない。

4．アメリカのヘゲモニーという文脈における中国の「台頭」

　中国のことを検討したい。新聞雑誌に目を通すと、最近、中国は「目立つ」ようになってきた。中国が台頭し、アメリカを凌駕し、「アメリカを日陰に追

いやり、」21世紀の超大国になるだろう、といった論調の書籍が次から次へと出ている。

　私達は現在、東洋熱にうなされているが、それは非常に活発な西洋人、特にアメリカ人の東アジアに対する希望と脅威のあらわれであり、20年前の日本の経済発展に対する賞賛と誇張の入り混じった脅威と嫌悪に似ており、「中国の台頭」と呼ばれている。中国の隠喩リストを検討してみよう。[10]

> 不変の中国、台頭と衰退のサイクル、計り知れない紫禁城、箱の中の箱、アジアの病人、大地、農業改革者、中国が世界を揺るがす、誰が中国を失ったか、封じ込めか解放か、洗脳、中ソ一枚岩、金門と馬祖、東方紅、孤立化なしの封じ込め、卓球外交、世界を変えた週、毛亡き後中国はどこへ行く、四人組、四つの近代化、チャイナカード、北京の虐殺者、鄧亡き後の中国はどこへ行く、中国が世界を揺るがす（再度[11])、台頭と衰退のサイクル（再度[12])、不変の中国（再度[13])。

　さらに、評論家や専門家は、国土の広大さ、[14]長い歴史、膨大な人口ゆえに現在の世界で非常に重要な存在であると思い込んでいる。

　中国はアメリカ人にとって観念ではなく暗喩に過ぎなかった。私達は真空の中に存在しているかのような「中国」（奇跡であれ、脅威であれ）を考えがちだ。中国ウォッチャーは、ホノルルの太平洋軍最高司令官、第六・第七艦隊、沖縄の嘉手納にあるアメリカ最大の空軍基地、恒常的に外国に配備されている（沖縄にある）並外れた能力のある海兵遠征隊、無数の人工衛星や他のテクノロジーを使って国際的な中国の監視、ペンタゴンが中国海岸に沿って飛ばしているスパイ飛行機などにほとんど関心を払わない。中国ウォッチャーには島嶼帝国が全く目に入らなかった。[15]

　東アジアにおけるアメリカの基地の歴史は1945年から始まった。第二次世界大戦と朝鮮戦争の副産物であるこれらの軍事基地は何の変化もなかったかのように、21世紀も存続し続けている。9・11以来、アメリカはこの島嶼帝国を世界中に拡大していった。特に、中央アジアの元ソ連軍の基地があったとこ

ろへも拡大し、史上初めてアメリカの力がロシアの南、中国の西の境界付近に進出した。同時にアメリカは冷戦時の同盟諸国に対する影響力も維持している。アメリカは現在においても先進産業諸国の間の国際軍事安定の要となっている。このような国際一極構造によって、世界情勢においてアメリカが桁外れの持続的影響力を持っている。アメリカの軍事力と継続的経済面での高い生産性は他の追随を許さない（中国は急速に経済成長しているが、生産性はまだ第三世界レベルだ）。

　以下のような構造によって、中国を含む東アジア諸国の力は抑制されている。史上初めて、指導的立場にある国（アメリカ）が同盟国と経済競争相手、つまり中国、フランス、[16] ロシアを除いて日本、ドイツ、イギリス、イタリア、スペイン、韓国といった主要工業国すべての領土に軍事基地を設立し、広範なネットワークを維持している。こうすることで、第二次世界大戦前の勢力均衡体制から大きく離れたので、もはや大国間で現実主義政治が機能しなくなっている。

　中国はいつも「平和的台頭」というスローガンを唱えるが、そのようにする必要性に迫られたからだ。ホノルルにアメリカの太平洋軍総司令官が陣取り、地表の52％を陸海空軍がパトロールしているという状況は空前絶後のことであり、アメリカが広大な太平洋を支配している。アメリカの強力なトライデント潜水艦はいつでも中国の海岸まで進むことができ、巡航ミサイル攻撃によって、スターバックスでラテをすすっている場所から2ブロック離れた地点をピンポイントで破壊することができる。

5．ガザ西部と中国の栄華

　中国が、アジアが台頭しており、西洋（特にアメリカ）が失墜し、沈んでおり、やがて崩壊する。さらに大変なことになる、という予測が横行している。キショール・マブバニが著した『「アジア半球」が世界を動かす』が一例だ。[17] その本の最初には「西欧の台頭と降盛は世界を変えた。アジアの台頭もまた、それと同じように重要な変化をもたらすことだろう。本書では、なぜ現在アジアが台頭しつつあるのか…」と書かれている。[18] 彼は「近代化」が重要だと考え、21世紀は「アジア全体が近代化する」世紀だと信じているが、彼のいう

近代の概念は、1950年代の近代化論と同じようなものだ。[19] マブバニは他に興味深い統計も示している。たとえば、1983年から2003年にアメリカで科学・工学分野で博士号を取得したインドと韓国の学生数は各々1万7000人ほどであり、2006年にアメリカにいる中国人留学生は6万2582人で韓国人留学生は5万8847人だ。[20] 調査されていないことは、どうして人口5000万の韓国が人口各々10億人を超えるインドと中国と肩を並べることができるのかということだ。

マーティン・ジャックはMarxism Todayの元編集者だが、現在は中国の特徴を備えた資本主義の支持者となっている。『中国が世界をリードするとき』で彼はマブバニ同様の目的論を展開している。[21] 本書の副題は「西洋世界の終焉と新たなグローバル秩序の始まり」であり、中国の急速な成長率だけではなく、西洋に対する東洋の係争中の勝利やアメリカ経済の衰退について書かれている。

私達は、グローバル化した中国の時代に生きている。ジャックによるとその理由は二つある。中国が世界の工場になっていることと中国の経済成長により世界の商品価格が高騰し、インフレーション圧力となっていることだ。[22] 一つ目の理由は公正だが誤解を生じさせる点であり、二つ目の理由は2008年秋の経済混乱までは正しいように思えるが、この混乱によって石油価格が歴史的な低水準になり、世界規模のデフレーションの懸念を引き起こした。

他の論客と異なり、ジャックはアメリカ海軍と基地が中国を取り囲み太平洋上で大きな力を持っているということを認識しているが、それでも中国は東アジアにおける支配的な大陸国家であり、中国が地域内覇権を握ることも時間の問題だという。[23] これはたわごと以外の何物でもない。中国は1950年代に朝鮮でアメリカを手詰まりにさせ、1975年にアメリカがあきらめるまでヴェトナムを支援するほど大きな大陸国家だった。ハリー・トルーマン大統領もリンドン・ジョンソン大統領も中国の大陸国家との対決を避けた。60年前（トルーマン政権期）のアメリカは経済的に世界を牽引しており、ほぼ50年前（ジョンソン政権期）にはアメリカの衰退に関する最初の警告がなされた。

アメリカがヘゲモニー国家としての地位を奪われるという議論をするためには、1890年から1945年のアメリカがそうであったように、アメリカにとっ

てかわる準備をしている国が必要だ。しかし、今日そのような国は存在せず、とりわけ中国には軍事力を世界に展開する能力はない。しかし、ジャックによると、中国はアメリカにとって代わるモデルとしてゆっくりと台頭しているとのことだ。このモデルには多国間主義、平和的台頭ドクトリン、発展途上国への多くの援助、平等な主権国家による民主的な世界（国内が民主主義体制である必要はないが、国家間の関係のことを指している）が含まれている。[24] この論は、中国が自ら宣言している世界戦略を実際の状況だと考えている。とにかく、このモデルがアメリカのヘゲモニーにとってかわった国や地域はない。

　中国が台頭しアメリカが後退しているという主張を論証するためにジャックが使っているデータにも疑問がある。世界のGDPにおけるアメリカの割合は1914年に19％、他の工業国がまだ第二次世界大戦からの回復期にあった1950年には27％を少し超え、1973年には22％、今日は約20％だ。[25] これらの数値が物語ることは、1914年にアメリカは経済的に世界のリーダーであり、1世紀後にもその地位を維持しているということだ。だから、中国の台頭はアメリカ以外の衰退によってもたらせていることになる。

6．弱い中国

　太平洋のアメリカの湖の記憶を呼び起こすと、東アジアの勢力均衡におけるアメリカの地位が中国の台頭を妨げており、今後も長期にわたってそのような状態が続く。中国軍に詳しいアメリカ人研究者のデイビッド・シャンボーは「人民解放軍（PLA）はまだ、軍事力展開能力を持っていない（そうすることに重点すらおいていない）」と述べている。最近、中国は台湾に対する軍事能力を拡張したが、台湾も手をこまねいてじっとしているだけではない。不条理なことのように思えるが、台湾に侵攻する今日の能力は、アメリカ中央情報局（CIA）が侵攻を予想した1950年6月と比較して、それほど向上していない。台湾空軍は中国空軍に勝り、中国の水陸両用戦力も必要な数の兵力を上陸させるのには不十分なので、戦時にはミサイルを撃ち込んで破壊することしかできない。それは、全面戦争が起こらない限り、正気の中国軍将官ならとりたくない戦術

だ。²⁶ アメリカの対台湾政策も1950年時点とほとんど変わっていない。中国が台湾を攻撃した際に台湾を防衛するか否かを曖昧にしておくのだ。今日、中国の隣国はすべて軍事大国になっている。日本の航空自衛隊、ミサイル（数は少なくとも）、イージス艦は中国軍にはるかに勝っている。海上保安庁は中国の水上戦闘艦隊とほぼ同じ大きさだ。韓国と台湾の防衛費を合算すればほぼ中国の防衛費に匹敵する。北朝鮮は世界第四位の軍隊規模であり、核保有国であり、短・中距離ミサイルも豊富に装備している。1979年、15万人の中国軍を送ったヴェトナムでひどく敗退した記憶も新しい。さらに、インド、パキスタン、ロシアという核保有国も控えている。つまり、中国は強力な軍事大国によって包囲されているのである。たとえこれらの軍事大国を除外したとしても、世界規模のアメリカ軍の能力は中国軍を大きく上回っている。ロバート・ゲイツ元国防長官は2010年5月にアイゼンハワー大統領図書館で次のような驚くべきことを述べた。

「アメリカ海軍の艦隊は2位から14位までの国の海軍（そのうち11は同盟国もしくはパートナー国家の海軍）の艦隊の合計よりも多いのに、アメリカが保有もしくは建造している戦艦の数によりアメリカは本当に危機にさらされることになりますか。2020年までにはアメリカが保有するステルス戦闘機の数が中国のわずか20倍でしかないということは大きな脅威になりますか。」²⁷

中国の最重要目標が「有利で平和的な国際環境を確保し、周辺諸国と良好な関係を維持すること」ということも納得できるものだ。さらに中国は、東アジアにおける冷戦外交からアメリカよりも劇的に大きく離れた。中国は伝統的な北朝鮮との関係を維持しながら元敵国の韓国と国交を回復し、台湾とは海峡を挟んでの通商と観光を発展させ、独自の「善隣政策」の名の下で近隣諸国と積極的な水平外交を展開している（少なくとも21世紀の最初の10年間はそのようにしていたが、最近、近隣諸島への権利を主張し始めた）。冷戦による障害を経済力によって組織的に低くさせるかなくしてしまった過去30年間の東アジアのパターン

の中心に中国がいた。アメリカの指導者は最近の中国の外交から多くのことを学ぶことができるが、中国外交はブッシュの単独主義から生じた真空状態の中で展開されたものである。

　ジョバンニ・アリギは大著『北京のアダム・スミス』で、中国が21世紀を支配するだけではなく、経済と独自の世界システムによって1800年以前も世界を支配していたという主張を繰り返し述べた。換言すれば、産業革命、二つの世界大戦、イギリス帝国とアメリカ帝国の台頭と衰退などが見られた短い200年の休止期間の後、中国が支配的で全世界を包括的に取り込んでいる正常な位置に戻る中国中心の世界に戻っている。これは中国に関する最近刊行された本で最も刺激的なものだ。アリギはアダム・スミスの言葉とその本当の意味に関して解説したり、今日の世界に関する当を得た評論を示したり、東アジア史に話がそれ、さまざまな話題に関する学術的言説と事実が自由奔放な空想とたまたま一致したラフな言説をいったりきたりしていた。

　序言の1ページ目をめくると、二つの出来事が現在の世界を形成していると書かれている。「アメリカの新世紀という新保守主義のプロジェクトの台頭と死」と「東アジアの経済復興の主導者」としての中国の台頭だ。これら二つの力は「グローバルな政治経済の中心が北アメリカから東アジア」に移行させている。換言すれば、ジョージ・W・ブッシュの偏狭な単独主義がアメリカのヘゲモニーの核心であり、日本・韓国・インドが中国の長い影に飲み込まれつつあり、ヨーロッパの重要性は大きく低下したために本書では言及すらされておらず、私達は皆、中国語の勉強を始めるべきだということになる。アリギにとって中国の台頭は西洋の没落を意味するか、歴史的結末としての世界、もしくは彼が歓迎している終末の危機を示唆している。[28] ブッシュは数年ですべての前任者の業績を取り消そうとしたが、でも今となってはアメリカ人もついに「カール・ローブの狡猾さ[29]」を見抜くようになった。上記のようなことがアリギの本の象徴となっている。つまり、すぐに古ぼける現代的な考え方、魅力的だが不備の多い理論化、世界史的な予測が未来になげかけられ、歴史に戻ってくるという特徴を持っている。

　アメリカの衰退がよく言われるが、どうしてそのような論が出てくるのかは

謎だ。ペンタゴンは世界中に700以上の軍事基地を擁し、アメリカ以外で重要なハイテクを持っている国はない。アリギは1990年代後半のアメリカの新世紀に関するネオコンサーヴァティヴの美辞麗句と、世界史において初めて登場した真のグローバルな帝国の登場など2001年以降の企てを結び付け、イラクでこのプロジェクトは大失敗に終わったと宣言した。

　すでに検討したように、イラクとアフガニスタンでの戦争によって世界におけるアメリカの勢力圏は拡大したが、ヘゲモニーに関してディーン・アチソンが理解していたことをブッシュは理解し損ねた。つまり、真のグローバルな帝国になったアメリカは平等な国家のリーダーになったので、他国の同意と正統性が必要になるということを理解し損ねた。ブッシュとディック・チェイニー副大統領にとって、帝国とは領土の膨張を意味しており、1898年に当時のマッキンレー大統領がフィリピンを併合したのと同じ程度のあやふやな見解だった。アリギは、アメリカの力は軍事力であり、アメリカの他の力の源泉は衰えており、アメリカ兵は衰退しつつある帝国の資源で、ペンタゴンがその帝国の主要な支持母体となっていると考えているので、このような間違いを犯している。しかし、アメリカの生産性は1990年代後半の経済成長の絶頂よりも9・11以降の方が急速に伸びており、重要なほぼすべての分野においてアメリカのテクノロジーは他国に勝っている。アメリカの権威はブッシュの失態により間違いなく失われたが、別の見方をすれば、バラク・オバマは世界におけるアメリカの評判を回復する素晴らしい機会を得たともいえる。ここ20年のアメリカ経済を鑑みると、1980年代の「アメリカ衰退」論者が考えていたものよりはるかに順調であり、さまざまな危機に見舞われても、アメリカは、現在世界の総生産高の約25％を占めている。

　アメリカ衰退に関するアリギの論から導き出される帰結はより興味深い。彼は、中国の台頭がアダム・スミスの世界の諸文明間のより大きな平等性に基づく世界市場の社会を実現するのに有望だと考えている。中国は東洋と西洋の相互尊重の先駆者というわけだ。[30] 過去200年の英米ヘゲモニーは偏見と人種主義で苦しんでいた白人が中心になっていたということを鑑みれば、このアリギの見解は深遠な洞察だ。さらに、アリギは、中国がアメリカの軍事力に守ら

れていない（強調は本文）が世界をリードする経済大国と競争ができる唯一の国だと抜け目なく論じている。しかし、広義に定義すれば、中国はアメリカヘゲモニーの外側にあるといえるだろうか。バスケットボール、ハリウッド映画、大衆音楽、ショッピングの習慣（ヘンリー・ルースの提唱したことかヴィクトリア・ドゥ・グラーツィアがアメリカの「貿易の中心地としての至上権」）など中国ではアメリカ的なものが人気を博していることを考えれば、そうとは言えない。

結　論　きちんとした弔い

　今日の中国に関しての知識に焦点をあて、歴史的比較的手法でその傾向と世界に与える影響を理解しよう。ヘンリー・ルースが今日生きていれば、中国が遂に「アメリカのやり方」を実施していると考えることだろう。命令を受けずに、アメリカの指導者が中国にしてほしいことをやっている。しかし、より広義に考えれば、中国における西洋と日本の最大の利害関係は鄧小平改革後に夢見た中国市場に遂にアクセスできるようになった非常に強力なビジネス上の結合である。30年間広大な中国市場ではしゃぎまわり、荒稼ぎをした。競争相手である日本や韓国よりも外国直接投資を非常に高いレベルで許容した中国政府の決断があったからこのビジネス結合が容易になったが、その強さの本質は2点である。(1) アメリカの政治指導者たちはこれらの利益に言及しないので、ビジネスページ以外ではほとんど報道されない。[31] (2) ビジネスの利害関係によって、アメリカ二大政党の対中政策に拒否権にも似たようなものを持つようになる。軍事危機がビジネスの利害関係を反故にできないということではない。勿論できる。しかし、1978年以降の通常の米中関係において、ビジネスの利害関係が最も重要なものであり、ワシントンでは政党の垣根を越えて対中国関与政策が支持される。

　共和党政権は党内右派の要求を満たすために、当初中国に関してタカ派のレトリックを用いることが多いが、すぐに関与政策に変わる（ニクソン、レーガン、ブッシュ［子］が当てはまり、ブッシュ［父］はもともと関与政策をとった）。この変化は静かに起こり、大部分のアメリカ人の注意をひきつけるものではない。他方、

保護主義的なブルーカラーの労働組合や労働者と少数派だが声が大きな人権擁護団体を除いて、民主党には反中国要因は支持者にいない。

　このビジネスと政治の連合を支えているのは、比較的単純な事実だ。つまり、中国はテクノロジー、交易、金融、軍事のどの面をとってもアメリカを全くおびやかす存在ではなく、日本もそうではない。20年前、テクノロジー、交易、金融面で日本も迫りくる脅威のように思われ、多くの専門家が、ありとあらゆる重要なテクノロジー部門でアメリカが日本に劣り、世界市場を逆巻きする猛烈なビジネスモデルを持っており、世界十大銀行の内6-7行が日本の銀行だと主張していた。そのような「脅威」は1990年代初期に消えた。今日、中国に最先端のテクノロジーはなく、世界市場を逆巻きしている企業はたいてい中国と共同生産提携を結んでいる外国企業であり、中国の金融部門は未だに成熟しておらず、中国経済は大きくアメリカ市場のアクセスに依存している。李民騏のような中国人研究者は、中国はアメリカの夢と恐怖が入り混じったような「経済大国」ではなく、「遅れた後発の産業国家」と正確に述べている。清華大学の胡鞍鋼教授は「一般的に言うと、中国はようやく低～中の所得発展段階に達したところだ[32]」との判断をしている。これが、平和的協調と競争という1972年以来の米中関係を全面的に特徴づけてきた革新的基礎である。

　アメリカは東アジアにおいて70年間封じ込めと「抑制」のための完全な構造を持っており、現在も機能が低下している兆候は見られない。20世紀の東アジアの歴史が作り出した構造と影響力は現在も権勢をふるっている。最近、中国人と韓国人はアメリカとのいざこざに関してよりも、日本が（少なくとも1895年にまで遡る）自国の帝国の歴史を清算できていない点により大きな関心を寄せている。中国の経済成長が1979～2010年のように年10％近くで成長を継続することが絶対できないように（確かに世界経済危機の影響で2009年に大きく経済成長率は鈍化し、2013年には約7.5％だった）、中国の未来は明らかにこのような苦難が継続していく。すでに世界経済の資本主義的勢いが中国を捕らえていなくても間もなく捕らえることとなり（日本の場合は1985年のプラザ合意のようにすでに多くの事例がある）、中国人の不満と重税によって中国指導者にリラックスし、世界を混乱させたり、支配しようとせずに世界と共に生きるように圧力が

かけられるようになるだろう。

　ではなぜこの関係が、楽観主義と悲観主義をふりこのように揺れ、「中国の台頭」に関して懸念が高まるのだろうか。よく似た例もいくつかある。1989年6月の天安門事件によって世界中で中国を批判する意見が高まり、アメリカのビジネス連合や自称中国専門家のジョージ・H・W・ブッシュですら困惑した。1995〜1996年の台湾海峡ミサイル危機により、ビル・クリントンは空母2隻を台湾東部に派遣したことで、つかの間だが関与の推進力が止まった。同様のことが1999年5月にベルグラードの中国大使館誤爆事件や2001年4月の米海軍電子偵察機と中国戦闘機の接触事故の際にも起きた。台湾の苦境は常に重要な要因であり、中国との関係を混乱させることができる（破壊することもできる）能力や最近の不毛な島をめぐっての紛争は中国膨張を示すものとして懸念材料である。しかし、1978年以来ここかしこの紛争や危機があっても、中国市場へのビジネスアクセスという止められない勢力のおかげで色あせている。さらに、東アジア諸国の中にはマイアミのキューバ系コミュニティやシカゴのポーランド系コミュニティのように、アメリカに政治的に強力な移住者を送り出している国はない。また、ビジネス界、軍部、政界以外に対東アジア政策に影響力を与える支持層がない。大部分のアメリカ人は大学教育を受けた人でも中国に関して無知なので、世論操作されやすく、衝動的になりやすい。そのために、中国は国家としてではなく、並べ替えられた比喩であり、アメリカ人の想像上のものを書き重ねるパリンプセストのようなものだ。中国の「台頭」という言葉はつまらない本を売るための確実な方法である。総合的に考えれば、「中国の台頭」という言葉をきちんと弔うべきであろう。

　注
1) 本章の最初のセクションは2012年4月にPacific Standardに発表した短い論文を加筆・修正したものである。https://nationalpost.com/opinion/peter-goodspeed-u-s-looks-to-assert-itself-in-pacific-region-with-australian-naval-base（2018年8月21日アクセス）。
2) Peter Goodspeed, "Obama Looks to Counter China's Influence with Australian Naval Base," https://nationalpost.com/opinion/peter-goodspeed-u-s-looks-to-assert-itself-in-pacific-region-with-australian-naval-base（2018年8月21日アクセス）; Elisabeth Bumiller and Thom Shanker, "Panetta to Offer Strategy for Cutting Military Budget," *New York Times* (January 2, 2012).

3）Spencer Ackerman, "Humans Lose, Robots Win in New Defense Budget," (January 26, 2012) https://www.wired.com/2012/01/humans-robots-budget/ (2018年8月21日アクセス）.
4）Wallace Stegner, *Beyond the Hundredth Meridian: John Wesley Powell and the Second Opening of the West*（Lincoln: University of Nebraska Press, 1953), p. 2.
5）Gilpin quoted in Henry Nash Smith, *Virgin Land: The American West as Symbol and Myth* (Cambridge: Harvard University Press, 1950), 39. 明白なる運命の詳細に関しては私の以下の作品を参照。Bruce Cumings, *Dominion From Sea to Sea: Pacific Ascendancy and American Power* (New Haven: Yale University Press, 2010).
6）詳細に関しては以下を参照。Cumings, *The Origins of the Korean War*, v. 2 (Princeton University Press, 1990), pp. 45-54.
7）Data in Tina Gerhardt, "America's Pacific Century," https://www.huffingtonpost.com/tina-gerhardt/americas-pacific-century-_b_1089167.html, February 11, 2012(2018年8月21日アクセス). All data about country GDP comes from the World Bank, 2010.
8）"State & County Quick Facts," 2010 Census; Michael Cooper, "Price of Homes in Silicon Valley is Bracing for a Facebook Update," *New York Times* (February 8, 2012).
9）現在のアメリカ軍撤退計画が実施された後でも、約7万人のアメリカ軍がヨーロッパに駐留し、そのうち5万人ほどはドイツに駐留することになる。Elisabeth Bumiller and Steven Erlanger, "Panetta and Clinton Seek to Reassure Europe on Defense," *New York Times* (February 7, 2012).
10）隠喩に関する議論の詳細は以下を参照。Bruce Cumings, *Parallax Visions: Making Sense of American-East Asian Relations* (Durham, N.C.: Duke University Press, 2002).
11）ナポレオンは次のように言ったと言われている。「中国が目覚めれば、世界を揺るがすだろう。」ジャック・ベルダンは中国革命に関する古典的研究にこのタイトルを用いたが、現在の最高の専門家による中国に関する本は再び、本の最初にナポレオンの言葉を使っている。ニコラス・クリストフとシェリル・ウーダンはこの金言を共著のタイトルに使っている。Nicholas Kristof and Sheryl WuDunn, *China Wakes: The Struggle for the Soul of a Rising Power* (New York: Times Books, 1994); Kenneth Lieberthal, *Governing China: From Revolution Through Reform* (New York: W.W. Norton, 1995), p. xv; Harry Harding, *China's Second Revolution: Reform After Mao* (Washington: The Brookings Institution, 1987), p. 239.
12）ハリー・ハーディングの米中関係に関する有益な研究はサイクルの比喩を使っている。Harry Harding, *A Fragile Relationship: The United States and China Since 1972* (Washington: The Brookings Institution, 1992); 以下も参照。Suzanne Ogden in *China's Unresolved Issues: Politics, Development and Culture* (Englewood Cliffs, New Jersey: Prentice-Hall, 1995), p. 6.
13）中国革命に共感していたと自ら語るW.J.F. ジェナーは、中国は未だに古くからの不変で、直すことのできない専制政治への傾向に苛まれていたということが天安門事件で証明されたと述べている。W.J.F. Jenner, *The Tyranny of History: The Roots of China's Crisis* (New York: Penguin Books, 1994), pp. 1-11.
14）バツラフ・スミルは、中国の環境惨禍に関する重要な研究を次のように書き始めてい

る。「一生かかっても、中国を知ること、この大陸のような多様な環境下にあり、昔の風習が残っており、矛盾した情報があり、予期できない課題を持つ国を本当に知ることはできない。」Vaclav Smil, *China's Environmental Crisis: An Inquiry into the Limits of National Development* (Armonk, New York: M.E. Sharpe, 1993), p. vii.

15）2001年4月、アメリカ海軍基地のホイッドビー島（シアトル近郊）から数千マイルも離れた中国海岸沿いでスパイ行為をしていた EP-3E が何をしていたのかを報道したアメリカメディアはほとんどなかった。これが一方的なスパイ行為であるという報道は全く見なかった。米ソの間にはスパイ航空機を送り込みスパイ行為をする相互慣習のプロトコールがしっかりと出来上がっているが、中国にはそのような能力はない。チャルマーズ・ジョンソンは *The Sorrows of Empire* や他の最近の著作で、アメリカの基地構造に注意を払うべきだと主張している。私は1993年に *Radical History Review* に掲載された論文で基地のことを「島嶼帝国」と呼んだが、私が、これらの基地をアメリカの力と北東アジアの政治経済に結びつけたのは30年前に遡る。当時、私は解禁された秘密文書を初めて読み、アメリカの戦略が、敵と味方を同時に封じ込める二重封じ込めであるということが明らかになった。

16）1966年5月、ドゴールは「フランス領に完全な主権が」欲しいと述べ、アメリカ政府にアメリカ軍の撤退と基地の撤去を要請した。Chalmers Johnson, *The Sorrows of Empire: Militarism, Secrecy, and the End of the Republic* (New York: Henry Holt and Company, 2004), p. 194.

17）Kishore Mahbubani, *The New Asian Hemisphere: The Irresistible Shift of Global Power to the East*, (New York: Public Affairs, 2008).

18）Ibid., p. 1.

19）Ibid., pp. 3, 7, 13.

20）Ibid., pp. 65, 91.

21）Martin Jacques, *When China Rules the World: The Rise of the Middle Kingdom and the End of the Western World*, (New York: Penguin Press, 2009).

22）Ibid., p. 319.

23）Ibid., p. 315.

24）Ibid., pp. 353-354.

25）Ibid., pp. 6, 43-44.

26）David Shambaugh, *Modernizing China's Military: Progress, Problems, and Prospects* (Berkeley: University of California Press, 2004), pp. 39, 307-327.

27）Robert Gates, "Remarks as Delivered by Secretary of Defense Robert M. Gates," Abilene, KS, Saturday, May 08, 2010,（http://archive.defense.gov/speeches/speech.aspx?speechid=1467）(2018年8月5日アクセス).

28）Giovanni Arrighi, *Adam Smith in Beijing: Lineages of the 21st Century*, (London and New York: Verso, 2007), pp. 9, 261 この傾向は最近のアンドレ・グンダー・フランクの著作により顕著に見られる。Andre Gunder Frank, *ReOrient: Global Economy in the Asian Age*

(University of California Press, 1998).『リオリエント［アジア時代のグローバル・エコノミー］』(藤原書店、2000)。アリギは彼の著作をフランクに捧げている。
29) Ibid., p. 262.
30) Ibid., pp. 8, 379.
31) マンの解釈は常にアメリカの対中国政策に関するビジネスのかかわりとその秘密主義に目を向けるようになっている。James Mann, *About Face: A History of America's Curious Relationship with China, From Nixon to Clinton* (New York: Vintage Books, 2000), pp. 9-10, 284-85 and passim.
32) Wang Chaohua, ed., *One China, Many Paths* (London: Verso, 2003), pp. 232, 322.

あとがき

　今回、本書を日本語で刊行できるのは望外の喜びである。刊行できたのは、執筆者はじめ、多くの方から支援をいただけたおかげである。特に、計画当初から前向きに応援して下さった明石書店には御礼申し上げたい。明石書店からはこれまでにも平間洋一、杉田米行編著『北朝鮮をめぐる北東アジアの国際関係と日本』(2003)、マーク・カプリオ、杉田米行編著『アメリカの対日占領政策とその影響　日本の政治・社会の転換』(2004)、ブルース・カミングス著、杉田米行監訳、古谷和仁・豊田英子訳『北朝鮮とアメリカ　確執の半世紀』(2004) などでも大変お世話になった。いつもよい作品を作って下さることに感謝申し上げたい。また、素晴らしい翻訳をして下さった佐藤晶子さんと門田有示さんには脱帽である。本書は、大阪大学を中心として、アジア太平洋地域研究での国際共同研究の始まりとなった。これ以降、Yoneyuki Sugita ed., *Toward a More Amicable Asia-pacific Region: Japan's Roles* (University Press of America, 2015) や Yoneyuki Sugita ed., *Social Commentary on State and Society in Modern Japan* (Springer, 2016) をまとめることができた。現在もいくつかの共同研究が進行中である。このような機会を与えていただいている大阪大学で研究できることに感謝したい。

２０１８年８月吉日
兵庫県川西市の自宅にて
杉田　米行

索　引

【事　項】

あ行
愛国心　60, 63, 66, 67
アジア「基軸」戦略　206
アジア経済研究所　158
アジア太平洋経済協力（APEC）13, 163-172, 200
アデン湾　13, 181, 182
アデン湾の夜明け　181
アフリカの角　181
アメリカ通商代表部（USTR）　165-167
アメリカ同時多発テロ　176
アメリカの太平洋世紀　207
アメリカン・エクスプレス社　19, 20
アルカイーダ　163
偉大な三日月　208, 209
「おくりびと」　89, 95
「お葬式」　85, 95

か行
海賊対策合同軍事行動　13, 174
海賊問題　179
戒名　84, 85, 87, 88, 95
核アレルギー　144
学習環境　12, 98, 99, 103, 105, 106
学習機会　100
学習到達度　12, 98-101
学習到達度調査（PISA）　98, 100-104, 115, 120
革新官僚　33-35
革命評議会　154
家族給付　38-41
片山内閣　49, 50
環太平洋戦略的経済連携協定（TPP）　163, 164, 167, 171, 172
環太平洋地域　163
関与仏教　74, 84, 89-91, 94
企画院　34
北大西洋三日月　210, 211
逆コース　52

規律ある民主主義　155
近代的旅行　19, 20
屈辱的謝罪外交　64
グローバリゼーション　17, 18, 25, 29, 129, 170, 170
グローバル・ガバナンス　185-188
経済社会改革枠組み（FESR）　156
ケベック協定　140
健康保険　29, 30, 33, 35, 37-42
原子力エネルギー　140-142, 145
原子力平和利用博覧会　143, 145
賢人会議（EPG）　164, 165, 198
原水爆禁止日本協議会（CABH）143, 144
言説闘争　11, 60, 67
現代仏壇　91
公海　171, 179
河野談話　65
公民権指令　53
国際海事局（IMB）　179
国際原子力機関（IAEA）　141
国際レジーム　188
国際連盟　31, 73, 75, 76, 78-80
国防国家　30, 33, 35
国民健康保険　29, 30, 35-43
国民民主連盟（NLD）　155
国連開発計画（UNDP）156, 160
国連海洋法条約（UNCLOS）　179
国家計画経済開発省　156, 157
コミュニティの慣行　134
コンテナ・セキュリティー・イニシアチブ（CSI）　168, 169

さ行
サイクロン・ナルギス　155, 157
裁判外紛争処理（ADR）　166, 168, 170, 171
作戦調整委員会（OCB）142, 144, 145
サダム政権　176
三国干渉　78
三十人志士　153

三大疾病（HIV/エイズ、結核、マラリア）157
サンフランシスコ平和条約　54
参謀第2部（G2）　48
自虐教育　63
自主規制（VER）　194
市場開放問題苦情処理（OTO）　166
市場重視型個別協議（MOSS）　193, 196, 203
社会党　49, 50, 52, 55, 56, 65
「釈迦の教え」　75
ジャパンタイムズ　75
従軍慰安婦　64, 65
自由主義国家　30, 33-35
集団的自衛権　177, 206
自由党　49, 51
自由民主党　47, 53, 54, 65, 66, 177
職員健康保険　39, 41
人道的インセンティブ　153
親日　61, 62
「新仏教」運動　77
進歩党　51, 52
水爆実験　140-144
スーパー301条　199
スティムソン提案　140
政治的・経済的インセンティブ　153
生前葬　91
政府開発援助（ODA）12, 62, 151-154, 157-161
政府適性審査委員会　48
政友会　50, 51
「西洋に向かう日本の仏教」　75
西洋文明　76, 77
世界貿易機関（WTO）　163-172, 188, 189, 195, 200
積極的平和主義　177
接触領域　11, 17, 18, 21, 24, 25
尖閣諸島（釣魚島）　11, 62, 151, 158, 175, 178, 206
尖閣諸島（魚釣島）問題　175
葬式仏教　84-87, 89, 94

た行

対外政策のプライベート化　185, 190, 191, 202, 203
対外貿易経済合作部（MOFTEC）　167
大教校（現龍谷大学）　73

第五福竜丸　141-143
大衆文化　12, 127-134, 177
大正新脩大藏經　75
大乗仏教　75
「大乗仏教は東洋と西洋を結ぶ」　75
対テロ世界戦争（GWOT）　168, 169
大東亜共栄圏　30, 32, 33, 43
第二次世界大戦　12, 32, 63, 151, 153, 159, 177, 206, 209, 213, 214, 216
太平洋ビジネスフォーラム（PBF）　166
太平洋郵船　18
「他国が見るアメリカ」　75
多次元貧困指数　159
タンチョンモーター株式会社（ミャンマー）156
地域主義　12, 127, 129
知的財産権（IPR）　165
チャイニーズ・タイペイ　163
朝鮮戦争　52, 213
朝鮮民主主義人民共和国（北朝鮮）　63, 174-177, 207, 208, 217
東南アジア　13, 32, 151, 152, 154, 157, 165, 178, 180, 181
東洋古代聖典　74
東洋仏教　12, 73, 75, 76, 80
ドーハ・ラウンド　163
トランスナショナル・ネットワーク　186, 188

な行

内国民待遇　170
長崎聖霊　180
二国間交渉　139, 165, 167, 170-172, 189
日印協会　74
日日問題　63
日米安全保障条約　54, 174, 177
日米経済協議会（Japan-U.S. Business Council of Japan）　186, 187, 197, 199, 200, 202
日米原子力協定　145
日米構造協議（SII）　193, 195, 196, 203
日米財界人会議　200
日米同盟　176, 177
日米防衛協力　175
日米貿易摩擦　13, 186, 190, 191, 193, 194, 202
日魯漁業株式会社　51
日産サニー　156

日本医師会　30, 36
日本学術会議　139, 144
日本協同党　51, 53
日本国憲法　177
日本国憲法第9条　177
日本叩き　59
「日本と成人男子の選挙権」　75
日本農民党　51
日本バッシング　61
「ネパールの奴隷解放」　75
濃縮ウラン　139, 146, 147

は行
ページ関連法　53
パーリ聖典協会誌　74
排華法　21, 22
パブリック・ガバナンス　13, 186-191, 193, 202, 203
パリ講和会議　78
反日　11, 12, 59-67
反日本人　62, 63, 66
反応国家（reactive state）　197
東アジア・オセアニア地域　178
東トルキスタンイスラム運動　169
ビキニ環礁　141, 143
非政府アクター　164
ビルマ独立義勇軍　153
『ビルマの竪琴』　153
貧困削減戦略　156
仏教徒　73-76, 79
プライベート・ガバナンス（private governance）　185, 186, 188, 189, 190, 203
米原子力委員会（AEC）141, 142, 145, 146
米国務省情報局（USIS）　145
米日経済協議会（U.S.-Japan Business Council）　186, 187, 197, 199, 200, 202
平和憲法　177
「平和のための原子力」　139, 141
ヘゲモニー　13, 178, 212, 215, 216, 218-220
防衛省　175 177
防衛庁　175, 177
防衛白書　175
貿易政策・交渉問題委員会（ACTPN）　200
ポツダム宣言　48

ボトムアップ理論　130

ま行
マラッカ海峡　179, 180, 207
マンハッタン計画　140
ミャンマー　12, 151-161, 207, 212
ミャンマーの春　151
ミャンマー平和センター　160
民主協同党　51
民主自由党　54
民主党（1947-1950）49, 50, 52
民政局　48, 50, 52, 55
村山談話　65
メディア・コングロマリット　127
モード委員会　140

や行
『ヤングイースト』　12, 73-81
『ヤングインド』　74
予備選挙審査　51

ら行
冷戦イデオロギー　147
レッドパージ　52, 53
連邦団結発展党（USDP）　155

わ行
ワシントン体制　29-31, 33, 42

アルファベット
ASEAN　130, 154, 160, 171
G20　170, 171
KDD　156
OECD開発援助委員会（DAC）156, 157
SAPIO　62, 64
WTOの紛争処理機構（WTO/DSM）　163-165, 167, 171, 172
Yページ　50, 54

数字
1995年EPGレポート　165
3MDG（スリーミレニアム開発目標）基金　157

【人名】

あ行
アースキン、G.B. 142
アイゼンハワー、ドワイト.D 140, 141
アウン・サン 153, 160
アウン・サン・スー・チー 151, 153-155
麻生太郎 180
安倍晋三 65, 155, 158, 159, 177, 180, 206
安倍晋太郎 158
有沢広巳 145
有馬英二 55
池田勇人 54
石橋湛山 50, 54
石原慎太郎 65
石原武二 40
伊丹十三 85
犬養健 50
ヴィシンスキー、アンドレイ 141
ウィロビー、チャールズ 48
ウォーレス、ヘンリー・A 139, 140
ウォン・キムアーク 23, 24
奥村喜和男 34
オバマ、バラク 152, 155, 164, 206, 207, 212

か行
カバルスキ、エミリア 134
ガンジー、マハトマ 74
岸信介 54, 158, 177
北勝太郎 51, 53
金日成 175
金正日 175
金正恩 208, 212
ギャンブル、アンドリュー 129
クック、トーマス 19
工藤年博 158, 159
クリントン、ヒラリー 206, 207, 211
クリントン、ビル 222
黒澤酉蔵 53, 56
ゲイツ、ロバート 217
小泉純一郎 177, 176, 180
小泉親彦 40
江青 210

さ行
斎藤実 31
桜井義肇 74, 79
佐藤栄作 54
シーキンス、ドナルド 153
幣原喜重郎 49
柴田秀利 145
正力松太郎 143, 145
スターツ、エルマー・B 142
スミス、ジェラルド 143
頭本元貞 75, 76, 80
ゾルフ、W. H. 74

た行
高楠順次郎 74-76, 79
滝田洋二郎 89
武谷三男 144
竹山道雄 153
田中敏文 53, 55
チェイニー、ディック 219
地崎宇三郎 50, 51-53, 55
チャ、ビクター 176
テイン・セイン 151, 152, 155, 156, 158
寺内寿一 36
鄧小平 210, 220
苫米地英俊 55
トルーマン、ハリー・S 140, 141, 215

な行
中曽根康弘 144, 199
中西牛郎 77
楢橋渡 50
蜷川虎三 50
丹羽七郎 36
ネ・ウィン 154

は行
バークマン 81
朴槿恵 206
橋本龍太郎 165, 180
鳩山一郎 49, 54
パネッタ、レオン 207
平井章 41
平塚常次郎 51, 53

平野力三　50, 56
広瀬久忠　36
広田弘毅　31
ブッシュ、ジョージ・H. W.　222
ブッシュ、ジョージ・W.　176, 218-220
船木康行　36
フンク、ヴァルター　32
ペイン、アンソニー　129
ペゾルド、ブルーノ　75, 80
ボーカス、マックス　167
ホプキンス、ジョン　143
保利茂　50

ま行

牧野伸顕　49
松岡洋右　32
マッカーサー、ダグラス　52, 53
マレー、トーマス・E　142, 143, 147
ミュラー、マックス　74

や行

吉岡斉　143
吉田茂　49
ヨネムラ、S　78

ら行

リッジウェイ、マシュー・B　52
ルーズベルト、フランクリン・D　140

わ行

ワイアット-ウォルター、ホリー　129
渡辺海旭　74, 75, 77, 79
渡辺惣蔵　52, 53

〈著者紹介〉（＊は編著者）

マリー・トーステン（Marie Thorsten）
【序章】

国際基督教大学社会科学研究所研究員。国際関係、日米関係、メディア・文化研究を研究している。元同志社大学の教授で、東京大学とマカレスター大学（米国）で教えた経験がある。主要な業績として、*Superhuman Japan: Knowledge, Nation and Culture in US-Japan Relations*（Routledge, 2012）など多数。

大井 由紀（おおい ゆき）
【第1章】

南山大学外国語学部准教授。博士(社会学)。専門は移民研究・アジア系アメリカ人研究。主要な業績として、「越境者からみた『近代化』　19世紀末-20世紀初頭の在米チャイニーズを事例として」(2018年、南山大学『アカデミア』)、「帝国の『触手』としての蒸気船―太平洋航路がアジア・アメリカに意味するもの」（2015年、杉田米行編『第二次世界大戦の遺産』大学教育出版）など多数。

＊杉田 米行（すぎた よねゆき）
【第2章】

編著者紹介を参照。

ユハ・サウナワーラ（Juha Saunavaara）
【第3章】

北海道大学助教。2010年オウル大学でPh.D.取得。トゥルク大学東アジア研究センター講師（日本研究専攻）。日本戦後史、特に連合国軍による日本占領と北海道の歴史を研究している。現在は北極圏/非北極圏諸国の二国間関係と多国間協調に関する過去・現在・将来のことを主に分析している。主要な業績として、『GHQ/SCAPと戦後の政治再建―占領計画や政策における日本保守主義者たち』(大学教育出版、2015)、"Reconstructing and Redefining Hokkaido during the Post-War Period," *International Journal of Asia Pacific Studies* 14（1）（2018）など多数。

カール・グスタフソン（Karl Gustafsson）
【第4章】

スウェーデン国際問題研究所シニア・リサーチ・フェロー。*Survival, European Political Science, Memory Studies, Review of International Studies, Cooperation and Conflict, China: An International Journal, Global Affairs, The Pacific Review and Asian Perspective*など国際的に著名な学術雑誌に多くの査読付論文を刊行している。2011年ストックホルム大学最優秀博士論文賞受賞(社会科学部門)。学術論文"Memory politics and ontological security in Sino-Japanese relations"が2014年に*Asian Studies Review*で刊行された最優秀論文に贈られるWang Gungwu賞を受賞。

ジュディス・スノッドグラス（Judith Snodgrass）
【第5章】
ウェスタン・シドニー大学准教授(非常勤)。現代仏教形成における東西交流に対する日本の貢献を主に研究している。主要な業績として、*Presenting Japanese Buddhism to the West: Orientalism, Occidentalism, and the Columbian Exposition* (University of North Carolina Press, 2003)など多数。最近の論文では、第一次世界大戦以降のD. T. Suzuki夫妻の英語論文の意味を考察している。つまり、禅に関するSuzukiの著名な一連の著作を歴史的文脈の中に位置付け、本章で描いた国際関係プロジェクトの一部として分析している(近刊)。

スティーヴン・ハイン（Steven Heine）
【第6章】
フロリダ国際大学宗教学・歴史学教授兼アジア研究所所長。東アジアの宗教と社会に関する業績が30点以上にのぼる。特に曹洞宗開祖の道元（1200～1253年）の生涯と教えから伺える中国から日本への禅仏教の伝来を主な研究対象としている。最近の単著*Sacred High City, Sacred Low City*（Oxford University Press, 2011）では現代の東京における寺院の役割を分析している。2007年に旭日小綬章を授与される。国際交流基金等から多くのグラントを得ている。

クリストファー・ワイス（Christopher C. Weiss）
【第7章】
アメリカ合衆国教育省教育研究所研究員。教育機関の環境が学生の勉学に与える影響を中心に分析を進めている。ペンシルヴェニア大学でPh.D.取得。主要な業績として、(共著)"Association of proximity and density of parks and objectively measured physical activity in the United States: A systematic review," *Social Science & Medicine*, Volume 138 (August 2015)、(共著)"More neighborhood retail associated with lower obesity among New York City public high school students," *Health & Place*, Volume 23 (September 2013)など多数。

エマ・ガルシア（Emma García）
【第7章】
アメリカ合衆国経済政策研究所所属のエコノミスト。教育経済学・教育政策を専門に分析している。コロンビア大学でPh.D.取得。*Journal of Educational Research*, *OECD Journal: Economic Studies*などに多数の論文を発表している。

ジェラルド・トラツ・エスピノサ（Gerard Torrats-Espinosa）
【第7章】
ニューヨーク大学大学院博士課程大学院生。主に社会階層の分析、特に家庭環境と親の子育てが子どもの成長に与える影響を研究している。

ニシム・オトマズギン（Nissim Otmazgin）
【第8章】
ヘブライ大学アジア研究学部教授兼アジア・アフリカ研究所所長。政治学的手法により、主に日本と韓国のメディア産業、文化政策、文化外交に関連する諸問題を分析している。主な業績として、*Regionalizing Culture: the Political Economy of Japanese Popular Culture in Asia* (University of Hawai'i Press, 2013)、(Michal Daliot Bulとの共著)*The Anime Boom in the United States: Lessons for Global Creative Industries*(Harvard University Press Asia Center, 2017)など多数。

島本 マヤ子（しまもと まやこ）
【第9章】
大阪大学大学院言語文化研究科博士課程修了(2012年、博士)。専門はアメリカ史。大阪大学招聘研究員。博士論文、*Henry A. Wallace's Criticism of America's Atomic Monopoly, 1945-1948*はCambridge Scholars Publisherより2016年に出版された。主な著書は、「冷戦初期におけるアメリカの核政策、1941-1955：ヘンリー・ウオーレスの視点から」『インテリジェンス』13-25頁 (早稲田大学20世紀メディア研究所、2015年)。(共著) *Historical Dictionary of Japanese Foreign Policy* (Scarecrow Press, 2015)."What Made Japan Rely on Atomic Energy for its Power Needs? Analysis from a Historical Perspective on the Early Cold War," *70 Years After Hiroshima Conceptualizing Nuclear Issues in Global Contexts*（University of Alberta Press, forthcoming）など多数。

マリー・ソードバーグ（Marie Söderberg）
【第10章】
欧州日本研究所所長兼ストックホルム商科大学教授。1986年にストックホルム大学でPh.D.取得。主な研究分野はアジアにおける日本の影響、日中関係、日朝関係、日韓関係等で、特に日本の対外援助政策の分析を主に行い、多くの著作がある。スウェーデン国際問題研究所理事を務めている。他に、ラウトレッジ社の「東アジア経済・ビジネス研究シリーズ」の上級エディターや欧日専門リサーチネットワーク（EJARN）実行委員会委員長も務めている。主要な業績として、(André Asplundと共編著) *Japanese Development Cooperation: The making of an Aid architecture Pivoting to Asia* (Routledge, 2017)、(Axel Berkofsky, Christopher W. Hughes, Paul Midfordと共編著)、*The EU-Japan Partnership in the Shadow of China: the Crisis of Liberalism* （Routledge, 2018）など多数。

ジョン・パデン（John Paden）
【第11章】
ジョージ・メイソン大学Clarence Robinson Professor Emeritus (国際学)。1996年から2017年5月の退職時までジョージ・メイソン大学アジア太平洋経済協力センターの創設者兼副所長を務めた。オックスフォード大学ローズ奨学生であり、ハーバード大学でPh.D.取得。主要な業績として、"The World Trade Organization and Rule of Law in China: A First-year Assessment," *Virginia Lawyer Magazine* (April 2003)など多数。

ヴィクター・テオ（Victor Teo）
【第12章】

香港大学日本研究学部講師。ロンドン・スクール・オブ・エコノミクスでPh.D.取得。ケンブリッジ大学やハーヴァード大学等の客員研究員を歴任。主要な業績として、（Sungwon Yoonと共編著）*Illicit Industries and China's Shadow Economy: Challenges and Prospects for Global Governance and Human Security* (Routledge, 2018)、(Haruko Satohと共編著)*Japan's Island Troubles with China and Korea: Prospects and Challenges for Resolution* (Routledge, 2018)など多数。

大賀 哲（おおが とおる）
【第13章】

九州大学大学院法学研究院・准教授（国際政治学）。英エセックス大学大学院政治学研究科博士課程修了(Ph.D. in Ideology and Discourse Analysis)。神戸大学大学院国際協力研究科・助教を経て現職。この間、オックスフォード大学セントアントニーズカレッジ・客員研究員、ケンブリッジ大学アジア中東学部・客員研究員、コロンビア大学人権研究所・客員研究員など。主要な業績として、『国際社会の意義と限界』（共編著、国際書院、2008年）、『東アジアにおける国家と市民社会―地域主義の設計・協働・競合』(単著、柏書房、2013年)、『北東アジアの市民社会―投企と紐帯』（編著、国際書院、2013年）など多数。

ブルース・カミングス（Bruce Cumings）
【第14章】

コロンビア大学でPh.D.取得。シアトルのワシントン大学国際関係学部助教授を経て1987年からシカゴ大学歴史学部教授。現在シカゴ大学Gustavus F. and Ann M. Swift Distinguished Service Professor。主要な業績として、*Origins of the Korean War*, Volums1 and 2 (Princeton University Press, 1981, 1992)〔『朝鮮戦争の起源 1、2・上／下』明石書店、2012年〕、*Dominion From Sea to Sea: Pacific Ascendancy and American Power*（Yale University Press, 2010）、*Korea's Place in the Sun: A Modern History* (W.W. Norton & Co Inc., 1997)〔『現代朝鮮の歴史』明石書店、2003年〕、*Parallax Visions: Making Sense of American–East Asian Relations at the End of the Century*(Duke University Press, 1999)、*North Korea: Another Country* (The New Press, 2003)〔『北朝鮮とアメリカ―確執の半世紀』明石書店、2004年〕など多数。

〈訳者紹介〉 （＊は編著者）
＊杉田 米行（すぎた よねゆき）
【序章、第6章、第7章、第14章を翻訳】
編著者紹介を参照。

門田 有示（もんだ ゆうじ）
【第3章を翻訳】

2014年大阪大学外国語学部英語専攻卒。2016年大阪大学大学院言語文化研究科博士前期課程修了。現在は横浜市公立校で英語教員を務める。修士論文はThe Direction in Which Japan's English Education Policies Are Going: For the Brighter English Education in the Future. (『日本の英語教育の行く末　－より良い英語教育を目指して－』)。

佐藤 晶子（さとう あきこ）
【第4章、第5章、第8章、第10章、第11章、第12章を翻訳】

大阪大学大学院言語文化研究科博士後期課程満期退学(2016)。日米関係史を研究。大阪大学外国語学部非常勤講師。主要業績として、"Public Health in Occupied Japan Transformed by SQC" (Springer, 2016) *Modern Japan: Social Commentary on State and Society*, pp.67-82.(共著)、「占領期の科学技術の受容:医療産業と統計的品質管理導入の意義」『第二次世界大戦の遺産:アメリカ合衆国』77-95頁(大学教育出版、2015年) (共著)。"Public Health Improvement in Occupied Japan by W. Edward Deming: Statistical Quality Control (SQC) and Anti-TB Drug" *Doshisha American Studies Journal* (S.P.), pp.129-149. （Doshisha University, 2014）　など多数。

●編著者紹介

杉田　米行（すぎた・よねゆき）
大阪大学大学院言語文化研究科教授。主要な業績として、平間洋一、杉田米行編著『北朝鮮をめぐる北東アジアの国際関係と日本』（明石書店、2003）、マーク・カプリオ、杉田米行編著『アメリカの対日占領政策とその影響　日本の政治・社会の転換』（明石書店、2004）、"Japan's epoch-making health-insurance reforms, 1937–1945," *Japan Forum*, Vol. 25, Issue 1 (2013) , "The Beveridge Report and Japan," *Social Work in Public Health* 29:1 (2014)，*Japan's Shifting Status in the World and the Development of Japan's Medical Insurance Systems* (Springer, 2018) など多数。

アジア太平洋地域の政治・社会・国際関係
──歴史的発展と今後の展望

2018 年 9 月 10 日　初版第 1 刷発行

編著者	杉　田　米　行
発行者	大　江　道　雅
発行所	株式会社明石書店

〒 101-0021 東京都千代田区外神田 6-9-5
電話 03（5818）1171
FAX 03（5818）1174
振替　00100-7-24505
http://www.akashi.co.jp/

装丁／組版　　明石書店デザイン室
印刷／製本　　モリモト印刷株式会社

（定価はカバーに表示してあります）　ISBN978-4-7503-4718-9

21世紀東南アジアの強権政治
「ストロングマン」時代の到来
外山文子、日下渉、伊賀司、見市建編著 ◎2600円

蒼生のミャンマー
農村の暮らしからみた、変貌する国
髙橋昭雄著 ◎2000円

アジアの地域共同 未来のために
羽場久美子編著 ◎2800円

アジアの地域協力 危機をどう乗り切るか
羽場久美子編著 ◎2800円

アジアの地域統合を考える 戦争をさけるために
羽場久美子編著 ◎2800円

ワセダアジアレビュー No.20
特集1：シンポジウム 中国の憲政への道
特集2：シンポジウム 和解学の創成
特集3：トランプ大統領と新米露関係
早稲田大学地域・地域間研究機構編 ◎1600円

ワセダアジアレビュー No.19
特集：選挙とレファレンダム
早稲田大学地域・地域間研究機構編 ◎1600円

平和と共生をめざす東アジア共通教材
歴史教科書・アジア共同体・平和的共存
山口剛史編著 ◎3800円

東南アジアの紛争予防と「人間の安全保障」
武力紛争、難民、災害、社会的排除への対応と解決に向けて
山田満編著 ◎4000円

東アジアの政治と文化 近代化安全保障相互交流史
大内憲昭、渡辺憲正編著 ◎3600円

ASEANを知るための50章 エリア・スタディーズ139
黒柳米司、金秀樹、吉野文雄編著 ◎2000円

「米中対峙」時代のASEAN 共同体への深化と対外関与の拡大
黒柳米司編著 ◎2800円

東北アジア共同体の研究 平和憲法と市民社会の展開 明石ライブラリー155
黒沢惟昭著 ◎4500円

アメリカの対日占領政策とその影響 日本の政治・社会の転換 明石ライブラリー70
ブルース・カミングス著 マーク・カプリオ、杉田米行編著 古谷和仁、豊田英子訳 ◎2800円

北朝鮮とアメリカ 確執の半世紀
ブルース・カミングス著 杉田米行監訳 古谷和仁、豊田英子訳 ◎2800円

北朝鮮をめぐる北東アジアの国際関係と日本
平間洋一、杉田米行編著 ◎2600円

〈価格は本体価格です〉